SIEH HIN!

EIN OFFENER BLICK AUF DIE KUNST

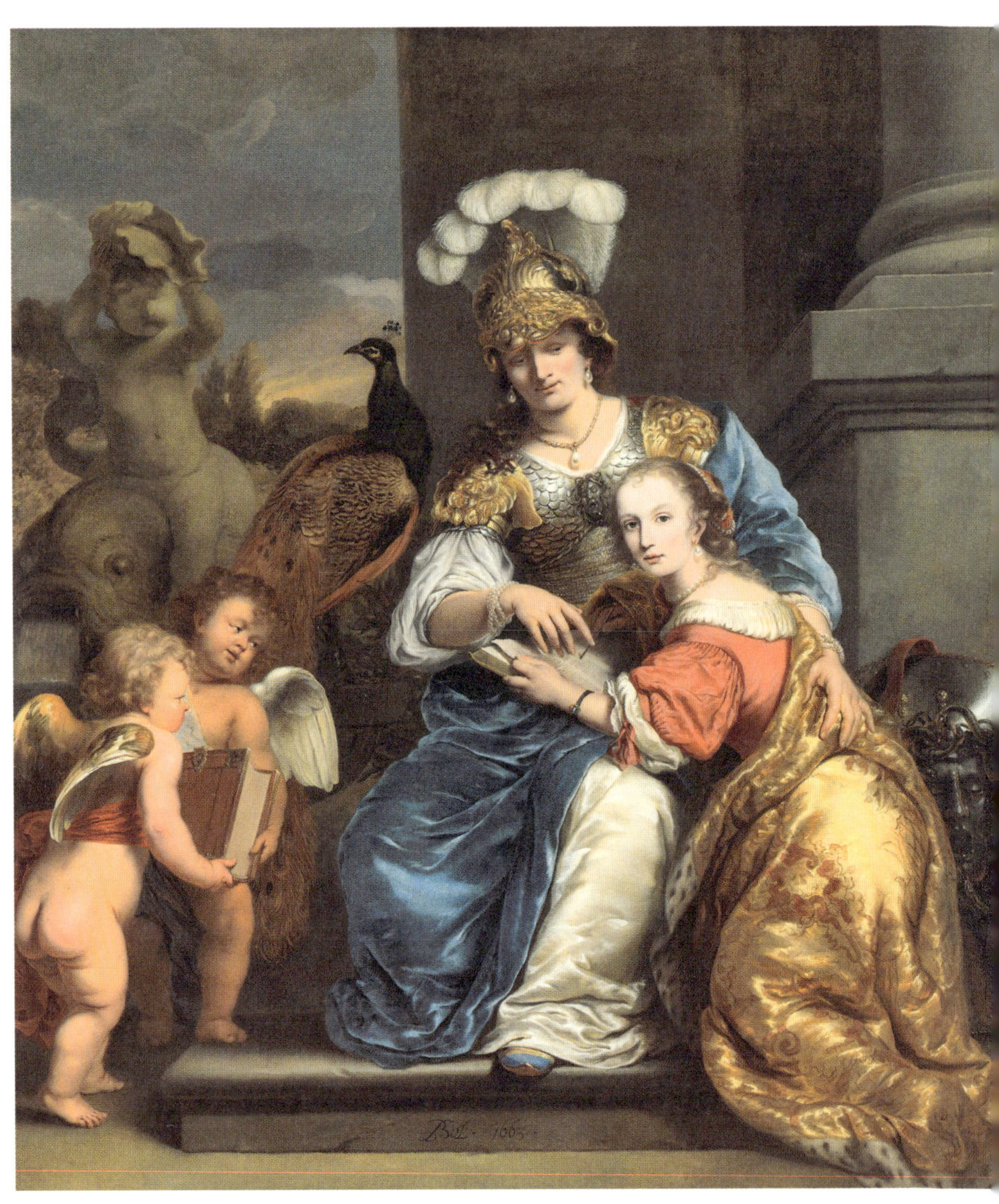

WIETEKE VAN ZEIL

SIEH HIN!

EIN OFFENER BLICK AUF DIE KUNST

Aus dem Niederländischen übersetzt
von Bärbel Jänicke

E. A. Seemann

INHALT

6 Wie Kunst uns aufmerksamer macht

Erkenntnisse

11 1 – Gut sehen beginnt mit Ignorieren
14 2 – Lassen Sie sich nicht lenken!
16 3 – Man sieht, was man kennt
18 4 – So tun, als ob …
21 5 – Selber machen schult den Blick
24 6 – Weg mit dem Smartphone!
27 7 – Der Kontext liefert den Clou

Details

30 Bis aufs Blut
34 Mucksmäuschenstill
38 Einmal Sofia Loren
42 Das Flohpelzchen
46 Totengedenken
50 Weich und zärtlich
54 Schau mit mir in die Ferne
58 Aus ihrer Sicht
62 Zurechtgestutzt
66 Juwel
70 Puderfrisur
74 Fern von Haus und Hof
78 Afterparty
82 Zum Streicheln
90 Hilfe!
94 Und alles steht still
98 Mutter aller Tugenden
102 Eine intime Botschaft
106 Lebensecht
110 Apostelchen spielen
118 Alles eine Welle
122 Schönheitstest

126 Ein Requisit
130 Die Unsterblichen
134 Genau wie im wirklichen Leben
138 Wundertier
142 Lockmittel
146 Auf Reisen
150 Für den, der seiner würdig ist
154 Bilderrätsel
162 Handwerkskunst
166 Ein posthumes Wunder
170 Tatarisch
174 Übermächtig
178 Ihre Reiselust
182 Zeitreisen
186 Ein Äffchen
190 Ein heimliches Geschenk
194 Komm nicht näher
198 Lichtempfindlich
202 Das Böse in den Blick nehmen
206 Ein Bund
210 Gegengewicht

Interviews

86 Yolande van Bever, klinische Genetikerin
114 Jamil Meusen, Polizeikommissar
158 Royce Darmin, Fluglotse
214 Gerrit Hiemstra, Wetterexperte

218 Anmerkungen
218 Quellen und ergänzende Literatur
220 Register der Künstler und Künstlerinnen
222 Dank

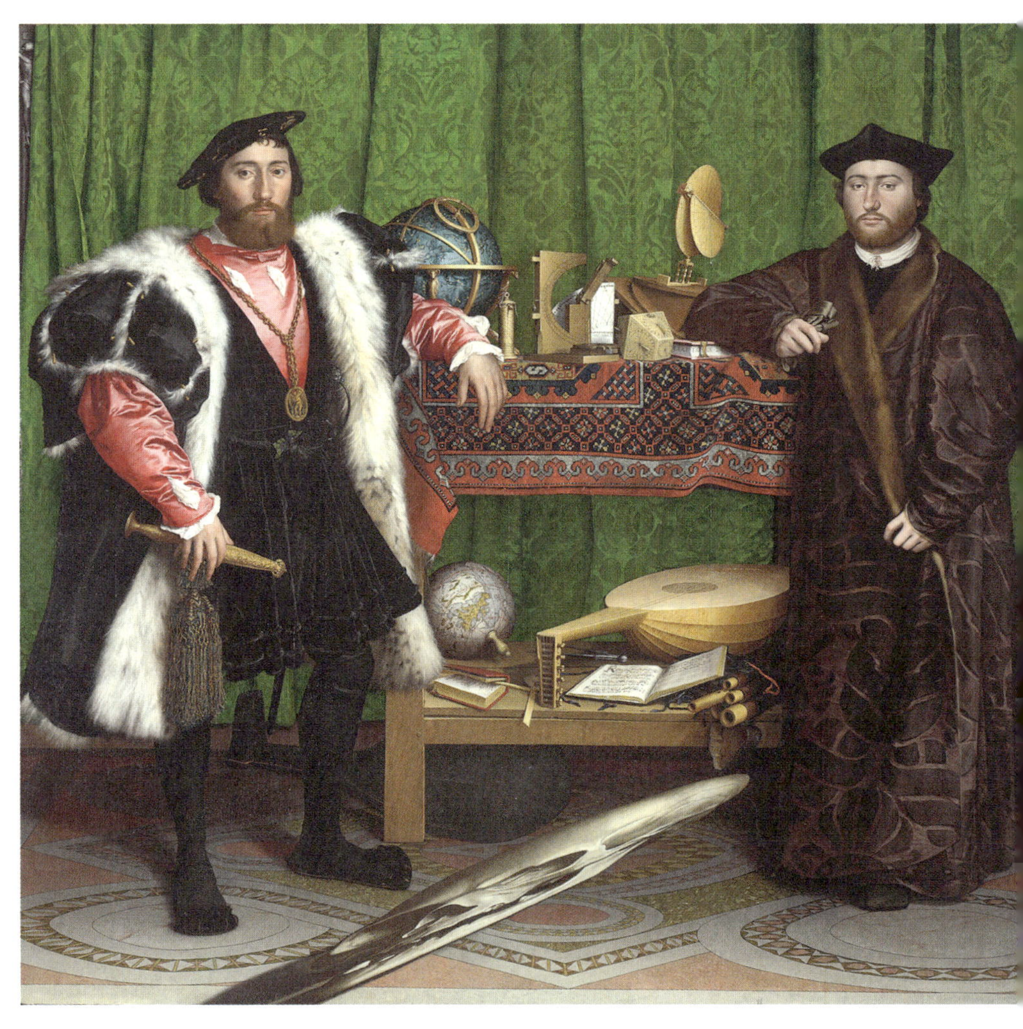

HANS HOLBEIN DER JÜNGERE, DIE GESANDTEN, 1533, ÖL AUF HOLZ, 207 X 209,5 CM, NATIONAL GALLERY, LONDON

WIE KUNST UNS AUFMERKSAMER MACHT

Jedes gute Gemälde hat Geheimnisse. Details zum Beispiel können alltäglich erscheinen und doch eine doppelte Bedeutung haben, sie können ein Clou sein, mit dem sich die ganze Darstellung besser verstehen lässt, und sehr oft sind die Jahrhunderte alten Details viel aktueller, als man zuvor vermutet hat. In einem Gemälde ist nichts zufällig, anders als bei einer Fotografie, wo das durchaus der Fall sein kann.

Künstler und Künstlerinnen haben einen besseren Blick als wir, schließlich müssen sie in der Lage sein, alles in ihrem Blickfeld darzustellen. Sie sind Experten des Sehens, sie registrieren, was uns oftmals entgeht. Ein berühmtes Zitat von Oscar Wilde aus seinem Essay *Der Verfall des Lügens* (1889) besagt, dass niemand den Nebel über der Themse bemerkt habe, bevor ihn die Impressionisten malten. Dieses Buch steckt voller Erfahrungen, die in 43 Kapiteln über das Betrachten von Details in Kunstwerken daran erinnern. Immer, wenn ich ein Detail in einem Gemälde sehe, bemerke ich anschließend, dass mir vergleichbare Dinge in der Außenwelt eher auffallen. Oder in einem anderen Gemälde. So hilft mir die Kunst, bewusster zu sehen.

Ein Beispiel. In Holbeins großem Gemälde *Die Gesandten* aus dem 16. Jahrhundert findet sich etwas Merkwürdiges. Kaum jemand bemerkt es sofort, denn es gibt darin viel zu sehen: zwei in Seide und Pelz gekleidete junge Männer und einen Tisch voller Dinge, die deren Status unterstreichen: Musikinstrumente, einen Himmelsglobus, einen Kompass, eine Sonnenuhr und ein Gesangbuch. Sie haben es gut, diese jungen Männer. Und dann taucht plötzlich dieser seltsame große Fleck auf, der wie eine Nebelwolke über dem Boden schwebt. Was, um alles in der Welt, ist das?

Dieser Fleck ist ein solches Geheimnis. Ein Trick geradewegs aus dem Jahr 1533, der Ihnen, hochverehrtes Publikum, vom Künstler vorgeführt wird. Er initiiert eine Interaktion zwischen Gemälde und Betrachter. So sehr unterscheiden sich

Künstler gar nicht von Zauberern: Sie spielen mit unserem Blick und lenken unsere Aufmerksamkeit. Um den Fleck zu verstehen, benötigt man einen »Schlüssel«. Was in diesem Fall bedeutet, dass Sie sich ganz an die rechte Seite stellen oder zufällig einen gewölbten Spiegel dabeihaben müssen. Dann wird es deutlich: Der lang gezogene Fleck stellt schräg von rechts betrachtet einen perfekt gewölbten Schädel dar. Damit ist nicht nur Ihre Perspektive verschoben, auch die Perspektive des gesamten Gemäldes kippt. Denn Holbein hat sich dabei etwas gedacht. All das Gold, die Instrumente, die teuren Kleider: Diese Dinge hat man nur für kurze Zeit, wollte er sagen. Das Porträt stellt nicht nur Erfolg zur Schau, Holbein vermittelt damit auch die Botschaft: Wir sollten vor allem nicht vergessen, dass wir alle sterblich sind. Diesen Weg werden auch die jungen Gesandten in all ihrem Glanz gehen.

Das ist also ein bedeutungsvoller Scherz – mit einer Erkenntnis als Gewinn. Ein berühmtes Beispiel der anamorphotischen Kunst, wie diese Verformungen genannt werden. Und natürlich liegt der Sinn der Sache darin, dass wir ihn nicht *sofort* sehen. Um ihn bemerken zu können, muss man lange vor dem Gemälde stehen, vermutlich länger als die 13 bis 45 Sekunden, die sich ein Besucher oder eine Besucherin für ein Kunstwerk in einem Museum nimmt.[1] Die Frage ist, ob wir noch die Zeit haben, das Bild sein Spiel mit uns treiben zu lassen.

Heutzutage werden wir tagtäglich von unzähligen Bildern überflutet, auf die wir unsere Aufmerksamkeit verteilen müssen. An nur einem Tag sehen wir schätzungsweise so viele Bilder wie vor 200 Jahren ein Mensch während seines gesamten Lebens, ganz zu schweigen von einem Menschen des 16. Jahrhunderts, in dem das Bild *Die Gesandten* gemalt wurde. Andererseits haben heute viel mehr Menschen die Möglichkeit, die Gemälde zu sehen. Das Gemälde *Die Gesandten* hing bis 1653 im Schloss der Familie von Jean de Dinteville, dem Mann links im Bild, und es war ausschließlich für das soziale Netzwerk der Familie zugänglich. Heute schieben sich jährlich fünf bis sechs Millionen Besucher durch die Londoner National Gallery. Das Gemälde hängt zwischen Kunstwerken aus zahlreichen anderen Ländern und Kulturen und aus mindestens sieben Jahrhunderten, die mit ganz anderen Absichten geschaffen wurden. Die Konkurrenz für Holbeins illusionistischen Trick, die Aufmerksamkeit auf sich zu ziehen, hat demnach erheblich zugenommen.

Wenn man ins Museum geht, kann man leicht von der Vielzahl der Werke und von den enormen Unterschieden zwischen den Geschichten, die sie erzählen, überwältigt werden. Man kann durchaus das Gefühl bekommen, zu wenig zu wissen, um sie zu verstehen. Das gilt oft gleichermaßen für Menschen, die es gewohnt sind, Kunst zu betrachten, wie auch für Menschen, die selten Museen besuchen. In den vergangenen Jahren habe ich ein paar Dinge gelernt, die dabei helfen, besser hinzusehen. Nicht durch Wissen oder Studium, sondern einfach dadurch, es zu *tun*.

Dieses Buch ist für alle gedacht, die bewusster sehen und mehr wahrnehmen möchten. Ich habe selbst nach Jahren des Schreibens über Ausstellungen bemerkt, dass ich in den Museen noch immer viel übersah, weil ich mich vor allem mit dem Zusammenhang zwischen den Gemälden beschäftigte. Vieles entging mir. Deshalb schreibe ich seit einigen Jahren nur noch über Details. Welche Entdeckungen ich dabei gemacht habe und welche Freude mir das bereitete, können Sie in diesem Buch nachlesen. Es handelt von den schönsten Details, die mir in den Museen begegnet sind.

Die sieben wichtigsten Erkenntnisse, die mir diese Form des Schauens ermöglicht hat, stelle ich Ihnen in diesem Kapitel vor. Einige stehen in Einklang mit den Erfahrungen, die Maler und Malerinnen im Laufe der Jahrhunderte im Hinblick darauf gemacht haben, wie das Auge arbeitet. Das Gute daran ist: Diese Erkenntnisse und Tipps sind sowohl innerhalb als auch außerhalb des Museums anwendbar. Kunst kann uns helfen, besser hinzusehen, wir können vom scharfen Auge der Künstler lernen. Man kann es durchaus »achtsames« Sehen nennen.

Im vorigen Jahrhundert ist das Sehen auch in der Wissenschaft gründlich erforscht worden. Die Wahrnehmungspsychologie und Neurologie kann uns heute erklären, warum wir das eine Detail sehr wohl sehen und uns ein anderes entgeht, warum der eine Betrachter etwas völlig anders wahrnimmt als ein anderer, wie unser Blick unbewusst »programmiert« wird, und was wir tun können, um unsere Aufmerksamkeit zu erhöhen. Auch dieses Wissen ist in die Tipps eingeflossen.

Da Seherfahrung längst nicht nur auf Kunsterfahrung begrenzt ist, habe ich Expertinnen und Experten aus ganz verschiedenen Berufen gebeten, uns an ihren Erfahrungen teilhaben zu lassen. Als Polizeikommissar muss Jamil Meusen Gefahrenlagen auf der Straße schnell einschätzen können, die klinische Genetikerin Yolande van Bever sieht sich Neugeborene und manchmal auch deren Familie sehr genau an, und der Wetterexperte und Meteorologe Gerrit Hiemstra könnte seine Arbeit zwar im Büro am Computer erledigen, schaut aber noch immer sehr gern selbst in den Himmel. Der Fluglotse Royce Darmin wiederum sieht lediglich blinkende Symbole auf einem Bildschirm. Er braucht sein Vorstellungsvermögen, um daraus blitzschnell die reale Konstellation der sich in der Luft bewegenden Flugzeuge nachzuvollziehen. Die Personen, mit denen ich gesprochen habe, alle sehr erfahren in der Kunst der Beobachtung, geben uns Hinweise, wie wir mehr wahrnehmen können.

Bevor wir zu den Erkenntnissen kommen, noch eine kurze Erläuterung des Begriffs *Aufmerksamkeit*, der in diesem Buch von zentraler Bedeutung ist. In der Kunstgeschichte ist dieser Begriff schon lange geläufig, als erster verwendete ihn der deutsche Kunsthistoriker Alois Riegl 1902 in einer Abhandlung über das holländische Gruppenporträt. Riegl zielte mit seinem Begriff *Aufmerksamkeit* nicht darauf ab, dass wir als Betrachtende aufmerksam sein sollten, er bezog sich vielmehr auf die Atmosphäre des Bildes. Er schrieb der *Darstellung* und den

Personen, die darin abgebildet sind, die menschliche Qualität der Aufmerksamkeit zu. Dem Gemälde wurde gewissermaßen Leben eingehaucht. Riegl ging es darum zu zeigen, dass uns diese Aufmerksamkeit dazu befähigt, zum Gemälde in Beziehung zu treten – wir können beispielsweise das Gefühl bekommen, uns selbst im Raum der Darstellung zu befinden. Die Beziehung zwischen einem Kunstwerk und seinem Betrachter ist Riegl zufolge in der Kunstgeschichte von größter Bedeutung. Er beschrieb damit als erster das Bild als responsiv, um einen Begriff aus unserem Smartphonezeitalter zu verwenden; es entsteht eine Interaktion zwischen Bild und Betrachter.

Es ist gewiss kein Zufall, dass Riegl seine Abhandlung zur selben Zeit schrieb, in der viele Künstlerinnen und Künstler dahinterkamen, dass wir die Wirklichkeit niemals objektiv sehen können und unsere Wahrnehmung von Einflüssen wie dem Wetter, der Zeit, dem Licht und der Stimmung abhängt. Es war die Zeit der aufkommenden Massenkommunikation, in der die Straßen erstmals voller bunter, oft künstlerisch gestalteter, Werbetafeln hingen. Die Wirkung, die ein Bild auf sein Publikum erzielen konnte, gewann eine neue Bedeutung, da Bilder in viel größerer Zahl produziert und verbreitet wurden.

Schon seit der Antike schreiben Menschen in allen Kulturen Kunstwerken und Gegenständen Macht zu. Bilder beeinflussen Menschen, und sie werden manchmal auch als etwas Lebendiges wahrgenommen, man denke nur an die Heiligenbilder, die von den Gläubigen angebetet werden. Die in Leiden und Cambridge lehrende Professorin Caroline van Eck hat dazu das aufschlussreiche Buch *Art, Agency and Living Presence* (2015) geschrieben. Eine klassische Erzählung über den Einfluss von Bildern auf den Menschen, die sie unter anderem in ihrem Buch erörtert, handelt von Medusa. Medusa war eine schöne Frau, die von den Göttern, zur Strafe dafür, dass sie den Verführungen Poseidons erlegen war, in ein Ungeheuer – eine Gorgone – verwandelt wurde. Als Gorgone besaß sie die Macht, jeden, der sie ansah, in Stein zu verwandeln. Nachdem es Perseus gelungen war, sie zu enthaupten, heftete die Kriegsgöttin Minerva Medusas Haupt an ihren Schild. Dieser Schild ließ Minervas Feinde zu Stein erstarren, sobald sie ihn anschauten. So wurde Medusa zum Symbol für die Wirkung der Kunst auf den Betrachter. Und das ist auch der Grund, warum sie im Frontispiz dieses Buches zu sehen ist.

Die vergangenen Jahre waren die besten meines bisherigen Arbeitslebens. Ich habe entdeckt, dass ich Kunst frei betrachten darf und mein Sehvergnügen mit anderen teilen möchte; ich habe die Erfahrung gemacht, dass Kunstwerke zum »Leben« erwachen, wenn man auf Details achtet, und dass dies dazu beiträgt, bewusster zu sehen. Ich hoffe, dass die Tipps und Details in diesem Buch zu Ihrer Aufmerksamkeit und Ihrem Sehvergnügen beitragen.

ERKENNTNIS 1

GUT SEHEN BEGINNT MIT IGNORIEREN

ÜBER DIE KRAFT DES ISOLIERENS

Einer der ersten Artikel, die ich über Details von Kunstwerken geschrieben habe, handelte von zwei Soldaten. Sie stammen aus einem Gemälde von Hans Memling, das die Auferstehung Jesu darstellt.[2] Ein Soldat scheint sich die Augen zu reiben, so wie wir das alle tun, wenn wir plötzlich geweckt werden. Sein Helm zeigt eine herrliche Spiegelung – ich habe ein Foto davon gemacht. Memling war ein wahrer Meister darin, die Umgebung in einem sehr kleinen Stück Metall oder Glas reflektieren zu lassen. Bei genauerem Hinsehen bemerkte ich, dass diese Spiegelung im Helm des Soldaten eindeutig Jesus zeigt, der gerade aus seinem Grab aufersteht. Dadurch erkannte ich, dass das, was der Soldat tut, kein *gewöhnliches* Augenreiben ist, er versucht vielmehr, seine Augen gegen das gleißende – das göttliche – Licht abzuschirmen. Erst später bemerkte ich etwas noch Schöneres: Der andere Soldat, auf dessen Rücken wir blicken, ist auch von vorne zu sehen. Sein Gesicht spiegelt sich in der Rüstung seines Kameraden! Das lieferte mir neue Informationen, nämlich dass dieser Soldat überhaupt nicht schläft. Er schaut starr vor Staunen, wie vom Donner gerührt, auf ... Jesus. Die gesamte Spiegelung ist nicht größer als der Nagel meines Zeigefingers. Ein herrliches Wechselspiel in einem einzigen Detail. Es wirft ein neues Licht auf das Gemälde, denn es verdeutlicht die Wirkung, die Jesu Auferstehung auf die Umstehenden hat.

Die daraus gewonnene Erkenntnis wurde zu meiner bedeutendsten Motivation, über Kunst zu schreiben: Künstler und Künstlerinnen halten immer etwas für uns verborgen. Gute Kunst, darauf können Sie vertrauen, birst vor Details, die Ihnen Neues enthüllen, wenn Sie sich die Zeit dafür nehmen.

Memlings *Triptychon der Auferstehung* (1490) hängt im Louvre in Paris, einem Museum, in dem auf 60 000 Quadratmetern 380 000 Kunstobjekte in acht Abteilungen ausgestellt sind. Das Triptychon hängt im Saal 5 im zweiten Stock des Richelieu-Flügels, zusammen mit einem Dutzend anderer Werke aus dem 15. Jahrhundert. Bevor man zu einem Detail wie diesem gelangt, gilt es also eine ganze Menge von Entscheidungen zu treffen.

Das klingt gut, doch gerade die Überfülle ist für viele Museumsbesucher ein großes Problem. Nicht jedes Museum ist wie der Louvre, aber jedes Museum

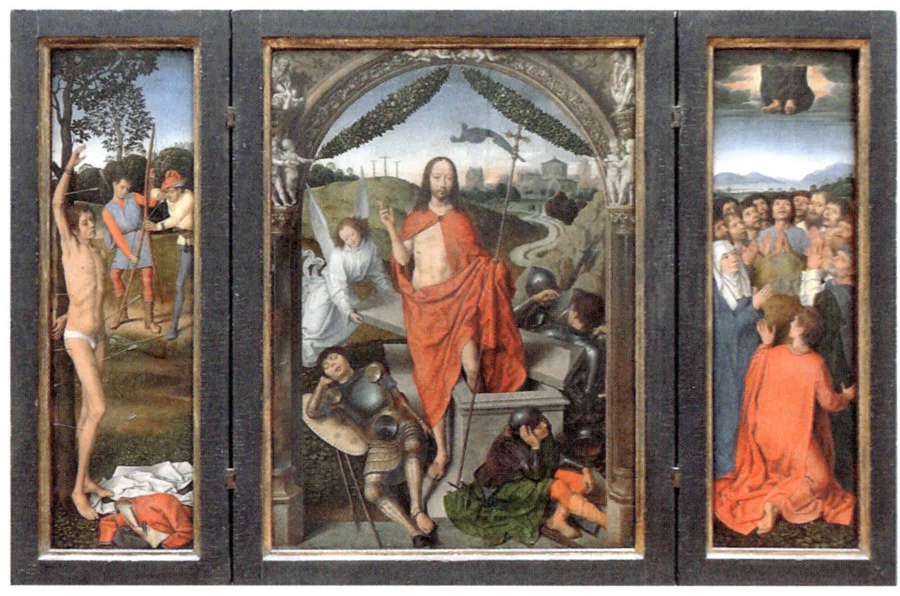

HANS MEMLING, TRIPTYCHON DER AUFERSTEHUNG, UM 1490, ÖL AUF HOLZ, 62 X 42 CM, LOUVRE, PARIS

beherbergt viele Ausstellungsobjekte, die allesamt mehr als nur einen flüchtigen Blick wert sind. Hätte ich mir alles ansehen wollen, hätte ich diese wunderbare Spiegelung wohl nie bemerkt.

Der britische Kulturhistoriker Ernst Gombrich, der sich in seinen Büchern viel mit der Psychologie des Sehens befasst hat und dessen Name hier noch häufiger genannt werden wird, hat in *Bild und Auge* (1982) geschrieben: »Alle Aufmerksamkeit spielt sich notwendigerweise vor dem Hintergrund der Unaufmerksamkeit ab.« Um überhaupt etwas sehen zu können, müssen wir auswählen und isolieren. Eine Tatsache, die Leonardo da Vinci schon Jahrhunderte zuvor aus Erfahrung wusste, auch Philosophen haben sie schon beschrieben. Leonardo beobachtete, dass das Auge navigiert und Prioritäten setzt. Er verwendete dieses Wissen auch in seinen Notizen, die als Anleitungen für junge Künstler gelesen werden können. Der Künstler kann einen Aspekt gegenüber einem anderen hervorheben und so unseren Blick lenken.

Mittlerweile versteht die Wissenschaft immer besser, woran es liegt, dass visuelle Reize die Aufmerksamkeit beeinflussen. Die Aufmerksamkeit, die Fähigkeit, bewusst zu sehen, vermindert sich beträchtlich, wenn die visuellen Reize zunehmen. 2014 haben drei Psychologen der Carnegie Mellon Universität in Pennsylvania nachgewiesen, dass Kinder schon in jungen Jahren weniger aufmerksam sind, wenn ihr Umfeld sehr unruhig ist: In einem Klassenzimmer, das mit kreativen Materialien vollgehängt ist, erbringen sie schwächere Leistungen als in einem Raum, in dem nur wenig an den Wänden hängt. Die Kinder sind häufiger abgelenkt, tun mehr Dinge, die nicht zu den Aufgaben gehören, mit denen sie gerade befasst sind, und ihre Endergebnisse sind nicht so gut.

In der Gehirnforschung wurde das »Selektieren« von Reizen intensiv erforscht. Sobald wir die Augen öffnen, wählt unser Gehirn ständig zwischen all dem aus, was in unser Blickfeld gerät. Dadurch stellt es die Effizienz unseres visuellen Systems sicher. Systeme, die wenig Energie verbrauchen, sind evolutionär vorteilhafter, schreibt der Wahrnehmungspsychologe Stefan van der Stigchel in seinem informativen Buch *Zo werkt aandacht* (2016, »So funktioniert Aufmerksamkeit«). Das visuelle System pickt sich nur das heraus, was für uns relevant ist, und betrachtet den Rest als eine Art »externen Speicher«, auf den es zurückgreifen kann, wann immer es notwendig ist. In einem Museum ist dieses Selektieren weniger selbstverständlich, denn bei Kunstwerken ist nicht unmittelbar ersichtlich, was »notwendig« ist. Statt den Versuch zu unternehmen, die eigene Aufmerksamkeit auf viele Bilder zu verteilen, können wir bewusst tun, was unser Gehirn eigentlich will: ignorieren und selektieren.

In diesem Buch ist fast jedes Kapitel ein Beispiel für bewusstes, manchmal forciertes Ignorieren und Isolieren: Manets *Der Balkon* (Seite 210) ist ein solch berühmtes Werk, bei dem mir gerade der kleine Hund hinter den grünen Gittern erst später auffiel. In Anthonis van Dycks Madagaskar-Porträt (Seite 178) ist Alethea Talbots Sonnenring keineswegs das erste, was in dem beeindruckenden Doppelporträt ins Auge fällt. Und der goldene Phönix im Mantel der Maria im Altar von Agnolo Gaddi (Seite 170) – ein winziges Stoffmuster – ist womöglich eines der letzten Dinge, die bei der Betrachtung auffallen, obwohl sich dahinter eine gewaltige Geschichte über den Textilhandel mit China und den Wunsch der Italiener, alte chinesische Mythologien zu kopieren, verbirgt.

Tipps:
Wählen Sie bei jedem Museumsbesuch, je nachdem wie viel Zeit Sie haben, eine Anzahl von Sälen aus. Halbieren Sie diese Zahl und gehen Sie dann durch das Museum. Wählen Sie pro Saal ein einziges Kunstwerk aus und bleiben Sie so lange davor stehen, wie Sie gewöhnlich im ganzen Raum verbringen würden.

ERKENNTNIS 2

LASSEN SIE SICH NICHT LENKEN! SIE WERDEN UNGENIERT MANIPULIERT

Die Dinge, die wir zuerst bemerken, sehen wir oft deshalb, weil unser Blick gelenkt wird. Unsere Aufmerksamkeit wird »programmiert«, ohne dass wir es bemerken. Der britische Illusionist Derren Brown hat in seiner Fernsehsendung *Mind Control* im BBC ein schönes Experiment durchgeführt. Er ließ zwei Werbefachleute von Saatchi & Saatchi mit dem Taxi zu seinem Büro fahren und gab ihnen den Auftrag, Werbung für eine Ladenkette zu entwerfen. Sie hatten nur 30 Minuten, sich etwas einfallen zu lassen, und machten sich sofort an die Arbeit. Bevor sie Brown den Namen, die Idee und den Slogan präsentierten, überreichte ihnen der Illusionist einen verschlossenen Umschlag. Nach der Präsentation durften die Männer den Umschlag öffnen und fanden darin Reklameentwürfe mit fast identischen Texten und Bildern. Die Assoziationen der Männer stimmten mit denen von Derren Brown genau überein! Die Kreativen reagierten einigermaßen verwirrt, denn sie wussten nicht, ob sie ihre Sache nun sehr gut gemacht hatten oder irgendwie hereingelegt worden waren. Die Antwort lautete: Beides war der Fall. Ein Rückblick auf die Taxifahrt zeigte, dass die Männer währenddessen alle Texte, Bilder und Assoziationen bereits gesehen hatten. Auf T-Shirts von Passanten, auf kleinen Plakaten an den Wänden. Alles war so unauffällig arrangiert worden, dass sie nichts bewusst gespeichert hatten. Aber ihr Gehirn war programmiert, und als sie unter Druck Ideen liefern mussten, kam alles wieder zum Vorschein. Derren Brown nutzte Taktiken aus der Werbebranche, um nun einmal die Aufmerksamkeit der Kreativen selbst zu lenken.

Die Aufmerksamkeit mit Hilfe von bewusst oder unbewusst gespeicherten früheren Erfahrungen zu steuern, bezeichnet man als *Priming*. Die Fernsehsendung wurde produziert, bevor es Twitter, Facebook, Tinder und Instagram gab. YouTube gab es damals erst ein knappes Jahr. All diese Technologien beeinflussen unser Sehen in hohem Maße. Mit Hilfe von Algorithmen bieten sie uns an, wonach wir früher schon einmal, womöglich auch in anderen Apps oder auf anderen Websites, gesucht haben.

In einem Museum werden wir nicht *geprimed*, zumindest nicht von den Kunstwerken. Doch das Lenken des Blicks ist eine in Kunst und Magie schon seit

Jahrhunderten bekannte Praxis. Künstler verwenden Bilder, die Assoziationen erwecken, und schaffen so eine wiedererkennbare Bildsprache. Sie beeinflussen unsere Aufmerksamkeit auch durch Farbe, Licht und Komposition. In Leonardo da Vincis *Traktat von der Malerei*, einer Sammlung seiner Bemerkungen über die Malerei, die sein Schüler Francesco Melzi nach dem Tod des Künstlers zusammenstellte, ist beispielsweise zu lesen, dass das Auge entlang von Fluchtlinien schaut, die einer Pyramide ähneln und die sich zum Auge hin verjüngen, mit dem Objekt als Basis. Da Vinci war sich dessen bewusst, dass das, was nah ist, größer und heller zu sehen ist als das, was sich weiter entfernt befindet: »Ein Gegenstand, der weit vom Auge entfernt ist, verliert mit zunehmender Entfernung im gleichen Maß an Größe wie an Farbe.« Zu den Farben bemerkt er, dass man sie besser sehe, wenn sie neben eine kontrastierende Farbe gesetzt seien, außerdem erscheine eine Landschaft mit zunehmender Entfernung blauer. Diese Beobachtungen führten zu der berühmten »atmosphärischen Perspektive«, die er anwandte; schauen Sie sich nur einmal den Hintergrund der *Mona Lisa* (1503–06) oder *Die Jungfrau mit dem Kind und der Heiligen Anna* (1503) an, die sich beide im Louvre befinden. Unser Blick wird sofort dorthin gelenkt, wohin wir schauen sollen: auf die Gesichter von Lisa, Maria, dem Kind und auf Jesu Ärmchen, die das Lamm halten, womit auf sein späteres Opfer verwiesen wird. Und das war auch Leonardos Absicht.

In einem Kunstwerk weist uns der Maler, oder die Malerin, den Weg. Das versuche ich mir jedes Mal bewusst zu machen, wenn ich vor einem Gemälde stehe. Doch auch das, was nicht auf dem Weg liegt, verdient Aufmerksamkeit.

Viele Details in diesem Buch stehen beispielhaft für meinen bewussten Versuch, mich nicht lenken zu lassen. Details wie die fingerlosen Handschuhe von Elisabeth Tallyarde (Seite 82), die viel darüber aussagen, was diese ledige Frau gern von sich zeigen wollte, der stillstehende Mann auf dem offenen Platz von Jan Weissenbruch (Seite 34) – eine unerwartete Enthüllung des Zustands des Malers – und die Sklavin in der Plantagenszene von Dirk Valkenburg (Seite 134), an deren Narben man erkennen kann, dass sie nicht in Surinam, sondern in Afrika geboren und also gerade erst verschifft worden ist. Immer zeigen mir diese scheinbar unauffälligen Details mehr, als ich zu Anfang durchschaute. Auf diese Weise auf die Suche zu gehen, bedeutet »wacher« hinzuschauen. Wäre ich nur dem gefolgt, was im Bild für mich ins Licht gesetzt wurde, hätte ich das übersehen.

Tipps:
Wählen Sie ein großes Gemälde aus; achten Sie darauf, wohin Ihr Blick unmittelbar gelenkt wird. Schauen Sie eine Weile dorthin und schicken Sie Ihren Blick dann auf die Reise durch das Gemälde. Was fällt Ihnen in der linken unteren Ecke auf? Und was im Hintergrund auf der rechten Seite? Was erzählt Ihnen dieses Detail und was stellt es dar? Woran erinnert es Sie?

ERKENNTNIS 3

MAN SIEHT, WAS MAN KENNT

JEDER BRINGT EINEN »BETRACHTER-ANTEIL« MIT, NUTZEN SIE IHN

Unser Blick lässt sich von allem, was er kennt, magnetisch anziehen. Das kann Nachteile haben, weil wir leicht übersehen, was wir nicht sofort erkennen, aber es hat auch Vorteile. Es hilft uns nicht nur bei der Ausrichtung unserer Aufmerksamkeit, sondern macht es auch leichter, teils vor Jahrhunderten entstandene Kunstwerke ins Heute zu überführen: in unsere Welt, unsere Aktualität, die auf unseren eigenen Erfahrungen und Vorlieben beruht. Damit hat die Person, die sie betrachtet, noch nicht gleich den kunsthistorischen Kontext oder die dargestellten Geschichten verstanden, aber es macht die Erfahrung persönlicher und bedeutsamer. Und das ist ein guter Anfang, um Freude am Sehen zu haben.

Bei einem großen Holzaltar in Düsseldorf wurde mir kurzzeitig von den Figuren ganz schwindlig – ein monochromes Kunstwerk lässt sich schwieriger betrachten als ein farbiges, und dieses Werk war holzfarben. Viele glauben, das sei so gewollt, aber ursprünglich war es, genau wie die Marmorstatuen aus der Antike, farbig gefasst. Davon ist bei diesem Altar nichts mehr zu sehen. Etwa nach einer Minute bemerkte ich einige spielende Kinder (Seite 110), die sich rührend mit ihren Spielsachen beschäftigen: ein Steckenpferd, ein paar Kreisel und ein kleiner Stab, der sich als umgedrehtes Windrad entpuppte. Sie zogen meine Aufmerksamkeit auf sich, weil mir diese Spielszenerie auf einem so ehrwürdigen Altar so fröhlich vorkam und vielleicht auch, weil ich selbst Kinder habe. Dass sie Teil einer komplexen Geschichte über das Leben Jesu sind, mit vielerlei bedeutungsvollen Verweisen, war mir nicht bewusst. Das erkannte ich erst später, als die Neugierde vom Spiel der Kinder schon geweckt war und ich mehr Informationen dazu suchte. Durch das Kind zog mich das Kunstwerk in seinen Bann.

Auch eine aktuelle Assoziation kann einen Einstieg bieten: Ein Kapitel in diesem Buch befasst sich mit einem Rubens-Gemälde, auf dem eine Frau dargestellt ist, die sich aus den Fängen mehrerer Männer zu befreien versucht. Sie windet sich panisch, ihr Blick ist voller Verzweiflung. Wie kann ich entkommen? Ich schrieb über dieses Detail eine Woche nach der katastrophalen Silvesternacht 2015 in Köln, in der Hunderte von Frauen angegriffen worden waren. In der Zeitung las ich von der Panik auf dem unheimlichen kesselartigen Bahnhofsvorplatz, und plötzlich fiel mir dieses Bild ein. Ich erkannte diese bedrohliche Stimmung in einem 400 Jahre alten Gemälde wieder.

Hier zeigt sich, und das finde ich besonders spannend daran, dass gute Kunst immer aktuell bleibt. Man muss den historischen Kontext nicht unbedingt kennen. Rubens' meisterhaftes Einfühlungsvermögen in diese Frau war es, was mich beeindruckte. Das neugewonnene Interesse an diesem Detail half mir, mich eingehender mit diesem Werk auseinanderzusetzen. Ich fand heraus, dass die Frauen in keiner anderen Version der römischen Legende über den Raub der Sabinerinnen je so verängstigt ausgesehen haben. Das macht Rubens' Version zu einer der ergreifendsten, die es gibt.

In seinem Buch *Kunst und Illusion* (1960) gab Ernst Gombrich dieser Art von Bedeutungsgebung den geflügelten Namen »Betrachteranteil«. Wir tragen mit unserem Gepäck an Erfahrung zur Bedeutung des Kunstwerks bei. Es ist wie beim In-die-Wolken-Schauen: Sie können ein Schiff oder einen Löwen in einer Wolke sehen, aber nur, wenn Sie ein Schiff oder einen Löwen aus der Realität kennen. Die Bedeutung ergibt sich aus dem, was Künstler in ein Kunstwerk hineinlegen, und aus dem, was wir darin zu sehen vermögen.

Uns entgeht eine ganze Menge. Weil wir einige Geschichten vielleicht nicht kennen oder noch nie ein anderes Werk dieses Künstlers gesehen haben. Weil wir uns nicht mit der Bibel oder der klassischen Mythologie auskennen oder uns nicht für Mode oder Naturwissenschaften interessieren. Jeder hat blinde Flecken, wir können nicht alles wissen. Das mag man bedauern, aber mit dem, was man selbst weiß, kann man mehr sehen als gedacht. Warum soll man nicht an Werbung denken dürfen, wenn man ein historisches Kunstwerk sieht, oder an einen Film, den man erst kürzlich gesehen hat? Oder an ein Foto auf Instagram, das Ähnlichkeiten mit diesem Gemälde hat, oder an ein Paar Schuhe, das man sich wünscht? In der Kunst geht es nicht nur darum, was Künstler und Künstlerinnen mit ihr beabsichtigt haben, sie bleibt gerade deshalb bedeutsam, weil wir immer wieder eigene Assoziationen mit ihr verbinden können, zu allen Zeiten und an allen Orten.

Wenn wir Kunst betrachten, nehmen wir unser implizites Wissen in Anspruch – wir bemerken, was wir kennen oder (unbewusst) wiedererkennen. So können wir Zugang zu einem Kunstwerk zu finden, das sonst vielleicht nie unser Interesse geweckt hätte, vielleicht weil es zu unbekannt, zu kompliziert, zu intellektuell erschien. Auch in einer mythologischen Geschichte oder einer unbekannten Legende kann uns etwas begegnen, das wir besser kennen, als wir dachten.

Tipps:

Stellen Sie sich vor ein großes Gemälde, ohne sich den Titel anzuschauen. Was fällt Ihnen zuerst auf? Können Sie sagen, warum es Sie interessiert? Versuchen Sie, sich Zeit zu nehmen, um sich der Assoziationen bewusst zu werden und in Worte zu fassen, woran Sie denken oder woran Sie das Gemälde erinnert.

ERKENNTNIS 4

SO TUN, ALS OB ... *EINFÜHLUNGSVERMÖGEN ERWEITERT DAS BLICKFELD*

Ich war im Sophia Kinderkrankenhaus des Medizinischen Zentrums der Erasmus-Universität in Rotterdam zu Besuch bei Professor Dick Tibboel, der dort die Intensivstation für Kleinkinder leitet. Er hatte mich wegen meiner Serie über Details in Kunstwerken eingeladen und wollte mit mir über Krankheiten in Gemälden sprechen. Auch seine Kollegin Yolande van Bever, mit der ich auch für dieses Buch über ihre Expertise im Bereich des Sehens gesprochen habe (Seite 86), nahm an diesem Gespräch teil. Ich wusste nicht, was genau er im Auge hatte. Wollte er mit mir über Porträts kranker Menschen sprechen, etwa über *Das kranke Kind* (1664–66, Rijksmuseum Amsterdam) von Gabriel Metsu oder die Selbstporträts von van Gogh oder Schiele? Voller Neugier meldete ich mich in der bunten Eingangshalle des Krankenhauses. Schiele kam nicht zur Sprache, ebenso wenig wie Metsus schönes Kind. Tibboel erzählte mir von einer Reise nach Florenz und davon, wie er lange nachdenklich vor Sandro Botticellis *Venus* (1484–86) gestanden hatte. Sollte die Liebesgöttin, die mit wallendem Haar auf einer Muschel vom Meer herübergeweht wurde, etwa krank sein? War mir da etwas entgangen? Tibboel begann über ihre Füße zu reden. »Es sieht so aus, als befände sich unter ihrer Haut Flüssigkeit, wir nennen das ein Lymphödem«, sagte er. Jetzt sah ich es auch: Sie hatte eine Beule auf dem Spann beider Füße. Wenn man sich lange auf etwas fixiert, sieht man es überall wieder, dachte ich. So wie Soldaten, die nach einem Einsatz auch zu Hause weiterhin ihr Umfeld auf Waffen hin scannen, oder wie Menschen, die abzunehmen versuchen, jeden in ihrer Umgebung nur noch essen sehen. Tibboel erklärte sehr genau, was er meinte: Die Dicke des Fußes könne auf ein Syndrom hindeuten, das als Monosomie XO oder Ulrich-Turner-Syndrom bezeichnet wird und bei jungen Mädchen auftreten kann. Ihnen fehlt dann das zweite X-Chromosom.

Es sei ein wenig zu einem Hobby geworden, sagte er, weil er Kunst liebe und ihm Anomalien einfach ins Auge fielen. Dieses Hobby scheint einen Namen zu haben; Professor Tibboel ist längst nicht der einzige Arzt, der es ausübt: Die Leinwand-Diagnose bei der Kunstbetrachtung, *diagnosing the canvas*, ist in der Medizin eine viel diskutierte Liebhaberei. Es gibt offenbar ganze Studien zu diesem Thema. Der Neurologe Marc Patterson von der Mayo Clinic in Minnesota diagnostizierte beispielsweise bei der in Andrew Wyeths berühmtem Gemälde *Christina's World* (1948, Metropolitan Museum of Art, New York) dargestellten Frau das Charcot-Marie-Tooth-Syndrom, und nicht Polio, wie man bisher angenommen hatte. Eine »intellektuelle Übung«, die Ärzten und Ärztinnen seiner Ansicht nach auch hilft, ihr Fach menschlicher zu machen. Und der flämische Arzt Jan Dequeker schrieb unter dem Titel *De kunstenaar en de dokter* (2009, »Der Künstler und der Arzt«) ein ganzes Buch über Diagnosen, die er anhand von Gemälden aufgestellt hatte.

Bei der Venus eine Diagnose zu stellen, ist schwieriger, denn bei ihr handelt es sich nicht um das Porträt einer realen Person, obwohl Botticelli dafür die Genueserin Simonetta Vespucci, angeblich die schönste Frau der Welt, Modell gestanden hat. Simonetta starb mit 22 Jahren, möglicherweise an Tuberkulose. Daher war sie wahrscheinlich nicht am Turner-Syndrom erkrankt, denn Mädchen mit diesem Syndrom überstanden die Pubertät nicht.

Selbst wenn ich hundertmal in den Uffizien in Florenz gewesen wäre, hätte ich nie eine Anomalie an den Füßen der Venus bemerkt. Vor diesem Gespräch mit Professor Tibboel war es mir noch nie in den Sinn gekommen, bei den Dargestellten Krankheiten zu vermuten, es sei denn, ich hätte von ihren Krankheiten gewusst, wie bei Vincent van Gogh. Ärzte betrachten die Gemälde durch die Brille ihrer Expertise, in gleicher Weise bringen auch andere Menschen ihre eigene Identität ein.

Für ein Kapitel in diesem Buch über die Werkzeugkiste eines Schuhmachers aus dem 16. Jahrhundert habe ich mit meinem Schwiegervater gesprochen, einem Amsterdamer Schuhmacher im Ruhestand. Ich kenne ihn seit 13 Jahren und er ist durchaus redselig, aber noch nie habe ich so ein gutes Gespräch mit ihm geführt. Er konnte untrüglich feststellen, was der italienische Künstler dargestellt hatte – er erkannte alle Werkzeuge wieder. Einige von ihnen werden heutzutage nicht mehr verwendet, doch er erinnerte sich noch gut an seine Berufsschulzeit vor 60 Jahren. Und ehe ich mich versah, hielt er mir einen regelrechten Vortrag über das Doppeln und Sohlennähen; ich erhielt eine Vorstellung vom Handwerkerleben in Amsterdam kurz nach dem Krieg. Ich muss gestehen, dass ich mich dafür vorher nicht interessiert hatte – ich brauchte die Kunst, um ihm zuzuhören, und er brauchte eine einfache Frage, um diese Geschichten mit mir zu teilen.

Wie kaum sonst jemand sind es vor allem Künstlerinnen und Künstler, die uns auf andere Perspektiven jenseits unserer eigenen aufmerksam machen können. Aber wir müssen auch dazu bereit sein, sie wahrzunehmen. Bis vor einigen Jahren wurden Schwarze Menschen in der Malerei kaum bemerkt. Es gibt beispielsweise Gruppenporträts, von denen alle Personen in der kunsthistorischen Literatur genau benannt werden, mit Ausnahme der einen Schwarzen Person, die auch dargestellt ist. Ihnen wurde kaum Beachtung zuteil, was aus verschiedenen Ursachen zu erklären ist; oft wurde ihr Leben nicht dokumentiert, genauso wenig wie das Leben anderer Menschen auf der untersten Stufe der sozialen Leiter, etwa von Dienstboten oder Arbeitern. Auch die weißen Kunsthistoriker des 19. und 20. Jahrhunderts brachten dafür gewöhnlich nur wenig Interesse auf. Das hat sich in den letzten Jahren international stark verändert, mit einer kunsthistorischen Forschung, die breitere Perspektiven anlegt. Die Museen bekommen allmählich einen Blick für einen anderen *frame* (Deutungsrahmen) oder ein anderes Aufmerksamkeitsfenster als das der weißen, männlichen Perspektive, die lange Zeit die Wissenschaft dominierte. Dadurch ergeben sich neue Formen, alte Kunst zu betrachten, nicht nur die Perspektive Schwarzer Menschen, sondern auch andere, beispielsweise die weibliche Perspektive, gewinnen dadurch mehr Beachtung.

Die Letztere ist mir eigen und ich bin mir bewusst, dass die Tatsache, dass ich eine Frau bin, einen gewissen Einfluss auf die Entscheidungen hat, die ich treffe. In diesem Buch finden sich vier Details, die von Künstlerinnen gemalt wurden; das sind mit fast 10 Prozent proportional viel mehr als in den Ausstellungen der großen Museen, in denen der Anteil der von Künstlerinnen geschaffenen Werke manchmal nicht einmal 1 Prozent erreicht. Neben Werken von Künstlerinnen werden Sie in diesem Buch auch einem »weiblichen Blick« begegnen, so wie bei dem bereits erwähnten Rubens-Gemälde *Der Raub der Sabinerinnen.*

Es kann gut sein, die eigene Identität in die Betrachtung einzubeziehen, aber Künstler und Künstlerinnen bieten uns auch neue Perspektiven an. Kunst hilft uns, durch eine andere als nur die eigene Brille zu schauen und dadurch mehr wahrzunehmen.

Tipps:

Bitten Sie jemanden, Sie ins Museum zu begleiten, der ein ganz anderes Fachwissen oder einen anderen Erfahrungshorizont hat als Sie selbst. Sprechen Sie miteinander über das, was Sie sehen.

Gehen Sie ins Museum und tun Sie so, als wären Sie eine Ärztin oder ein Schneider, eine Schusterin oder ein Koch. Dann werden Ihnen andere Details auffallen.

Sie können zu ihrem Museumsbesuch auch ein »Thema« mitnehmen. Achten Sie zum Beispiel auf die Tiere oder auf die Maschinen und Werkzeuge, auf die Liebe oder die religiösen Darstellungen und vergleichen Sie diese. Das kann auch mit Kindern gut funktionieren, denn dadurch wird ein Museumsbesuch zu einer aktiven Suche.

ERKENNTNIS 5

SELBER MACHEN SCHULT DEN BLICK
ODER WIESO WIR VIEL ZU VERKOPFT SIND

An den alten Meistern schätze ich besonders, dass sie Intellektuelle waren, die einen großen Teil ihrer Zeit damit zubrachten, mit Farbe herumzukleckern. Gegenüber einem Raffael, Rembrandt oder Poussin mag das etwas respektlos klingen, es entspricht aber der Praxis: Sie stellten ihre Farben mit Pigmenten aus Pflanzen, Kräutern, Insekten oder Mineralien selbst her, vermengten sie mit Öl oder Ei und gingen dann ans Werk. Sie zeichneten ohne Ende. Dabei kannten sie die klassischen Philosophen, die Literatur, die Naturwissenschaften und alle biblischen und mythologischen Erzählungen; manchmal schrieben sie sogar Gedichte. Neben seiner Malerei erfand Jan van der Heyden noch so nebenbei die Straßenlaterne und eine neue Form der Feuerwehrspritze. Von Leonardo da Vinci ist bekannt, dass er viele Erfindungen machte – von denen der Taucheranzug eine meiner Lieblingserfindungen ist.

Heute kann man sich nicht mehr ohne Weiteres vorstellen, wie ein malender Intellektueller aussieht, eine Philosophin, die auch zeichnet, oder ein Schriftsteller, der wissenschaftliche Experimente durchführt – obwohl es natürlich auch rühmliche Ausnahmen gibt. Kombinationen, die in früheren Jahrhunderten normal waren, sind heute weniger selbstverständlich. Körper und Geist sind mittlerweile voneinander separiert: Man arbeitet entweder mit dem Kopf oder mit den Händen. Der Kabarettist Pieter Derks sprach in einer großartigen Radiokolumne über den Personalmangel im Handwerk und den Diplomfetischismus der heutigen wissensorientierten Ökonomie: »Das ist in den Niederlanden der Stand der Dinge: zwei Millionen Kommunikationswissenschaftler und niemand, der einen Wasserhahn reparieren kann.« Irgendwann in den vergangenen Jahrzehnten sei das Missverständnis aufgekommen, dass Wissen mehr wert sei als das Arbeiten mit den eigenen Händen.

Ich dachte an Maria Sibylla Merian, die großartige deutsch-schweizerische Künstlerin aus dem 17. Jahrhundert, die als 13-Jährige Seidenraupen züchtete und als 27-Jährige ihr erstes Buch mit Naturillustrationen veröffentlichte. Sie setzte ins Bild, was kaum jemand bis dahin reproduziert gesehen hatte: Schmetterlinge, Raupen, Insekten, Blumen, alles bis ins kleinste Detail. Sie reiste nach Surinam und schuf das große Werk *Metamorphosis Insectorum Surinamensium*, in dem sie die Metamorphose von tropischen Insekten festhielt, die diesseits des Ozeans noch niemand gesehen hatte. Maria Sibylla saß mit den Knien im Gras und mit den Fingern in der Erde, sie war eine Frau vom Fach und eine Intellektuelle. Die findet man heute nicht mehr so oft.

Man sollte sich dessen bewusst sein, wenn man heute ins Museum geht. Das Publikum besteht größtenteils nicht aus Machern und hat daher einen anderen Blick. Die natürliche Verbindung zwischen dem Lernen mit den Händen und dem Lernen mit dem Kopf ist gekappt.

Ernst van de Wetering, mein Kunstgeschichtsprofessor an der Universität Amsterdam, sah das ganz anders. Er hatte selbst eine Kunstakademie besucht und war von der Bedeutung handwerklichen Tuns zum Erlangen von Wissen überzeugt. Er stellte uns auf seinem Dachboden in einem Kreis auf, ein (bekleideter) Kommilitone in der Mitte diente als Modell, und dann gings ans Zeichnen. Das war für alle von uns, die damit keine Erfahrung hatten, eine Offenbarung. Erst wenn man selbst versucht, etwas Reales auf eine zweidimensionale Fläche zu bannen, versteht man in Ansätzen etwas vom Fach der Maler und Malerinnen. Wir konnten sie auf jeden Fall besser würdigen.

Wer zeichnet, sieht auch mehr. Heutzutage unterhalten Museen Zeichengruppen für Kinder und Erwachsene, bei denen die Kunstwerke im Saal nachgezeichnet werden. Man hat etwas zu tun, man verbringt mehr Zeit mit einem Kunstwerk als bei seiner bloßen Betrachtung, und man ist gezwungen, es zu reproduzieren, statt es nur im Gedächtnis zu speichern. Jedes Detail bleibt besser haften.

Der Wert von Wissen durch handwerkliche Arbeit ist mir auch beim Schreiben über Details von Kunstwerken klar geworden. Oft genug weiß ich nicht genau, was dargestellt ist, oder ich habe Fragen dazu. Dann ziehe ich manchmal einen Ornithologen oder eine Kostümhistorikerin, einen Konservator oder eine Porzellanexpertin hinzu. Aber auch spezialisierte Handwerker und Praktikerinnen: einen Förster, einen Käser, einen Schuhmacher oder einen Koch. Bei meiner Recherche führte ich zum Beispiel einmal ein ausführliches Gespräch mit einem Schornsteinfeger. Er arbeitet in der sechsten Generation im Familienbetrieb; der Schornstein, der mich interessierte, stammte aus einem Bild vom Ende des 18. Jahrhunderts. Wir haben einen kurzen Film darüber gedreht und ehe ich mich versah, standen wir an einem ausgesprochen stürmischen Tag auf einem hohen Dach und schauten uns Schornsteine an. Ich habe Dinge gelernt, die mir sonst nicht aufgefallen wären. Mein Blick auf Schornsteine in Kunstwerken wird nie wieder derselbe sein; ich schaue nun auch häufiger nach oben, zu den Dächern, um zu sehen, welche Art von Schornsteinen sich darauf befindet.

Ich erkannte dabei: Man kann lange über Dinge nachdenken, aber die Angst, sie zu tun, wächst dadurch nur. Wenn man etwas lernen will, muss man es auch selbst tun. Sonst entgeht einem eine ganze Menge.

Tipps:

Nehmen Sie zu einer ruhigen Zeit – morgens oder an einem Werktag – ein Notizbuch mit ins Museum. Setzen Sie sich vor ein Kunstwerk, eine Skulptur oder ein Gemälde und fertigen Sie eine Zeichnung davon an. Nehmen Sie an einem Kurs zum Modellzeichnen, Malen oder sogar Farbenherstellen teil und betrachten Sie danach ausgewählte Gemälde im Museum. Und versuchen Sie sich bei einem Detail vorzustellen, aus welchen Materialien und Teilen es in Wirklichkeit besteht: zum Beispiel bei einem Stuhl, einem Kostüm, einem Schmuckstück oder einer Waffe.

ERKENNTNIS 6

WEG MIT DEM SMARTPHONE! *UND DAS NICHT NUR, WEIL ES SIE ABLENKT*

Dass uns Smartphones ablenken, das wissen wir längst. Wissenschaftliche Studien dazu gibt es zuhauf: Arbeitnehmer sind 26 Prozent effektiver, wenn sich kein Smartphone in unmittelbarer Nähe befindet, und eine Nachricht vom Smartphone unterbricht die Konzentration so stark, dass es bis zu 15 Minuten dauern kann, bis man sich wieder vollends auf die Arbeit fokussiert. Andere Forschungen haben ergeben, dass uns das bloße Hören eines Vibrierens oder eines Pieptons fast ebenso stark ablenkt wie das Annehmen eines Telefongesprächs oder das Lesen einer Nachricht. Eine aktuelle Studie der Universität von Texas in Austin belegt, dass sich schon die bloße Nähe eines Smartphones negativ auf die Qualität der kognitiven Leistungsfähigkeit auswirkt, selbst wenn das Smartphone ausgeschaltet ist.[3] Probanden, die ihr Smartphone außerhalb des Raumes aufbewahrten, erbrachten deutlich bessere Leistungen als andere, die ihre Aufgaben erledigten, während ihr ausgeschaltetes Mobiltelefon, mit dem Display nach unten neben ihnen auf dem Tisch lag. Das Wissen um die Nähe des Smartphones »besetzt« im Kopf einen kognitiven Bereich – dieser Bereich bleibt in gewisser Weise reaktionsbereit. Und das wirkt sich auf unser Verhalten aus. Die Smartphone-Nutzung hat sich unterdessen innerhalb nur eines Jahres – von 2015 bis 2016 – um durchschnittlich 69 Prozent erhöht. Das Telefon beherrscht uns.

Das ist ein überzeugendes Argument dafür, das Smartphone nicht nur auszuschalten, sondern beim nächsten Museumsbesuch auch wirklich in der Garderobe zu lassen. Eigentlich schade, denn heute dürfen wir endlich so viele Fotos von den Kunstwerken machen, wie wir möchten. Bis vor ein paar Jahren war das Fotografieren in den meisten Museen noch verboten. Da die Museen aber die Vorteile – die kostenlose Publicity – erkannt haben, die es mit sich bringt, wenn Besucherinnen und Besucher Fotos von Kunstwerken mit anderen teilen, sind die meisten Museen davon abgerückt.

Das Smartphone kann natürlich auch zur Vertiefung beitragen; manche googeln beispielsweise einfach mal kurz, wer der griechische Gott ist, den sie auf einem Kunstwerk sehen, oder sie suchen nach anderen Arbeiten des Künstlers oder der Künstlerin. Und wenn man nach schönen Details sucht, kann man sie auch fotografieren, um ihren Anblick länger zu genießen.

Ich hätte meine Serie von Detailbetrachtungen nicht machen können, wenn man mir nicht erlaubt hätte, eine Kamera mitzunehmen, um die Details festzuhalten. Aber ich habe inzwischen auch gelernt, dass ich mir erst einmal die Zeit nehmen muss, in aller Ruhe hinzusehen, um die Details zu bemerken. Mein Smartphone lasse ich in der Garderobe, es sei denn, ich habe mir die Ausstellung vorher schon einmal angesehen. Möglichst viele meiner Eindrücke teile ich mit anderen, aber erst wenn ich wieder zu Hause bin, nachdem ich die Erfahrung gemacht habe.

Jeder, der schon einmal in einem Museum war, weiß, dass die Betrachtung eines Kunstwerks in natura etwas ganz anderes ist als die Betrachtung einer Fotografie davon. Fotos erzählen uns nur wenig über die Oberfläche, das Material oder gar das Format. Wenn man also schon einmal die Gelegenheit hat, selbst vor einem Kunstwerk zu stehen, spricht alles dafür, seinen Blick in diesem relativ kurzen Zeitraum nicht noch 20 Sekunden lang auf einen Bildschirm zu richten. Es wäre wirklich jammerschade. Lassen Sie das Kunstwerk in dieser Zeit lieber auf sich wirken. Und das bringt mich zu dem wichtigsten Argument für das Handyverbot.

Relevanter als die Ablenkung ist nämlich die Tatsache, dass man nie ganz für sich selbst schaut, wenn man ein Smartphone griffbereit hat. Wer in den sozialen Medien wie Instagram, Facebook oder Twitter aktiv ist, verspürt bewusst oder unbewusst den Drang, alles, was er oder sie sieht, mit anderen zu teilen. Dieses Teilen ist die Bestätigung, dass wir dagewesen sind, dass wir etwas gesehen haben, dass wir etwas schätzen. Das hat die Art des Sehens völlig verändert. Denn auf diese Weise betrachten wir die Kunstwerke unter dem Showaspekt; die Attraktivität des Bildes für andere spielt in unserem Hinterkopf auch eine Rolle. Sieht das Detail auch auf Instagram gut aus?

Es sind dann nicht mehr unsere Augen, sondern die Augen anderer, mit denen wir sehen. Das lässt sich mit einer Unterhaltung auf Twitter vergleichen; am Tonfall der Diskussionen lässt sich fast immer erkennen, dass sich die User nicht nur an ihre Diskussionspartner wenden, sondern sich auch dessen bewusst sind, dass andere mitlesen. Das macht den Austausch lauter oder auch leiser, humorvoller oder sarkastischer. Alles verschiebt sich ein bisschen mehr in Richtung Superlativ, weil man den möglichen Beifall mitbedenkt.

Solange wir auf diese Weise hinsehen, stehen wir der Beziehung zwischen uns und dem Kunstwerk bei der Kunstbetrachtung im Weg. Um noch einmal auf die Einleitung zurückzukommen: Kunstwerke haben eine Präsenz, und sie üben einen Einfluss auf uns aus. Wenn wir sie anschauen, ereignet sich etwas, das sich nie ereignen würde, wenn wir lediglich eine Abbildung dieses Werkes betrachten würden. Man kann etwa das Gefühl bekommen, sich mit der dargestellten Person im selben Raum zu befinden, oder man verspürt vielleicht eine tröstliche Wirkung.

Das Kunstwerk weckt Gedanken und Assoziationen: Unsere Empfänglichkeit für sinnliche Eindrücke nimmt zu. Um sich das selbst zu gönnen, ist es ratsam, das Smartphone eine Weile zu verbannen.

Tipps:
Lassen Sie Ihr Mobiltelefon an der Garderobe. Versuchen Sie, eine Beziehung zum Kunstwerk zu finden. Künstlerinnen und Künstler können in Ihnen etwas wecken, das Sie zum Teilhaber ihrer Vorstellungen macht. Versuchen Sie, dem nachzuspüren, und machen Sie sich bewusst, dass sie diese Erfahrung nur hier vor dem Kunstwerk selbst machen können. Genießen Sie es, für den Einfluss des Kunstwerkes empfänglich zu sein. Wenn Sie unbedingt Fotos von Details machen möchten, dann machen Sie zunächst einen Rundgang durch das Museum ohne Smartphone, und nehmen Sie es dann bei einem zweiten Besuch mit.

DER KONTEXT LIEFERT DEN CLOU
SIE WERDEN ES SEHEN, WENN SIE DEN MUT HABEN, ZU ASSOZIIEREN

In dem wunderbaren Roman *Supergute Tage oder die sonderbare Welt des Christopher Boone* (2003) des britischen Autors Mark Haddon macht sich der Protagonist Christopher auf die Suche nach dem Mörder des Hundes seiner Nachbarin. Die Leser verfolgen seine Beobachtungen und die spannende Reise, die er unternimmt, um den Täter aufzuspüren. Abgesehen von der Tatsache, dass der Detektiv erst 15 ist, ist noch etwas anderes zu erwähnen: Christopher sieht die Welt anders. Er nimmt alle visuellen Informationen ohne jegliche Priorisierung oder Differenzierung auf. Es wird zwar nicht ausdrücklich benannt, aber aus dem Buch lässt sich herauslesen, dass er an einer Form von hochfunktionalem Autismus leidet. Einer der wichtigsten Wahrnehmungsunterschiede, die damit verbunden sind, betrifft die visuelle Auswahl: Christopher kann nicht auswählen. Wenn er hinschaut, sieht er alle Details, und zwar bewusst. Daher kann es für ihn schon sehr ermüdend sein, auch nur eine Wiese zu betrachten. In einem Kapitel erklärt Christopher, dass es ihm nicht in den Kopf geht, wie Menschen eine Wiese beruhigend finden können. Er weiß allerdings, woher das rührt: Die Menschen sehen nichts. Sie scannen eine Wiese und sagen: Da sind ein paar Kühe. Es ist sonnig mit ein paar Wolken. Und es gibt einen Zaun. Aber sie sagen nicht, wie viele Kühe es auf der Wiese gab oder wie die Wolken und der Zaun aussahen. Dann folgt eine komische Aufzählung dessen, was Christopher stattdessen wahrnimmt: 19 Kühe, davon 15 schwarze und 4 braun-weiß gefleckte, er sieht in der Ferne ein Dorf mit 31 erkennbaren Häusern und einer Kirche mit einem quadratischen Turm, ohne Spitze, eine Plastiktüte, die im Zaun hängt, und eine Coladose, auf der eine Schnecke sitzt – und so geht es noch eine Weile weiter.

Ein wichtiger, das Buch durchziehender Leitgedanke ist Christophers Schwierigkeit, Details miteinander in Verbindung zu bringen; das funktioniert bei ihm nicht so selbstverständlich wie bei anderen Menschen, was auch seine Detektivarbeit ziemlich behindert: Er sieht nicht das ganze Bild, sein Kopf folgt einer anderen Logik.

Nur wenige Menschen werden ein Gemälde so betrachten wie Christopher eine Wiese – sonst wäre ein Besuch auch nur eines Museumssaals schon arg

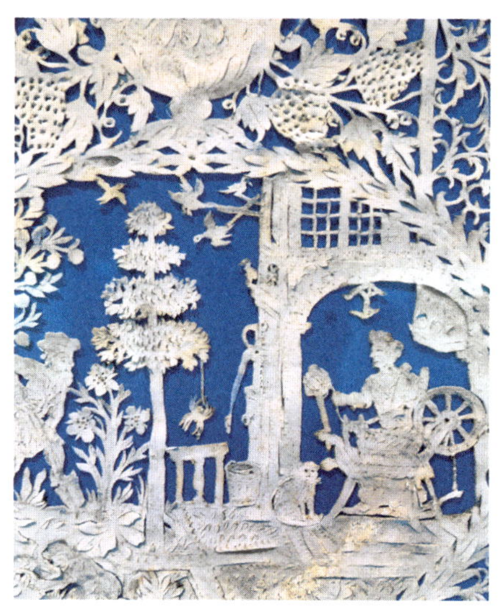

HENDRICK VAN VOORST, PAPIERSCHNITT MIT BIBLISCHEN DARSTELLUNGEN (DETAIL), 1710, VELLUM (KALBSPERGAMENT) AUF BLAUEM KARTON, 34,5 X 33 CM, MUSEUM HET VALKHOF, NIMWEGEN

ermüdend. Um ein Detail zu verstehen, zoomen wir uns gerade wieder heraus, damit wir das Gesamtbild vor Augen haben. Das kann tatsächlich bedeuten, dass wir uns vor einem Kunstwerk bewegen, ihm je nach Format nähertreten oder uns von ihm entfernen. Auf diese Weise puzzeln wir die Clous zusammen.

Auf einem schönen, minutiös ausgearbeiteten Papierschnitt von Frederik Hendrik van Voorst im Museum Het Valkhof in Nimwegen hängt eine Spinne im Baum. Die Spinne wurde von Hand aus Kalbspergament ausgeschnitten und ist kleiner als ein Hemdknopf. Die Kunstfertigkeit weckt Bewunderung, doch wenn man sich die ganze Szene anschaut, in die die Spinne eingebunden ist, erkennt man in ihr mehr als nur ein zufälliges Tierchen: Da sitzt nämlich eine Frau, die Wolle spinnt. Die Darstellung wird zu einem Wortspiel, die Spinne verweist auch auf die Tätigkeit der Frau. Diese Tätigkeit hat auch eine große Bedeutung für das ganze Bild, in dem sich vier Szenen abspielen, sie erweist sich als Symbol für die Tugenden der Frau. Ohne den Gesamtzusammenhang wäre die Spinne nicht mehr als ein kleines, kluges Tier, doch der Kontext verleiht ihr Bedeutung.

Die folgenden Kapitel schildern exemplarisch Details, die an Bedeutung gewinnen, wenn man das Gesamtbild in den Blick nimmt. Das Ganze folgt seinen eigenen Regeln und Gesetzen. Immer dreht sich alles darum, uns glaubhaft zu machen, was wir sehen; so trägt die Reflexion von farbigem Satin auf einem Tisch oder in einem Fenster dazu bei, uns glaubhaft zu machen, dass eine Figur wirklich in diesem Raum steht. Künstlerinnen und Künstler halten sich an gewisse Regeln für eine ausgewogene Komposition. Eines der wichtigsten Bücher zu diesem Thema ist Leon Battista Albertis Traktat *Über die Malkunst* aus dem Jahr 1435. Darin entfaltet er, inspiriert von der Kunst der Antike, eine Theorie über ideale Proportionen in der Malerei. Nach Auffassung Albertis – der auch die lineare, geometrische Perspektive beschrieben hat, eine Möglichkeit, Tiefe auf einer flachen Oberfläche wiederzugeben – bilden Entwurf (Zeichnung), Komposition (Linien) und Farbe die Grundlage. Alle Details in einem Gemälde dienen diesen Regeln und sind der Einheit des Ganzen untergeordnet. Albertis und Leonardo da Vincis Theorien hatten in der Renaissance und der Zeit danach einen gewaltigen Einfluss auf die Kunst.

Auch fast alle »Seh«-Expertinnen und -Experten, die ich für dieses Buch interviewt habe, betonen die Bedeutung des Details für das Ganze und des Ganzen für das Detail. Sie sind darin geschult worden, auf kleine Details zu achten – für die Diagnose bei einem Kind oder für die Einschätzung der Sicherheitslage in einem Kriegsgebiet können diese entscheidend sein –, aber ihr Urteilsvermögen entwickelte sich erst dadurch, dass sie die Details im Kontext betrachteten.

Eine Schwalbe ist eine Schwalbe, und sie ist an sich schön, aber in der Hand des Jesuskindes auf Marias Schoß ist sie eine *symbolische* Schwalbe. Dann steht das Tier nicht mehr nur für sich selbst, sondern repräsentiert auch die Auferstehung Christi. Denn eine Schwalbe flog im Winter davon und kehrte um Ostern zurück, als Jesus aus dem Grab auferstand. Und wenn man den kleinen Vogel mit seinen ausgebreiteten spitz zulaufenden Flügeln in der Luft fliegen sieht, sieht er genau wie ein Kreuz aus – und verweist damit auf das Leiden Jesu.

Das lässt sich nur erkennen, wenn man abwechselnd hinein- und herauszoomt, wenn man abwechselnd die Details und dann wieder das Ganze in den Blick nimmt. Manchmal ist es hilfreich, ein gewisses Vorwissen mitzubringen, wie etwa in diesem Beispiel das Wissen über die Leidensgeschichte Christi. Aber das ist nicht immer notwendig. Wenn man Details in eine Beziehung zueinander setzt und über mögliche Übereinstimmungen zwischen ihnen nachdenkt, lässt sich schon vieles verstehen. Es ist ein Rätselspiel, das uns der Künstler vorlegt, ein Denkpuzzle über die Bedeutung. Wenn man hin und her schaut, und vom Teil zum Ganzen wechselt, können Details zu Metaphern werden, und das macht sie noch schöner, als sie ohnehin schon sind.

Tipps:
Beginnen Sie damit, sich das Ganze anzusehen. Wie verlaufen die Kompositionslinien, lässt sich darin beispielsweise ein Kreis oder ein Dreieck entdecken? Achten Sie anschließend auf Details entlang dieser Linien und versuchen Sie herauszufinden, in welchem Zusammenhang sie zu der ganzen Geschichte stehen. Sagt ein Detail etwas über die ganze Geschichte aus? Warum befinden sich bestimmte Objekte nahe beieinander? Verleihen sie sich gegenseitig Bedeutung?

BIS AUFS BLUT

Als die beiden jungen Amerikaner und der britische Geschäftsmann, die 2015 im Thalys-Zug von Amsterdam nach Paris einen Terroristen überwältigt hatten, kurz danach interviewt wurden, fiel neben der Bescheidenheit der jungen Männer auch das Blut auf dem gepflegten beigen Hemd des Briten auf. Eingetrocknete rote Spritzer als stumme Zeugen der Gewalt, die sich gerade ereignet hatte. Auf seinem Arm sah man das Blut von Spencer, dem heldenhaften amerikanischen Soldaten, und auf Brusthöhe hatte der Mann, wie er mit einem entschuldigend-nervösen Lächeln sagte, »wahrscheinlich das Blut des Terroristen«.

Blutspritzer zeugen nicht nur von Gewalt, sondern unterstreichen auch die physische Nähe des Blutbefleckten zu seinem Aggressor im Kampfgeschehen. Daran musste ich denken, als ich die Spritzer auf dem Dekolleté von Judith sah, der biblischen Heldin, die den assyrischen Feldherrn Holofernes eigenhändig enthauptete. Die Gewalt, das brachiale Abschneiden seines Kopfes, das etwas weiter unten in der Darstellung zu sehen ist, zieht natürlich die Aufmerksamkeit auf sich; es ist eines der gewalttätigsten Sujets, das in der Barockmalerei Darstellung gefunden hat. Als ich vor drei Jahren bei einem Besuch des Palazzo Barberini in Rom den Raum mit Caravaggios Version dieser Darstellung betrat, bereute ich sofort, dass ich meine damals vierjährige Tochter mitgeschleppt hatte. Aber, und das fiel mir erst auf den zweiten Blick auf: Caravaggios Judith hat keine Blutspritzer auf ihrem Körper.

Artemisia Gentileschis Judith hingegen schon. Sie übertrifft Caravaggio hier, was die körperliche Wirkung des Sujets angeht. Diese Künstlerin, die einerseits von vielen zu den allerbesten Barockmalern Italiens gezählt wird, findet andererseits in den drei Übersichtsdarstellungen über italienische Kunst in meinem Schrank und im dicken Katalog der Uffizien nicht die geringste Erwähnung. Es fällt offenbar schwer, weibliches Talent anzuerkennen, früher wie heute.

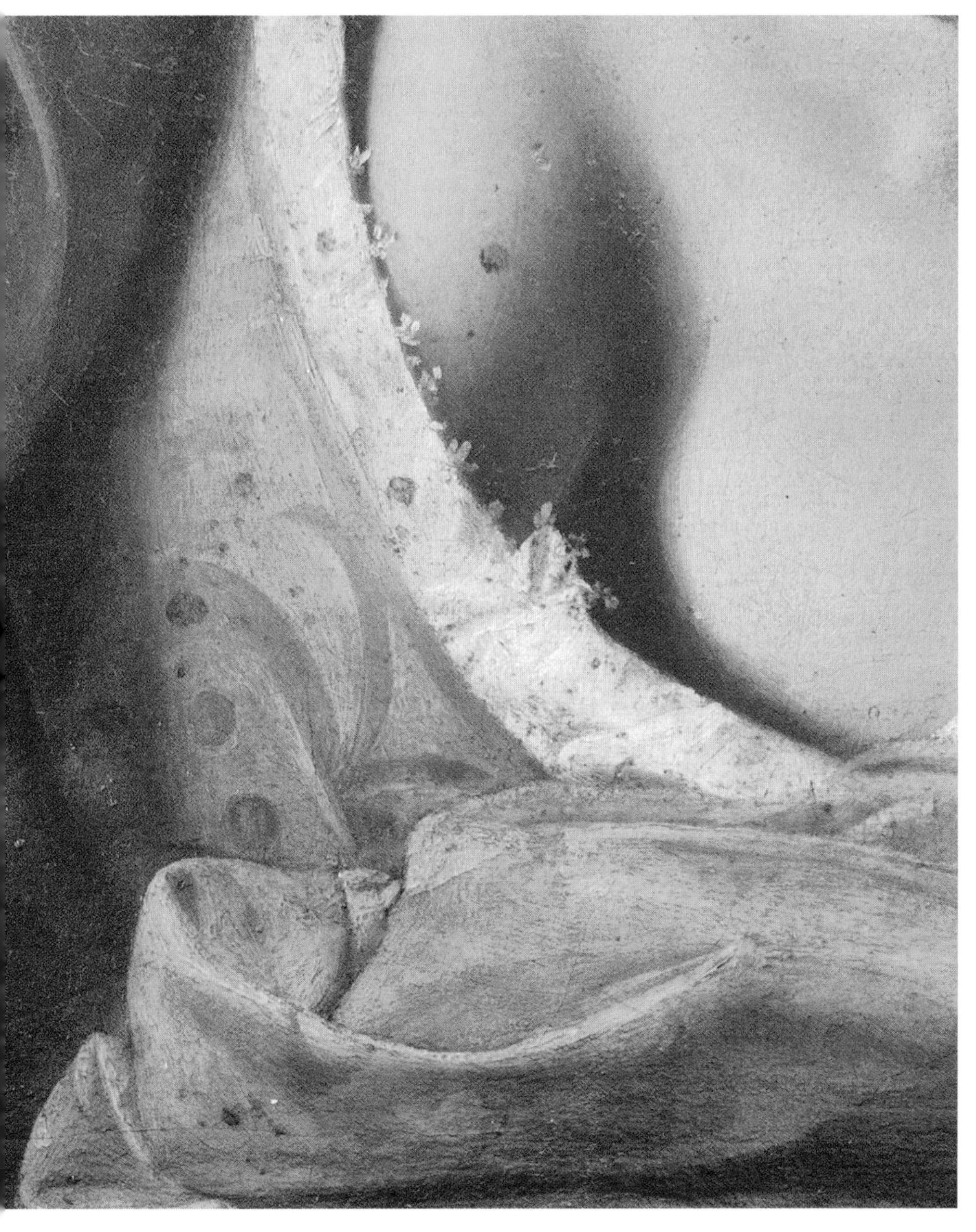

Die oft erzählte Legende, die sich um dieses Gemälde rankt, besagt, Artemisia sei im Alter von 18 Jahren von einem Künstler (möglicherweise ihrem Lehrmeister) vergewaltigt worden, und sie habe in diese Darstellung der Judith all ihre Rachegedanken und Frustration hineingelegt. Der Fall kam vor Gericht, der Mann wurde verurteilt, aber unmittelbar danach vom Herzog von Florenz, Cosimo de' Medici II., begnadigt. Dieser hatte übrigens selbst den Auftrag für dieses Gemälde gegeben. Entlohnt wurde Artemisia für dieses Gemälde erst nach Cosimos Tod und auf Drängen ihres Freundes Galileo Galilei. Es fragt sich jedoch, ob man damit nicht zu viel in das Gemälde hineininterpretiert: Hätte sie Judith anders gemalt, wenn sie diese Gewalterfahrung nicht gemacht hätte? Das können wir nicht wissen.

Die Abscheu und die Aggression wirken jedenfalls so unmittelbar, als stünde man direkt neben Judith. Der Kampf ist so intensiv, dass Angreifer und Opfer eins werden, wie ein Tiger, der sich in seine Beute verbeißt. Blutspritzer auf einem Dekolleté – ich sah sofort die legendäre Kampfszene zwischen Patricia Arquette und James Gandolfini im Film *True Romance* (1993) vor mir – so sexy, so hart und so irrsinnig bis aufs Blut. Gandolfini beginnt mit einem Kinnhaken, weil das von Patricia Arquette gespielte Mädchen nicht sagen will, wo ihr Freund ist, ihr läuft das Blut zwischen den Brüsten über den grünen BH, und selbst als ihr ganzes Gesicht schon zerschlagen ist, streckt sie dem Gangster noch lachend den Mittelfinger entgegen. Mit einem steinernen Toilettendeckel und einem Schraubenzieher gewinnt sie schließlich die Oberhand. Ein extrem brutaler Mord, der – genau wie bei Judith und Holofernes – als vermeintliche Verführung beginnt und von dem das Blut zeugt, das an ihrem Leib klebt.

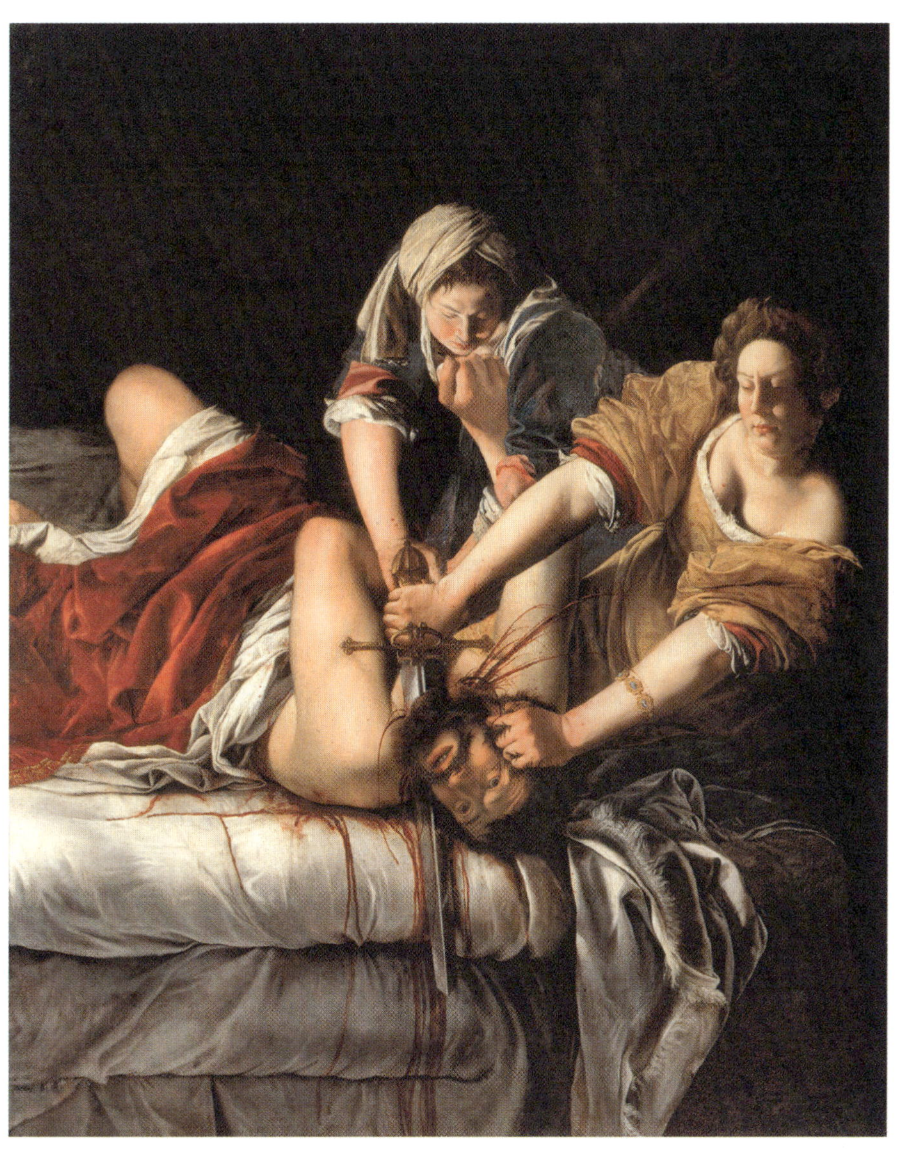

ARTEMISIA GENTILESCHI, JUDITH ENTHAUPTET HOLOFERNES, UM 1620–21, ÖL AUF LEINWAND, 146,5 x 108 CM, GALLERIE DEGLI UFFIZI, FLORENZ

MUCKSMÄUSCHENSTILL

Es war diese Haltung. Niemand steht so da, es sei denn, er erinnert sich an etwas, denkt, etwas vergessen zu haben, und ist im Begriff wieder umzukehren. Oder er ist wie versteinert, vor Angst. Jemand, der immer den Weg kannte, nun aber plötzlich nicht mehr. Der Mann steht vollkommen aufrecht da, aber nicht so, dass der Körper natürlich im Gleichgewicht wäre. Die Beine stehen eng zusammen, der Oberkörper ist leicht nach vorne gebeugt, die Hände liegen vor der Brust.

Ich betrachtete ein Gemälde in einem Gemälde: Dieses Gemälde sah aus, als wäre es von René Magritte. Denn im wirklichen Leben steht ein Mensch nicht so da, zumindest nicht länger als den Bruchteil einer Sekunde, einen Fotomoment lang. Das ist Surrealismus. Das ihn umrahmende imposante Gebäude in Den Haag, der helle grüngraue Steinsockel, die viel zu hohen Fenster, die nicht minder hohe Tür sowie seine Melone komplettieren das Bild. Wer steht dort so allein? Wer ist so scheu und warum sehen wir sein Gesicht nicht?

Jan Weissenbruch – nicht der aus der Haager Schule, das ist sein Neffe – war ein realistischer Maler. Er malte alles, als ob es real wäre: Häuser, Lichteinfall, Menschen, Wolken. Natürlich ist alles künstlerisch gestaltet und bewusst ausgewählt.

In der Ausstellung kann man sehen, dass Weissenbruch einen enormen Fetisch für baufällige Häuser hatte; es wimmelt nur so von Rissen, abblätterndem Putz und Unkraut, das zwischen geborstenen Steinen herausdrängt.

Deshalb fällt dieses Bild so auf: Wer vom Detail aufs Ganze zoomt, sieht einen hellen, sauberen, mucksmäuschenstillen Platz. Einen Platz, über dem die Sonne gerade aufgegangen ist und lange Schatten wirft, und auf dem jeder stillsteht. Nicht nur stillsteht, wie es jede Figur auf einem Gemälde immer tut, sondern wirklich: stillsteht. Wie unser Magritte-Mann. So still, dass etwas nicht stimmt. Dass es scheint, als wüssten die Figuren etwas, als hätten sie etwas abgespro-

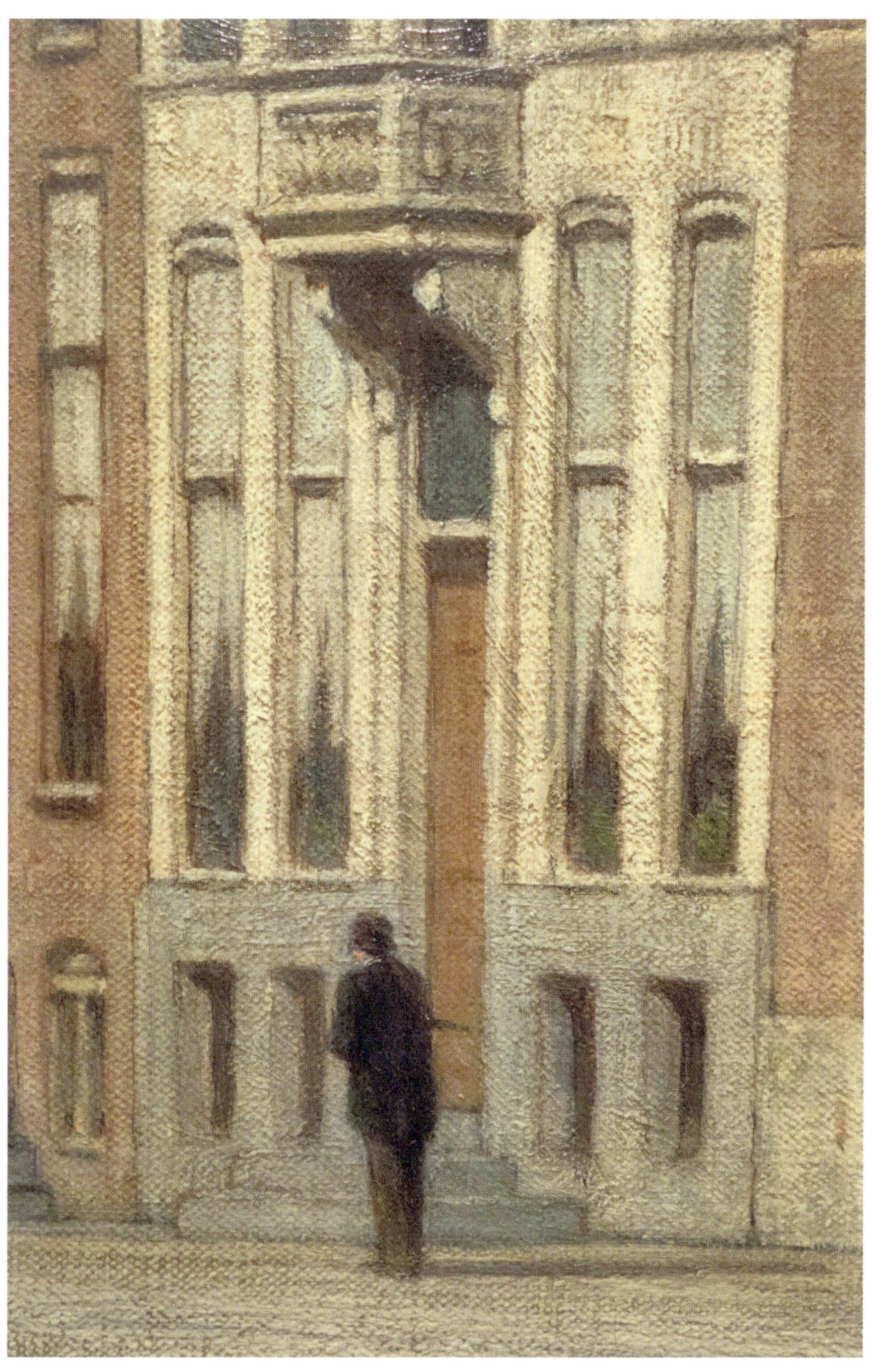

chen, als wäre eine gemeinsame Performance im Gang. Nur die Hühner merken nichts davon. Die Modernität dieses Werks konnte ich nicht gleich verarbeiten; in dieser Stille geschieht so viel.

Magritte verlor seine Mutter, als 13-Jähriger. Sie ertränkte sich in einem nahegelegenen Fluss. Manche sagen, er wäre dabei gewesen, als sie gefunden wurde, aber das ist nicht sicher. Andere sagen, man hätte sie mit einem von ihrer Kleidung verhangenen Gesicht gefunden – einer der Gründe, warum viele Menschen in Magrittes Werk kein oder ein bedecktes Gesicht haben. Ein Gemälde ist in gewisser Weise eine Autobiografie.

An anderer Stelle in der Ausstellung las ich, dass Jan Weissenbruch in den letzten zehn Jahren seines Lebens unter schwerer Platzangst litt. »Es war diese merkwürdige Krankheit, die einem den Mut raubt, sich in Menschenmengen und belebte Straßen zu begeben oder allein einen Platz zu überqueren. Dennoch ging er aus, aber er beschränkte sich darauf, in seiner unmittelbaren Umgebung frische Luft zu schnappen, mit dem Gefühl, seinem Zuhause so nah wie möglich zu sein«, schrieb Carel Vosmaer später in seinem Nachruf. Sein Haus lag an der Prinsengracht.

Am 6. Juni 1878 begab er sich um sechs Uhr morgens nach reiflicher Überlegung und zum Erstaunen seiner Mitbewohner auf den Platz, um ihn zu malen. Die große, gefährliche Leere. In der Frühe, so dass möglichst wenig Menschen da waren. In den Menschen, die er sah, malte er seine Angst.

Es war sein letztes Gemälde.

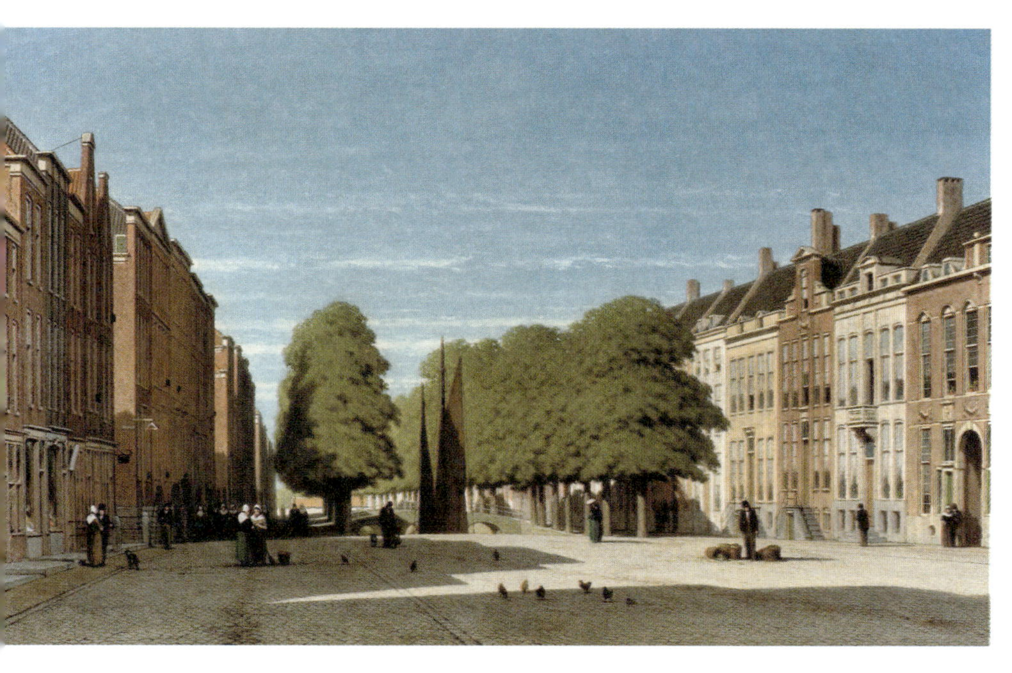

JAN WEISSENBRUCH, DIE PRINSENGRACHT ZU DEN HAAG, UM 1880, ÖL AUF LEINWAND, 52 X 83,5 CM, HISTORISCHES MUSEUM DEN HAAG

EINMAL SOFIA LOREN

Sie ist wie ein Vögelchen in einem Käfig, diese Dame in ihrem venezianischen Fenster. Durch das Gitter hindurch zieht sie an einem Band ihrer weißen Wäsche, als hätte sie mit ihrem kleinen Schnabel etwas gepackt, was sie nun in ihr Nest schleppen könnte. Eine Italienerin in einer weißen Baumwollbluse, die von ihrem Kleid eingeschnürt wird. Und dann auch noch in einem Fenster! Nun, meinetwegen können Shakespeare, Puccini, Fellini oder Baz Luhrmann ruhig hereinkommen, scheint sie zu denken. Ich werde *O mio babbino caro* auflegen.

Die übrigen Gemälde Canalettos ziehen, dafür sollte ich mich wohl schämen, oft wie schaukelnde Gondeln an mir vorbei, wenn ich mich nicht selbst zwinge, vor ihnen stehenzubleiben. Es sind reich bevölkerte Darstellungen mit diesen typischen touristischen Ansichten, Plätze, wie es sie auch heute noch gibt, allerdings noch romantisch und nicht schmutzig und voller Plastik und blinkendem Spielzeug, das einem aufgedrängt wird. Das ist gar nicht so erstaunlich, denn Canaletto war der erste touristische Maler. Der Maler der Veduten, der Stadtansichten *to go*. Daher ist es ein bisschen albern, ihm das übelzunehmen.

Um dennoch auf den Genuss zu kommen, mache ich bei seinen Gemälden oft genau das, was ich auch auf belebten, touristischen Plätzen mache. Ich schaue nach oben. Oder zumindest dorthin, wo Spuren des normalen Lebens zu sehen sind. Auch ein Blick in Gassen funktioniert manchmal. Im Gewimmel gibt es immer Orte, an denen man den Tourismus, den Handel und die Passanten eine Weile nicht sieht und einen Einwohner finden kann, der einfach seinen alltäglichen Verrichtungen nachgeht, Tag für Tag in aller Ruhe. Jemanden, der sich gegen den Trubel schon immunisiert hat, wie ein Reh auf einer Wiese neben Bahngleisen, das einen vorbeidonnernden Zug längst nicht mehr bemerkt.

Fenster und Balkone sind auf der Suche nach solchen Alltagsszenen unwiderstehlich, denn wenn man dort jemanden entdeckt, steht man gleich wie ein Romeo da, der heimlich seiner unerreichbaren Julia nachspioniert.

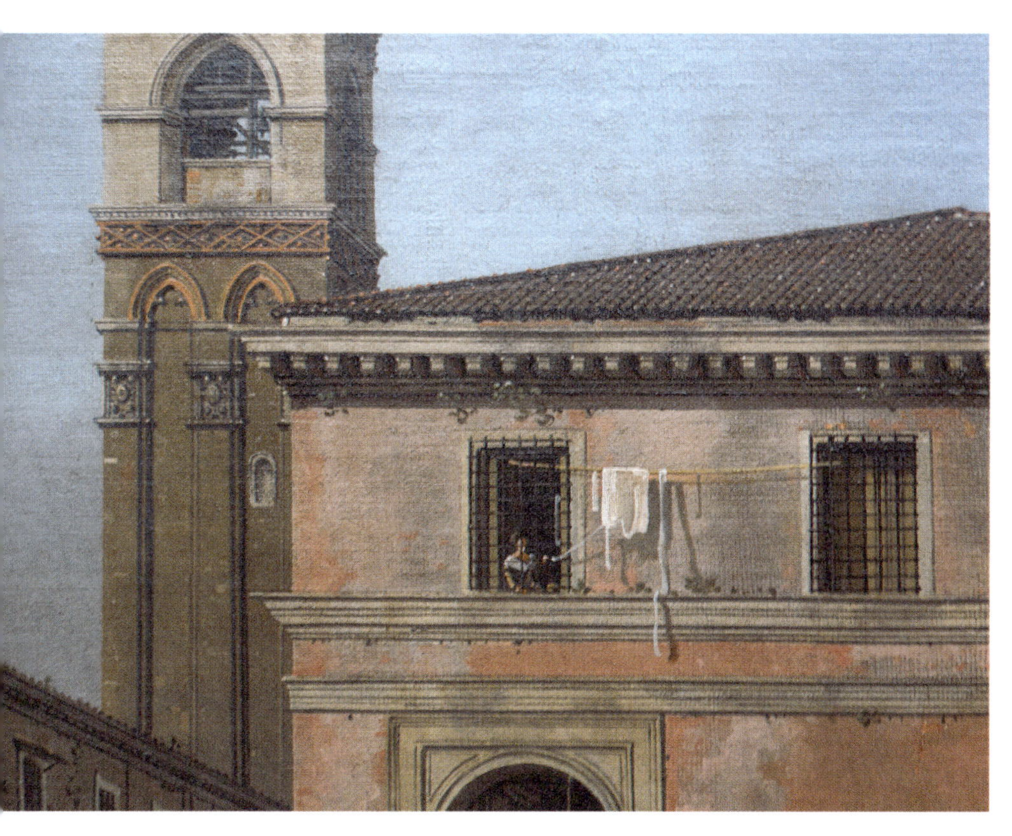

Eine italienische Frau auf einem Balkon übt selbst auf mich eine große Anziehungskraft aus. Ich glaube, insgeheim wäre ich gerne sie.

Die ultimative Frau, die ich auch in dieser Dame wiedererkannt habe, wurde – wie überraschend – von Sofia Loren verkörpert. Wenn ich auf der Piazza Navona in Rom stehe, versuche ich, die Dachterrasse zu finden, auf der *Morgen* spielt, die dritte Episode aus Vittorio De Sicas Film *Gestern, heute und morgen* (1963). Der Film ist allein schon deshalb sehenswert, weil Loren darin zeigt, dass sie eine arme Neapolitanerin ebenso mühelos spielt wie eine Dame des Mailänder Jetsets. In Rom ist sie Mara, eine Prostituierte, die mit einem weißen Laken, das sie locker um ihren nackten Körper geschlungen hat, die Pflanzen auf ihrer Dachterrasse arrangiert und dabei dem Enkel der Nachbarin begegnet, einem jungen Priesterkandidaten. Mit einer Zigarette zwischen den Lippen und locker hochgestecktem Haar blickt sie durch die Vorhänge auf den armen jungen Mann, der natürlich längst verloren ist. Die Unnahbarkeit von Sophia Loren ist nirgendwo so stark wie in diesem Film; die ganze Rolle ist eine ausgedehnte Metapher der schönen Frau auf einem fernen Balkon. Sie strippt übrigens auch, für ihren Kunden – einen bildschönen jungen Marcello Mastroianni – und auch hier ist dieser Moment des Etwas-Sehen-aber-nicht-Haben-Könnens ziemlich stark präsent. Niemand kann so lodernd und entwaffnend zugleich sein wie Sofia Loren. Und ich habe sie eben dort gesehen, auf dem Campo di Rialto in Venedig, gemalt von Canaletto.

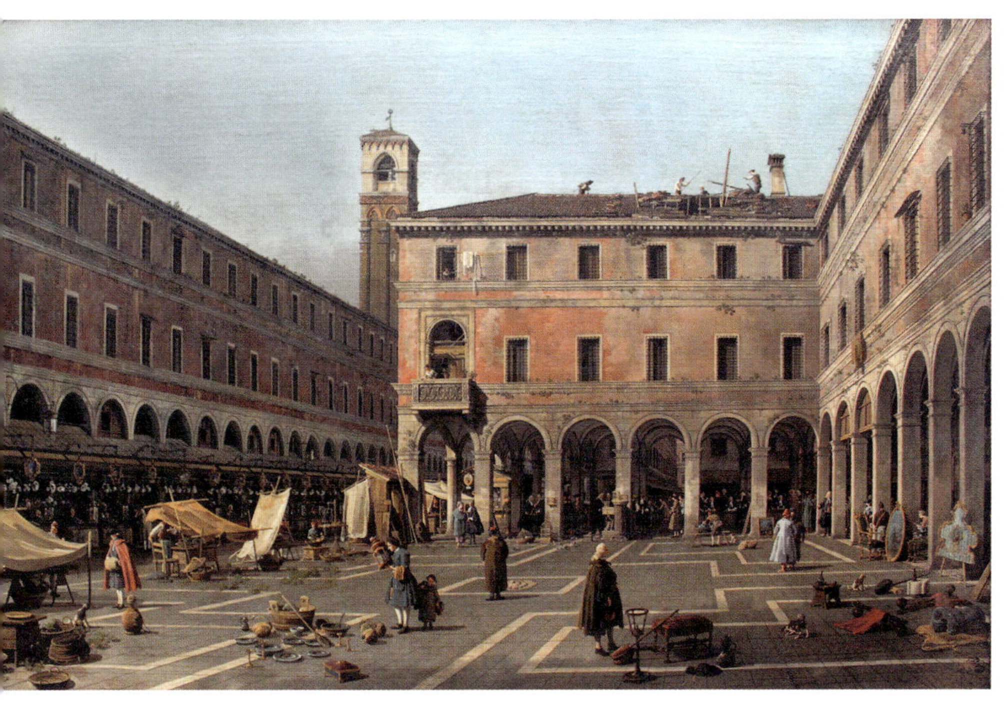

CANALETTO (GIOVANNI ANTONIO CANAL), CAMPO DI RIALTO IN VENEDIG, 1758–59, ÖL AUF LEINWAND, 118 X 188 CM, STAATLICHE MUSEEN ZU BERLIN, GEMÄLDEGALERIE BERLIN

DAS FLOHPELZCHEN

Als Anthonis van Dyck, kaum 25-jährig, am 12. Juli 1624 auf seiner Reise durch Italien in Palermo eintraf, begegnete er einer steinalten Künstlerin. Ziemlich beeindruckt von ihrer Berühmtheit notierte er in seinem Tagebuch die Tipps, die er von dieser Malerin erhielt, die noch Hofmalerin von König Philipp II. von Spanien gewesen war und persönlich von dem kaum weniger als göttlichen Michelangelo unterrichtet worden war, der schon lange vor van Dycks Geburt gestorben war. Anthonis nahm an, dass die Künstlerin, die vor ihm saß, 96 Jahre alt sei, aber das stimmte nicht: Sofonisba Anguissola war 92. Sie schaute sich van Dycks Gemälde aufmerksam an, obwohl ihre Augen nicht mehr die besten waren, und als er sie porträtierte, gab sie ihm Tipps, wie er die Schatten in ihren Falten nicht allzu nachdrücklich sichtbar machen könnte. Es stimmt; auf dem Porträt, das van Dyck von ihr malte, ist Anguissola jugendlicher dargestellt, als sie wohl ausgesehen hat. Am englischen Hof wurde Anthonis zu Anthony und machte eine steile Karriere, zumindest bis zu seinem frühzeitigen Tod im Alter von 42 Jahren. Anguissola starb ein Jahr nach ihrer Begegnung in Palermo. Der Ruhm, den ihr Michelangelo, Giorgio Vasari und van Dyck zu Lebzeiten zusprachen, ist leider im Laufe der Jahre ein wenig verblasst. Aber ihre Porträts sind in mehreren Museen zu sehen: Im Prado hängen die königlichen Porträts, die vor allem für Liebhaber modischer Details attraktiv sind. Und in Berlin hängt dieses Porträt ihrer Mutter, bei dem sie den Tipp, den sie van Dyck gegeben hatte – die Falten mittels des richtigen Lichts ein wenig zu mildern – selbst ebenfalls beherzigt hat.

Denn die ehrwürdige Bianca Ponzoni Anguissola hatte zu dieser Zeit bereits sechs Töchter und einen Sohn zur Welt gebracht, und davon finden sich in ihrem glatten Gesicht und den fast faltenlosen Augen kaum Spuren (der Körper wird praktischerweise von einem Korsett gehalten). Was ihr Erscheinungsbild komplettiert, ist der kleine Marder in ihrer Hand: ein *zibellino* (ein »Zobelchen«). Wie das Hermelin steht das kleine Tier symbolisch für Reinheit und Unbeflecktheit;

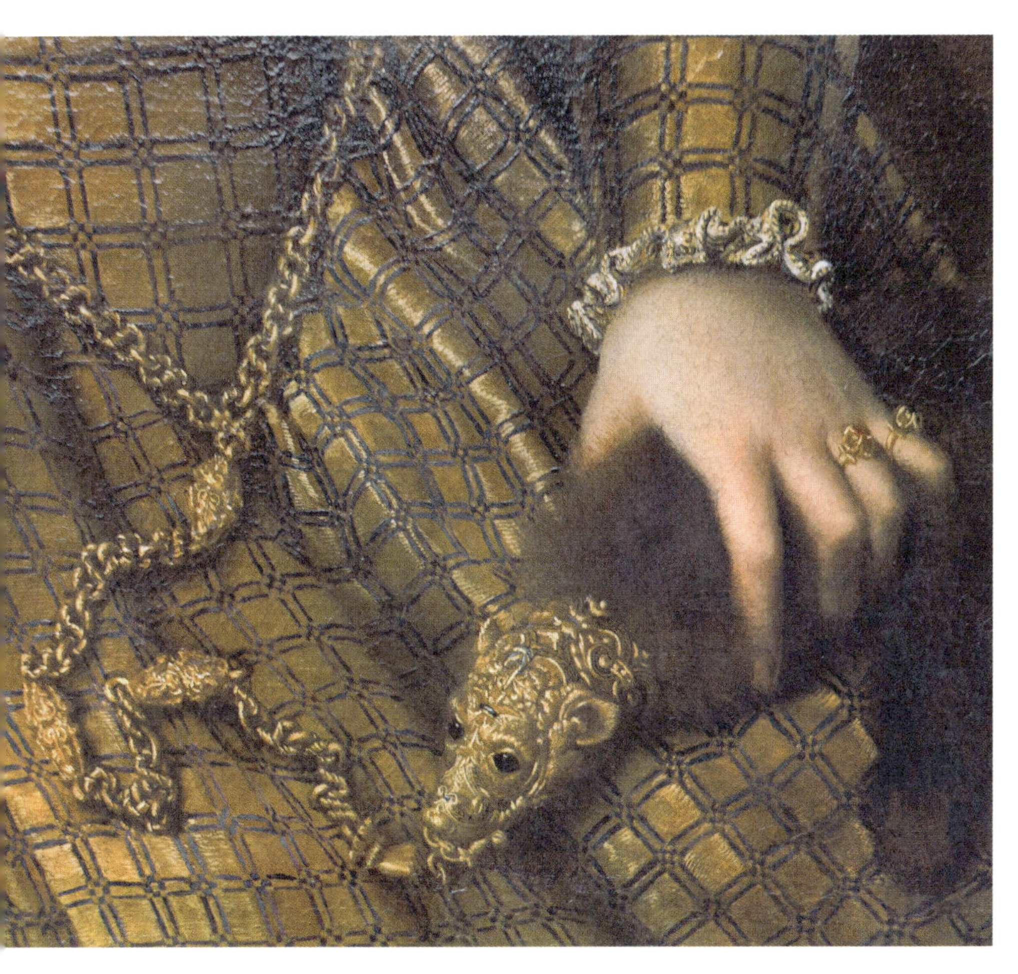

in einem Porträt kann es auch als Symbol für die Schwangerschaft einer Frau dienen. Nun, das ist hier nicht Fall.
Der kleine goldene Marder ist ein Schmuckstück, ein superschickes Teil, und dem Anschein nach mit Rubinaugen, Silberapplikationen und vielleicht auch einem Diamanten auf der Nase besetzt. Zuerst dachte ich, es handele sich dabei um eine Handtasche an einer goldenen Kette, doch dann begriff ich, dass ein solcher Zibellino der Vorläufer des Muffs ist, es ist also nur ein Pelz daran befestigt, keine Tasche. Anguissola malte auch bei anderen Frauen Zibellini; von Raffael, Veronese, Tizian, Lorenzo Lotto und Tintoretto kennt man ebenfalls Frauen mit solchen Schmucktieren. Aber dieses hier, das so sanft wie ein geliebtes Haustier in ihrem Schoß liegt, das ihre Hand so kräftig zu streicheln scheint, ist wirklich mit der Porträtierten verbunden: Bianca und ihr goldener Zibellino, wie Paris Hilton und ihr Schoßhündchen Tinkerbell.

Das Witzigste daran ist noch, dass sich ein merkwürdiger Mythos in die Literatur eingeschlichen hat, der diesen Tierchen den Beinamen »Flohpelzchen« einbrachte. Denn ziemlich hartnäckigen Gerüchten zufolge trugen Damen von Stand ein solches Tierchen bei sich, um die vielen Flöhe, die es in den Städten gab, anzulocken und sie so von ihrer Haut und ihren Haaren fernzuhalten. Es ist schon recht seltsam, dass sich dieses Gerücht so lange gehalten hat, obwohl a) es für Flöhe im Pelz wenig zu suchen gibt, da sich aus einem toten Tier kein Blut saugen lässt, und b) die Damen doch sicherlich nicht so viel Geld für einen Gegenstand ausgegeben hätten, der alle Aufmerksamkeit auf die Tatsache gelenkt hätte, dass sie mit Flöhen herumlaufen?

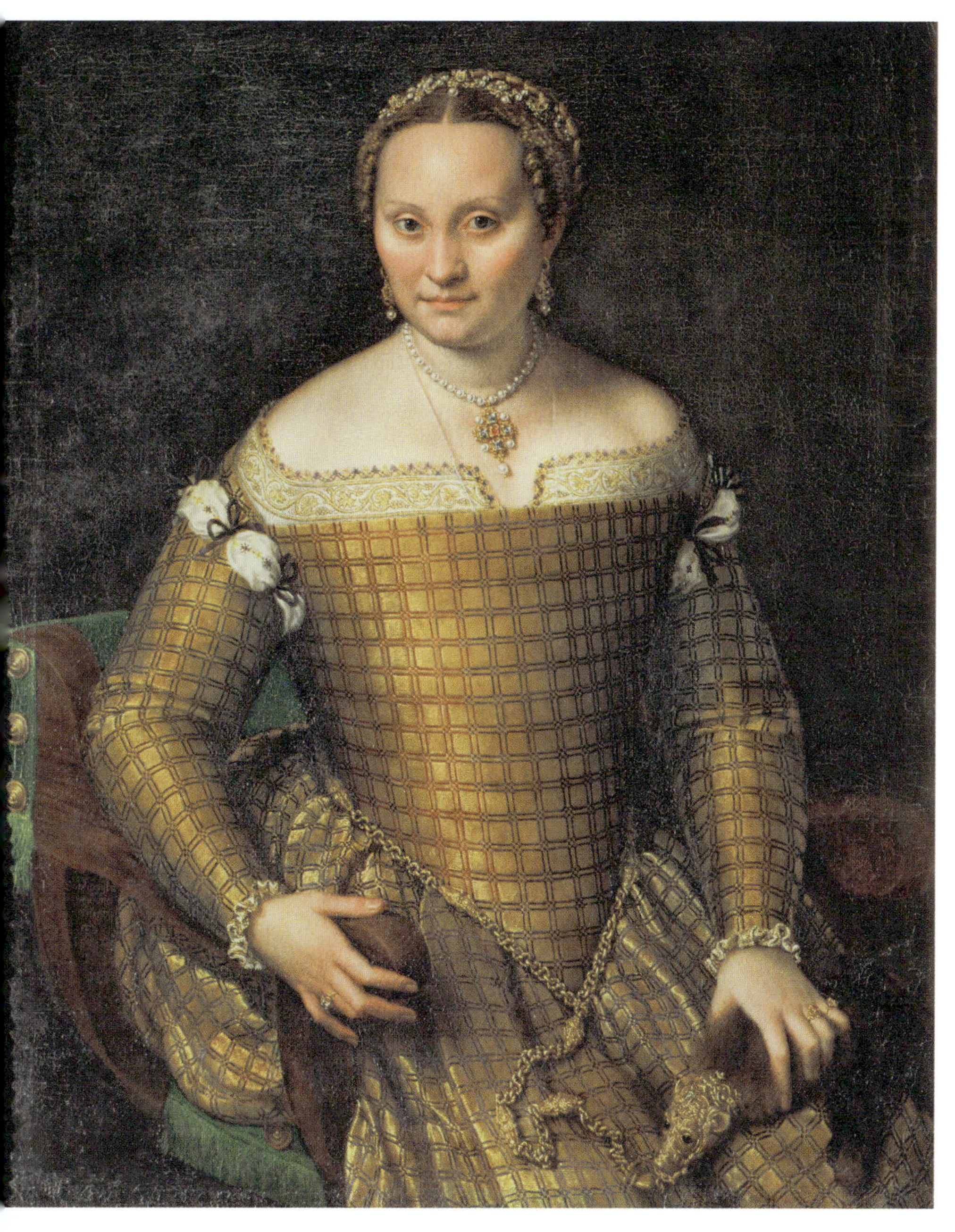

SOFONISBA ANGUISSOLA, PORTRÄT DER BIANCA PONZONI ANGUISSOLA, MUTTER DER KÜNSTLERIN, 1557, ÖL AUF LEINWAND, 98 X 75 CM, STAATLICHE MUSEEN ZU BERLIN, GEMÄLDEGALERIE BERLIN

TOTENGEDENKEN

Bei der Kunst von Hieronymus Bosch möchte man grinsen über seine satirische Sicht auf das vergebliche Ringen des Menschen um Reichtum, Status, Macht und andere irdische Güter, über seine Ungeheuer und übertriebenen Grausamkeiten. In dieser Hinsicht ist Bosch wie Quentin Tarantino: Die Übertreibung lässt die Gewalt skurril erscheinen. Dieses Detail bringt einen jedoch nicht gleich zum Schmunzeln, vor allem nicht, wenn man es außerhalb des Bildkontextes sieht, dann wird es einem unbehaglich zumute.

Ist das für Bosch ein untypisches Detail, weil der abgehackte Kopf den Bildern gleicht, die uns manchmal in den Nachrichten begegnen? Aus den IS-Gebieten und aus Teilen Mexikos, wo die Bandenkriege um unsere Partydroge Kokain gnadenlos wüten? Oder wird die Wirklichkeit langsam so absurd, dass sie uns immer stärker an eine Höllendarstellung von Hieronymus Bosch erinnert? Ich spürte Zweifel in mir aufkommen, ob ich dieses Bild für meine Sammlung von Detailschilderungen auswählen sollte.

Als ich mich dennoch dafür entschied, war gerade Halloween. Und an Halloween gedenken wir der Toten, also erschien mir ein Detail des Künstlers, der uns immer wieder daran erinnert, dass der Tod unvermeidlich und die Hölle danach eine nicht auszuschließende Option ist, durchaus passend. Nicht gerade fröhlich, aber Halloween ist ja auch nicht unbedingt ein fröhliches Fest. Es ist ein seltsames Gemenge kultureller Phänomene: unseres katholischen Allerheiligen am 1. November und von Allerseelen am 2. November, des keltischen Neujahrs, bei dem man glaubte, die Geister der Verstorbenen des vergangenen Jahres würden auf der Suche nach Körpern, in denen sie sich niederlassen können, aus ihren Gräbern auferstehen; und es hat auch etwas von dem mexikanischen *Día de los Muertos* am 1. und 2. November.

Wir hygienischen Europäer, die brav alle Schlachthöfe und Friedhöfe aus dem Blickfeld verbannt haben, fremdeln immer noch ein wenig mit dieser Tradition.

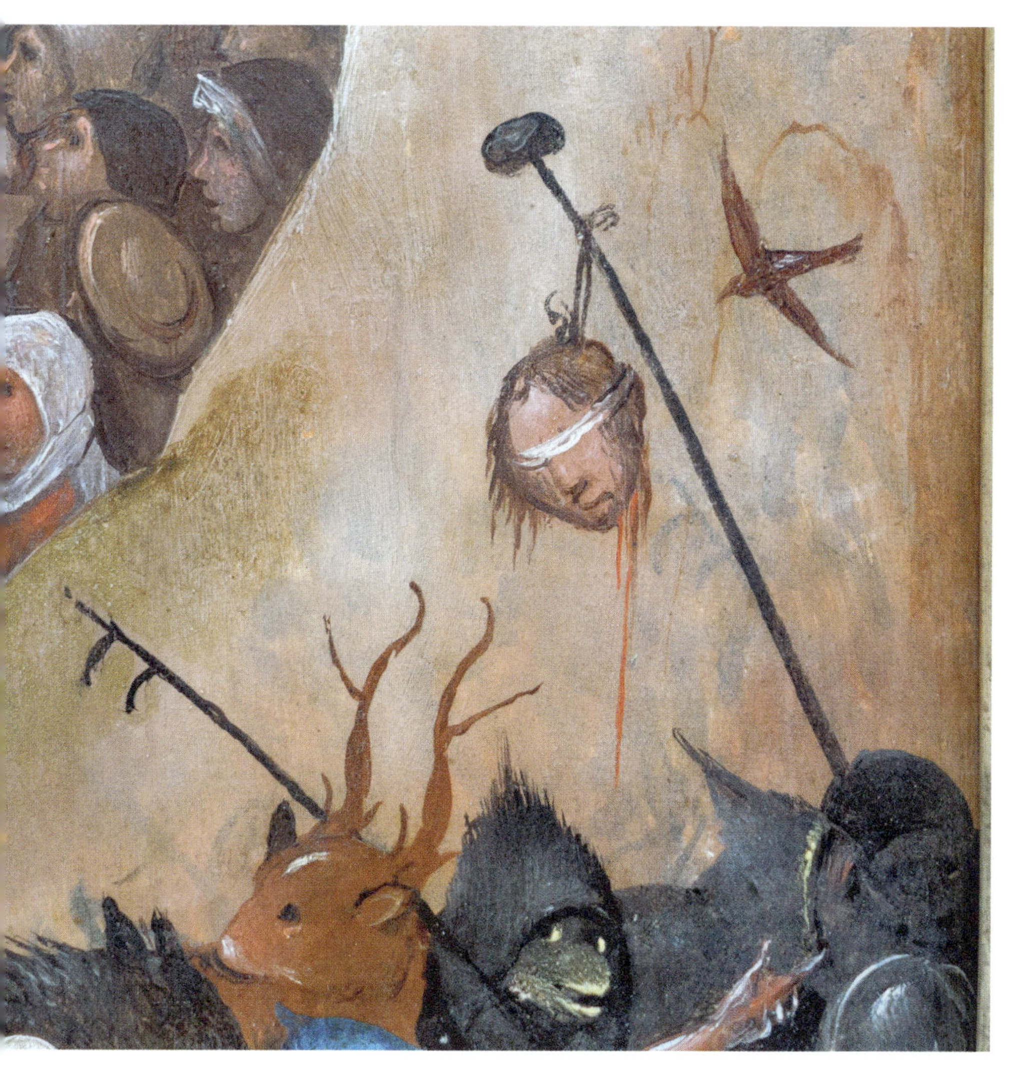

Dennoch spricht viel dafür, der Toten mit einem lebendigen Fest zu gedenken und die Angst vor dem Tod mit gemeinsamen Ritualen wie einem Halloween-Fest zu bannen. Dieses Bosch-Detail hat für Leser und Leserinnen, die kurzzeitig das gleiche Unbehagen wie bei einem widerwärtigen Bild in den Nachrichten beschleicht, auch etwas Beruhigendes: Unten ist ein seltsamer roter Hirsch zu sehen, zudem ein Ungeheuer, das unter einer Kapuze hervorlugt, und zwei dunkle Gestalten, die den an einem Stock hängenden Kopf mit den verbundenen Augen Richtung Hölle auf der rechten Tafel des Heuwagen-Triptychons tragen – ach, was für ein Glück, das ist Bosch, wie wir ihn kennen. Herrlich bizarr.

Bosch wurde schon immer für seine Fantasie gerühmt, mit der er den Himmel und vor allem die Hölle darstellte. Doch die Kinderbuchautorin Thea Beckman hat dem eine sehr schöne Wendung gegeben. In ihrem Roman *Karen Simonstochter* (1983) schildert sie ein Gespräch zwischen dem Maler Hieronymus van Aken in Den Bosch und Gerd, dem Knecht des Glockengießers, im Atelier des Malers. Gerd erschrickt, als er auf dem Altarbild für die St. Michaelskapelle in der St.-Johannes-Kathedrale »Teufel ohne Körper« sieht, »deren Arme, Beine und Schwänze direkt aus dem Kopf wachsen«, und »Ungeheuer mit langem Vogelschnabel, Katzenschwanz und Fischleib«. Hieronymus erklärt, er habe sich in einem Anfall von Übermut kurzzeitig mal gehen lassen. In einem anderen Kunstwerk sieht Gerd schöne Menschen, die aufgespießt und im Höllenfeuer geröstet werden. »Du findest das abscheulich, nicht wahr?«, sagt Hieronymus. »Wir glauben, so müsste die Hölle aussehen. Aber wir ... wir sind Menschen und keine Teufel. Und trotzdem, was tun wir? Die ganze Welt wird von Kriegen erschüttert, von Räubereien, Hinrichtungen und Foltern. Ich brauche nicht weit zu gehen, um Beispiele für meine Höllenstrafen zu finden.«

Seine Fantasie schöpfte der Maler einfach aus den Tagesnachrichten.

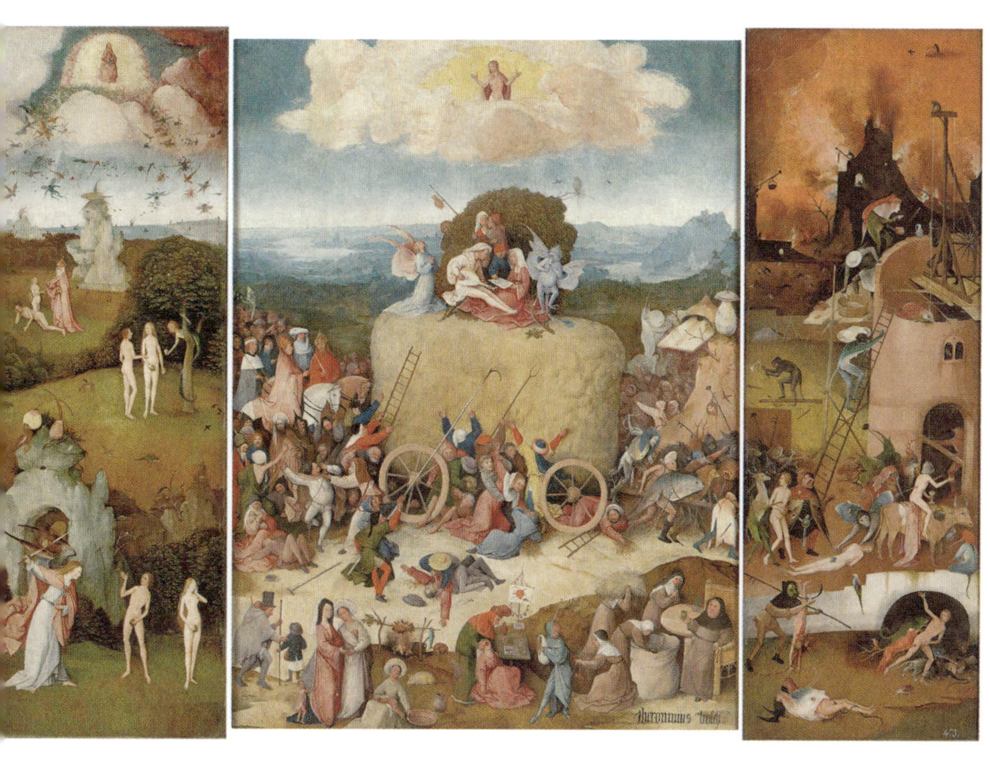

HIERONYMUS BOSCH, DAS HEUWAGEN-TRIPTYCHON, 1512–15, ÖL AUF HOLZ, 133 X 100 CM (MITTELTAFEL), 136 X 45 CM (SEITENTAFFELN), MUSEO DEL PRADO, MADRID

WEICH UND ZÄRTLICH

Details in realistisch gemalten Bildern, die einen mindestens für eine Minute in Verwirrung versetzen, weil man keine Vorstellung von dem hat, was man da gerade betrachtet, sind eine eigene Sammlung wert. Ich stockte einmal sekundenlang, als ich einen Mann – war es ein Mann? – mit einem »geschmolzenen« Gesicht in einem Altarbild von Rosso Fiorentino erblickte. Und ohne Vorwarnung kann man sich gewiss mehr als eine Minute den Kopf kratzen, während man auf das Objekt auf dem Boden in Holbeins Gemälde *Die Gesandten* (1553) in der National Gallery in London starrt (Tipp: Nur wenn man von der rechten Seite ganz schräg auf das Bild schaut, sieht man, was es darstellt). Quentin Massys aus Löwen ließ sich von Leonardo da Vinci inspirieren. Eine atmosphärische Perspektive im Hintergrund seiner Porträts, keine scharfen Konturen, sondern sanfte Farbtöne, die die Intimität der Figuren unterstreichen, das funktioniert.

Alles an dieser großen Madonna ist so real, als säße sie vor uns. Die sich teilenden Haare des Pelzes an der Falte des Mantels, der zweifarbig gewebte Satin ihres Ärmels, das trockene schrundige Holz des Tisches, der durchsichtige Schleier über ihrem Häubchen und das kraftvolle Händchen des Jesuskindes, das in ihrem Nacken zupackt, so wie Babys einem manchmal in die Haare greifen und sie nicht wieder loslassen.

Und dann entdeckt man plötzlich ein merkwürdiges, glattes Türmchen, einen Turm, der an Salvador Dalís schmelzende Uhren oder an einen von Kindern aus Ton geformten indischen Tempel erinnert. Eine Butterschale. So groß und so seltsam – ich hatte so etwas noch nie auf einem Gemälde gesehen –, dass es mich misstrauisch machte. Wem käme es in den Sinn, einen solchen Butterturm neben die Mutter Gottes zu stellen?

Von Massys ist, ebenso wie von Leonardo, zu erwarten, dass die Dinge nicht nur das sind, was sie zu sein scheinen. Es verbirgt sich immer noch mehr dahinter. Die Kirschen auf dem Tisch neben der Madonna stehen für Christi Blutopfer,

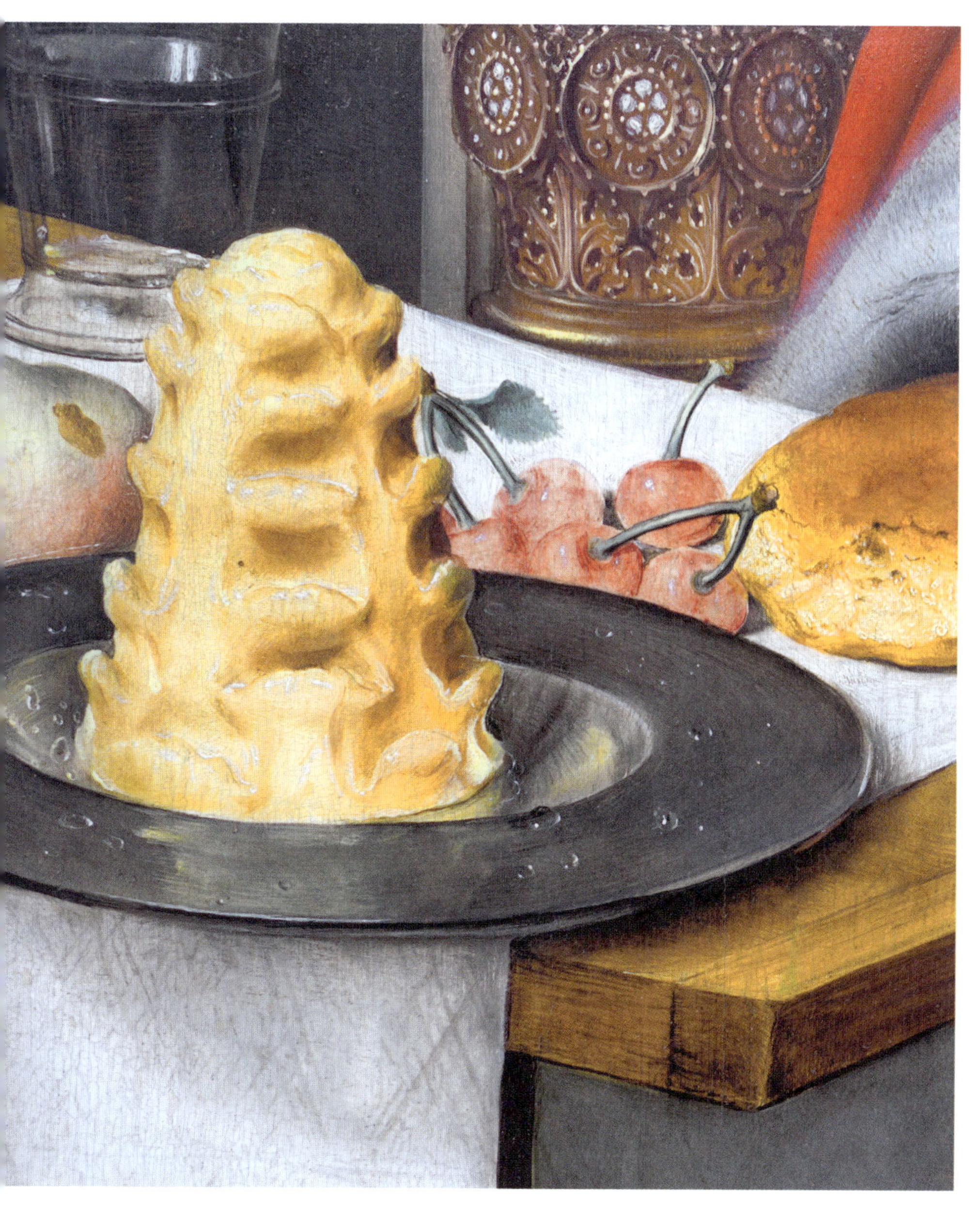

das Brot verweist auf die Eucharistie. Aber Butter? Sie ist wunderschön gemalt, mit Spiegelungen und Wassertropfen auf dem Zinnteller, und mit Dellen, die aussehen, als hätte man sie mit den Fingern in die Butter gedrückt, als sei der Turm auf einer Drehscheibe modelliert worden. In dieser Butter steckt Liebe; und auch wenn ich ihre Bedeutung nie herausfinden sollte, so wäre mir immerhin klar, dass ihre Weichheit die Zärtlichkeit des Kusses von Mutter und Kind perfekt widerspiegelt.

Aber die Bedeutung sollte sich mir doch noch erschließen, zumindest ein wenig. Ich hatte meine Detailbeobachtung mit anderen geteilt, und Maaike Dircks, eine Kunsthistorikerin mit dem schönen Blog *Rembrandt's Room,* reagierte darauf: Dieses Detail beziehe sich auf eine Prophezeiung aus dem Buch Jesaja: »Seht, die Jungfrau wird ein Kind empfangen, sie wird einen Sohn gebären [...]. Er wird Butter und Honig essen, bis zu der Zeit, in der er versteht, das Böse zu verwerfen und das Gute zu wählen.« (Jesaja 7, 14-15). Bei dem Kind handelt es sich nicht um Jesus, sondern um Immanuel; es ist eine Vorausweisung auf das Leben Jesu, eine biblische Parallele.

Darüber, was die Butter bedeutet, gehen die Ansichten ziemlich auseinander. Am häufigsten begegnete mir die Auffassung, sie stehe hier für das einfache, menschliche Aufwachsen Jesu, das Türmchen symbolisiere seine Einfachheit und Menschwerdung und damit den Beginn seines Opfers. So wenig fest die Form des Türmchens ist, so wenig festgelegt ist bisher allerdings auch die genaue Bedeutung dieses prominenten Elements in dem Stillleben. Massys macht uns neugierig und lässt uns fröhlich raten.

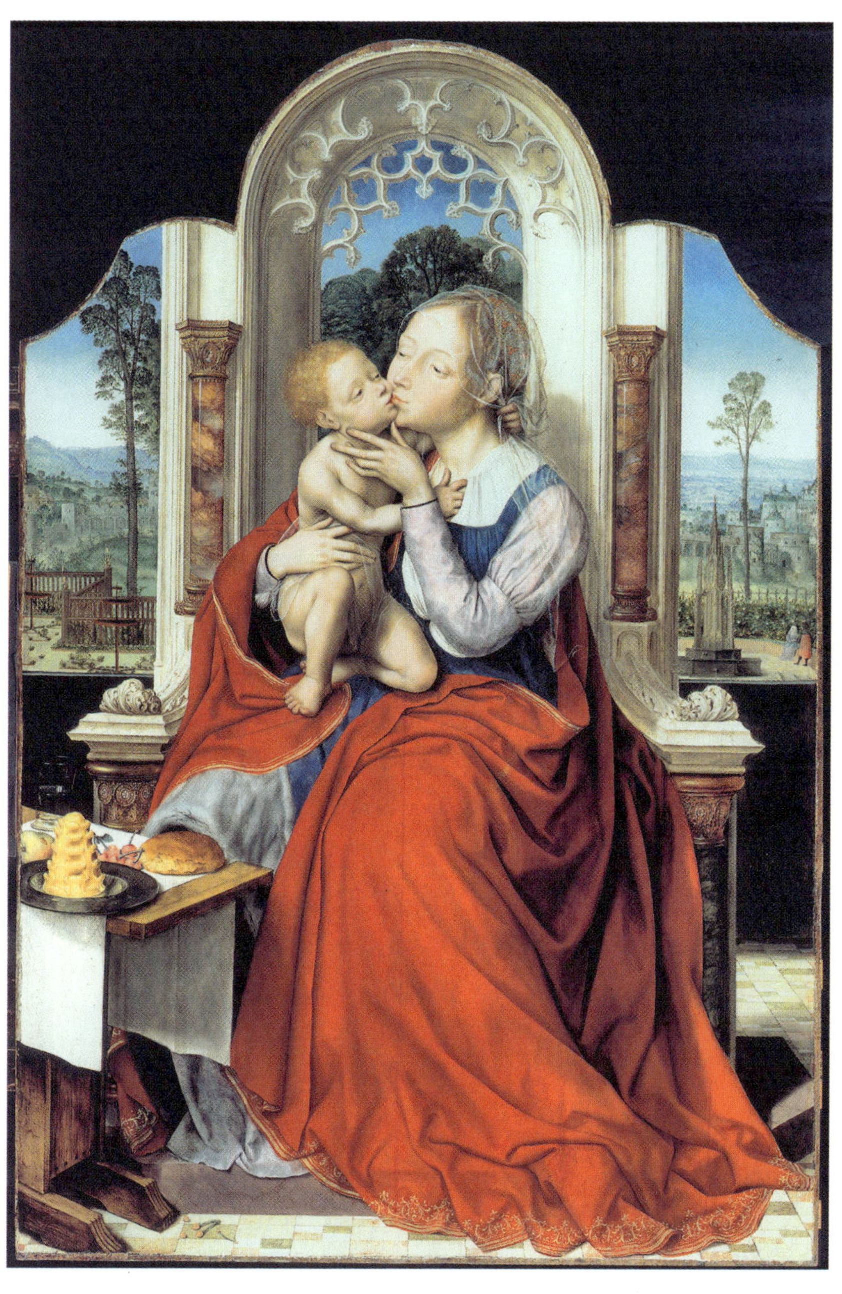

QUENTIN MASSYS, DIE THRONENDE MADONNA, UM 1525, ÖL AUF HOLZ, 135 X 90 CM, STAATLICHE MUSSEEN ZU BERLIN, GEMÄLDEGALERIE BERLIN

SCHAU MIT MIR IN DIE FERNE

Künstler und Künstlerinnen sind oft gut darin, uns mit Tricks in ihr Werk hineinzuziehen, vor allem mit Tricks, die sich nicht als solche verraten. So schaute ich mir unlängst – nachdem ich die erste Staffel abgebrochen hatte, weil sie mir zu unheimlich war – die beiden neuen Folgen der Krimiserie *Luther* auf BBC an. Mit Kissen, die ich mir vor das Gesicht ziehen konnte (was nach fünf Minuten auch nötig war). Plötzlich fiel mir auf, dass ich in jeder Szene das Gefühl hatte, jemand würde die Person im Bild, sei es nun John Luther, sein Assistent oder jemand anderes, heimlich beobachten. Jeder erschien mir als potenzielles Opfer. Es dauerte eine Weile, bis ich merkte, dass das am Kameramann lag. Denn es wurde immer aus einer Position hinter einem Türrahmen, hinter einer Säule oder durch ein Fenster gefilmt. Immer befand sich, subtil und unscharf, zwischen mir und der gefilmten Person ein Teil eines Gegenstandes. Das erweckte bei mir den Eindruck, die gefilmte Person werde heimlich beobachtet, und es ließ mich als Zuschauerin selbst zur heimlichen Beobachterin werden. In einer Serie, in der permanent Mörder auf der Lauer liegen, ist das ein ziemlich wirkungsvoller Trick.

Doch in dieser schönen Kopie aus dem 15. Jahrhundert nach einem Gemälde von Rogier van der Weyden ist davon nichts zu sehen. Darin zeichnet der Evangelist Lukas, vor einer fernen Landschaft und einer Stadtansicht, sorgfältig ein Porträt von Maria, die Jesus an ihrer Brust stillt. Alles ist Schönheit. Aber diese beiden kleinen Figuren am Brückengeländer – oder besser gesagt, an den Zinnen einer Burg – zogen mich in das Gemälde hinein. Der ideale Trick für einen Renaissancekünstler: Stell ein paar Menschen mit dem Rücken zum Betrachter, und der Betrachter schaut automatisch mit ihnen in die Ferne.

Wie ein Vogel fliegt der Blick über die Sehhelfer hinweg, in die Landschaft hinein. Der Mann weist die Frau auch noch auf etwas hin; eine explizite Geste, die die Aufmerksamkeit lenken soll. Das lose sitzende Pantöffelchen an seinem Fuß hat es mir sofort angetan (es ist auf dem Originalgemälde von Rogier van

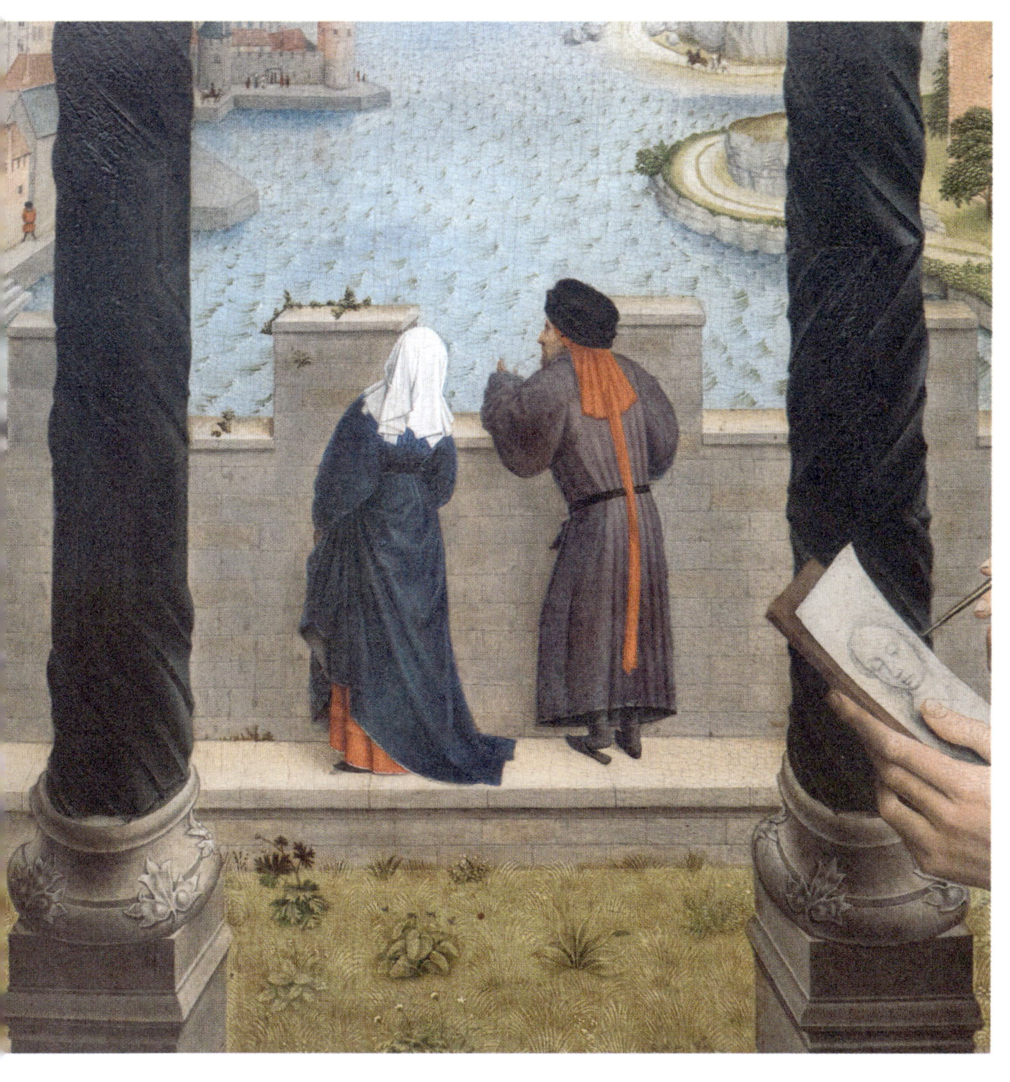

der Weyden, das im Museum of Fine Arts in Boston hängt, ebenfalls zu sehen). Diese Zeigegeste kann symbolisch auch für den Künstler stehen, der Dinge sichtbar macht, die sein Publikum noch nicht bemerkt hat. Lukas ist schließlich auch ein Künstler; manche glauben, dass Rogier van der Weyden in ihm ein Selbstporträt gemalt hat. So betrachtet, ist das gesamte Gemälde auch eine Ode an die Malkunst. Solche Rückenfiguren, die den Betrachter oder die Betrachterin unmittelbar zu einem Teil einer Darstellung machen, gehen auf den Maler Giotto di Bondone Ende des 13. Jahrhunderts zurück. Nach weit verbreiteter Ansicht setzte mit ihm so in etwa die Renaissance ein.

Die Rückenfigur hat sich in der Kunst fast zu einem eigenen Genre entwickelt; seit Giotto wurde sie um viele Männer und Frauen – letztere meist nackt – ergänzt. »Ein Gesicht, das man nicht sehen kann, ist immer voller Möglichkeiten«, schrieb die Kunstjournalistin Jennifer Higgie in einem schönen Artikel im *Frieze Magazine* über Frauen, die in Gemälden in Rückenansicht zu sehen sind. Mein Lieblingsbild, Gerhard Richters Tochter *Betty* (1988), ist Teil ihrer Analyse. Betty ist hyperrealistisch und abstrakt zugleich, extrem flüchtig und doch nah. Sie dreht sich gerade um, als ob man selbst soeben zu ihr gesagt hätte: »Schau mal hinter dich!« Doch sie hat kein Gesicht.

Die Vorstellung, dass auch diese beiden Menschen vor dem kabbeligen Wasser von vorne einfach nicht existieren, finde ich seltsamer als den Gedanken, mit ihnen in die Ferne zu schauen. Das ist doch ein gut gelungener Trick dieses namenlosen Nachfolgers von Rogier van der Weyden.

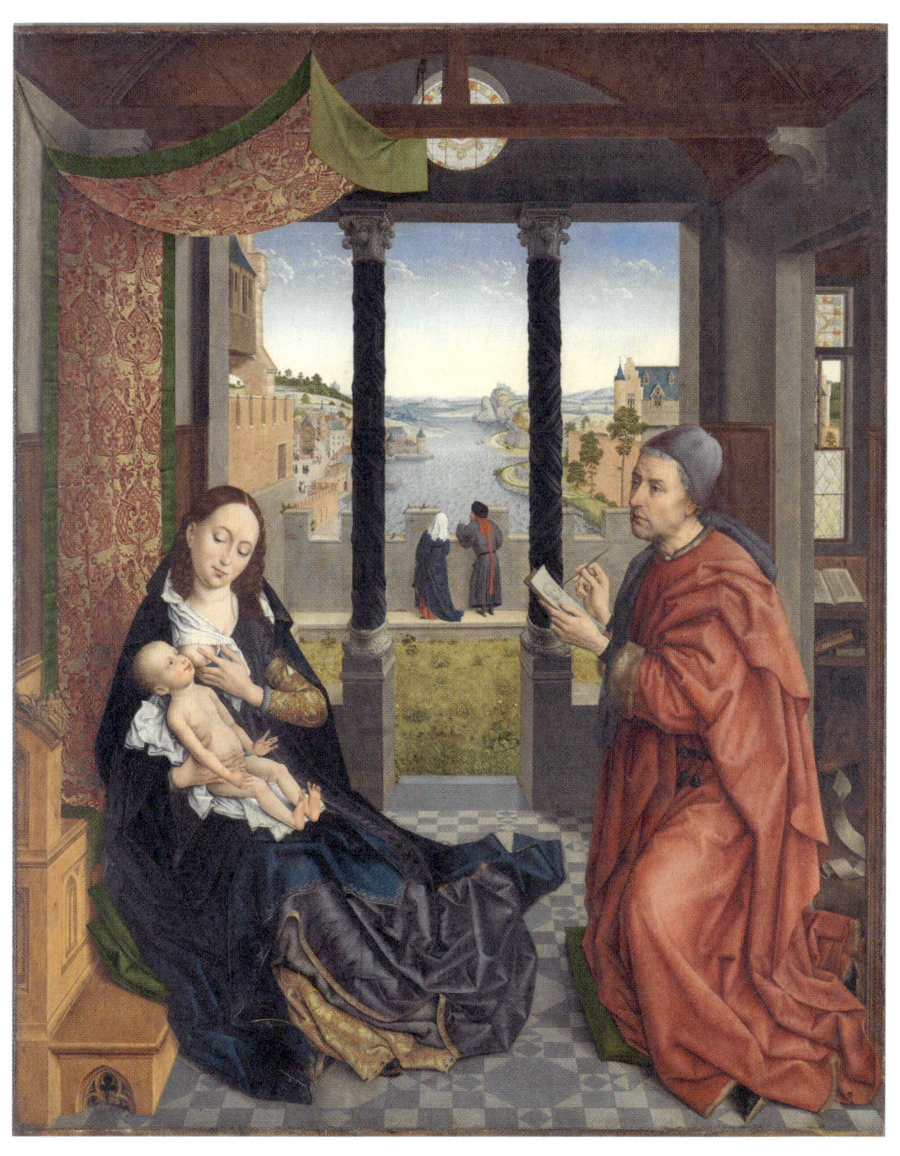

NACHFOLGER VON ROGIER VAN DER WEYDEN, DER HEILIGE LUKAS ZEICHNET DIE MADONNA, NACH 1484, ÖL AUF HOLZ, 138,6 X 111,5 CM, ALTE PINAKOTHEK MÜNCHEN

AUS IHRER SICHT

Frauen berichteten, sie seien »in allen Körperöffnungen berührt worden«, zitierte die niederländische Korrespondentin Sterre Lindhout am 6. Januar 2016 die deutschen Medien zu den Ereignissen in Köln, als die dortige Polizei noch darauf beharrte, dass die Situation in der Silvesternacht völlig unter Kontrolle gewesen sei, und als erst 90 Frauen Anzeige erstattet hatten. Überdies hatte der Bürgermeister den genialen Plan gefasst, einen Verhaltenskodex für deutsche Frauen zu erstellen, damit sie sich während des bevorstehenden Karnevals gegen ein solches Verhalten von Männern »wappnen« könnten. Die Formulierung »allen ihren Körperöffnungen« traf mich wie ein Schlag in die Magengrube. Wenn einem solche Dinge zu nahe kommen, wird einem elend und der Körper will etwas davon loswerden.

Dasselbe passierte, als ich in London dieses Detail sah. Ohne gleich zu wissen warum, wurden mir von dem Moment an, als ich mich darauf konzentrierte, der Ernst und die Angst in der Darstellung bewusst. Diese Frau weiß nicht mehr ein noch aus. Viel zu stark sind die Arme, die sie bezwingen. Eine ältere Frau hat dabei eine dubiose Rolle, hilft sie den Angreifern? Die junge Frau will flüchten, doch das ist nicht möglich; das animalische Zurückwerfen des Kopfes, als könne damit auch der Körper entfliehen, lässt sie noch ohnmächtiger erscheinen.

Mit all seinem Gespür für Haut und Stoff hat Rubens eine enorme Bedrohung in die Farbe gelegt. Eine Bedrohung durch ein Ungleichgewicht: Seine Kraft ist stärker als meine. Eine Bedrohung, die in Köln wieder einmal Hunderte von Frauen miterleben mussten und die sich als alltäglicher erweist als vielleicht angenommen. Vor einigen Jahren wurden sexuelle Nötigung und Übergriffe in verschiedenen Medien publik gemacht; Frauen teilten ihre Erfahrungen unter dem Hashtag #zeghet (»sag es«) mit anderen – auch solche Erfahrungen, bei denen sie nicht ernst genommen worden waren, als sie Anzeige erstatteten. Ein Jahr später wurde die Welle mit #MeToo in der ganzen Welt sichtbar.

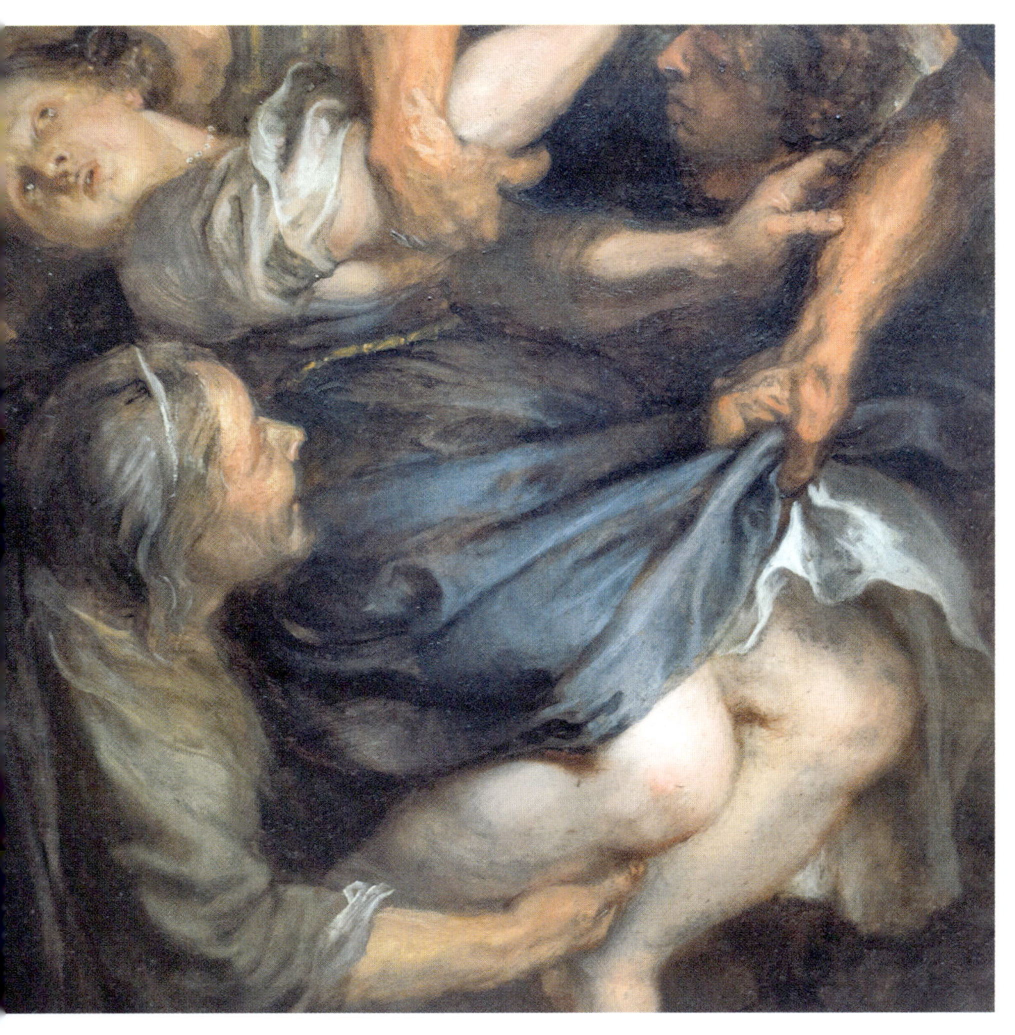

Dieses Gemälde ist die erste Darstellung vom Raub der Sabinerinnen, die mir die Geschichte aus Sicht der Frau zeigte. Rubens, der wie kein anderer die Verletzlichkeit des menschlichen Körpers darzustellen vermochte, hat hier die Perspektive der Frau eingenommen. Wie außergewöhnlich das ist, wird deutlich, wenn man noch zehn andere Kunstwerke zum gleichen Thema betrachtet. In ihnen wird die Frau immer wie eine zierliche Ballerina in einem Pas de deux in die Höhe gestemmt. Vielleicht schaut sie dabei ein bisschen dramatisch, wie etwa in Giambolognas berühmter Marmorversion in Florenz, aber Verzweiflung? Fehlanzeige. Der Raub der Sabinerinnen – im Englischen »The Rape of the Sabine Women«, wobei »rape« auf das lateinische Wort »raptio« zurückgeht, das »Entführung« bedeutet – war für die meisten Künstler ein Vorwand, Menschen in extremer Bewegung darzustellen. Und dann auch noch nackt. Denn wenn Frauen geraubt/angegriffen werden, sind sie natürlich schon nackt, muss wohl der dahinterstehende Gedanke gewesen sein.

Die Sabinerinnen wurden von den ersten Römern um 750 v. Chr. geraubt, weil es diesen an Frauen mangelte; das war offenbar ihre Art, bei den Nachbarn einen Heiratsantrag zu machen. Zur Zeit des Manierismus, größtenteils im 16. Jahrhundert, galt dieses Thema als die Möglichkeit, sein künstlerisches Talent unter Beweis zu stellen. Dieser Trend, Menschen in seltsamen Drehungen darzustellen, begann eigentlich mit Michelangelo – siehe Sixtinische Kapelle. Für den Künstler war das ein großartiges Thema: Frauen, die sich entwinden wollen, Männer, die ihre Muskeln noch stärker anspannen. So oberflächlich kann Kunst zuweilen sein. Bis man auf einen Künstler trifft, der all das auch mit Flair und scheinbar mühelos darstellt, sich aber zugleich in die Geschichte einfühlt. Dann bleibt das Werk für alle Zeiten aktuell.

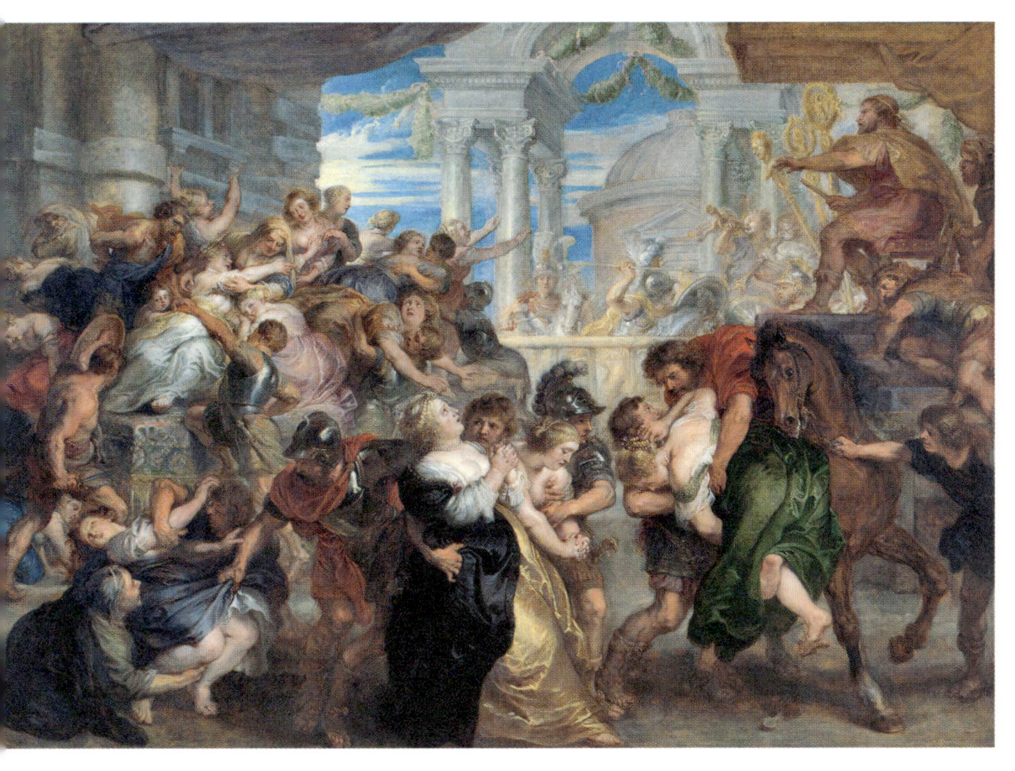

PETER PAUL RUBENS, DER RAUB DER SABINERINNEN, UM 1635–40, ÖL AUF EICHENHOLZ, 170 X 236 CM, NATIONAL GALLERY, LONDON

ZURECHTGESTUTZT

Es begann mit diesem kleinen Hund in Berlin. Ein Hund, der wirkt wie ein Filou, mit diesen Haaren über seinen Augen. Leicht schwebend gemalt, mit einem Schatten, der auch nicht ganz überzeugen kann, und dann dieser Rücken! Der schreit förmlich nach einer Erklärung. Ich kann zwar nicht behaupten, dass ich inzwischen eine ganze Sammlung hätte, aber bei sechs Exemplaren fand ich es doch an der Zeit, ein wenig zu recherchieren: Warum wurden diese kleinen Hunde auf so merkwürdige Weise geschoren? Hündchen mit einem kahlen, rechteckigen Streifen auf dem Rücken, der bis zum Po reicht, und auch die Rute ist geschoren, bis auf ein Büschel an ihrer Spitze. Bisher habe ich solche Hunde auf deutschen und flämischen Gemälden des 15. und 16. Jahrhunderts ausgemacht. War das hip, eine Art Craig-David-Frisur für die Schoßhunde der Elite? War das praktisch? Oder hatte es eine symbolische Bedeutung? Alle sechs Hunde finden sich in religiösen Gemälden. Zwei in Berlin, einer in München, zwei in Paris und einen einzigen in Amsterdam habe ich bis jetzt gesammelt. Und sie werden mir in einem der nächsten Museen sicherlich nicht so schnell entgehen.

Ich habe etwas über einen »Löwenschnitt« gelesen, den es bereits im 16. Jahrhundert gab: Der Hund wird am gesamten hinteren Teil des Körpers geschoren, sodass er wie ein Löwe aussieht. Das hatte einen praktischen Grund: Das Gewicht des Fells sollte ihn beim Schwimmen weniger stören. Allerdings handelt es sich nur um einen Streifen des Fells.

Meine Bemühungen, über Facebook Kontakt zu Expertinnen und Experten zu bekommen, hatten zunächst vor allem Gekicher zur Folge (»Kunsthistoriker mit Kenntnissen über Hunde in Gemälden müsste man sein«). Aber es gibt sie! Jori Zijlmans, Kuratorin im Museum De Lakenhal in Leiden, hat 2002 die Ausstellung *Hond & Baas* (»Hund & Herr«) im Teylers Museum in Haarlem und im Historischen Museum in Den Haag gemacht, zu der auch ein Buch mit demselben Titel erschienen ist.

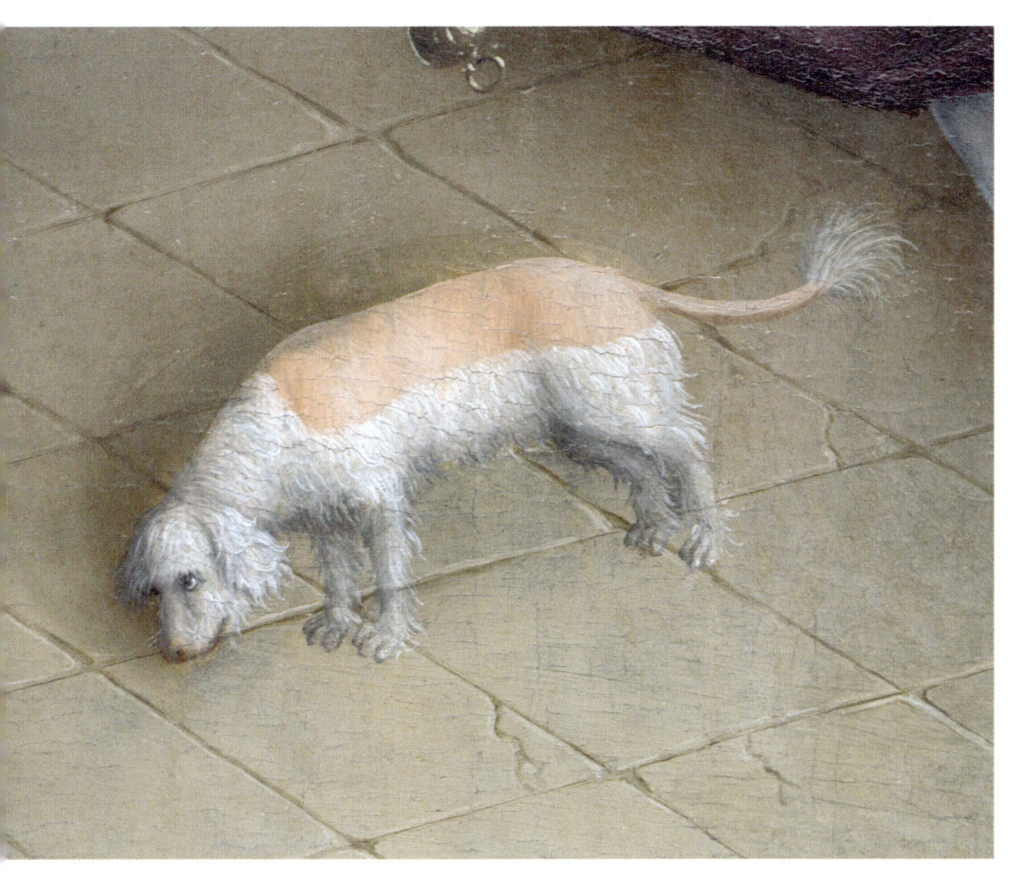

Am Telefon war sie genauso verwundert wie ich; sie hatte zwar schon solche Hunde gesehen, aber keine Nachforschungen darüber angestellt. Zum Glück war unser Gespräch damit noch nicht beendet, vielmehr begann sie fesselnd zu erzählen, wobei sie sich serpentinenartig einer Erklärung für dieses eigenartige Phänomen immer weiter annäherte. Für mich, der ich kein Hundemensch bin, eröffnete sich damit eine völlig neue Welt. Es lief auf Folgendes hinaus: Der Hund ist in der Kunst ein formbares Phänomen, er ist das, was wir in ihm sehen wollen. Es gibt kein Tier, das dem Menschen so nahesteht und sich ihm so sehr anpasst, daher eignet er sich wie kein anderes Tier dazu, als Spiegel des menschlichen Charakters zu dienen. Der Hund kann sehr tugendhaft sein, aber auch das Böse verkörpern: Man denke nur an Höllenhunde und Hunde als Krankheitsüberträger. Weil man im 16. Jahrhundert noch nicht so klar zwischen verschiedenen Rassen unterschied, gab es nur eine Möglichkeit zu zeigen, dass ein Hund »gut« war: An einem ausgezeichneten Pflegezustand konnte man erkennen, dass dieses Exemplar kein Untier war. Domestizierte Hunde waren ohnehin den höheren Klassen vorbehalten. So nahmen etwa adlige Damen ihre Gesellschaftshündchen mit in die Kirche, um sich während der Predigt an ihnen zu wärmen.

Und nun zu dem merkwürdigen Streifen. Ein Hund ist seinem Herrn treu, schrieb auch der Künstlerbiograf Karel van Mander, und er eignet sich daher für religiöse Symbolik. Ein geschorener Hund steht möglicherweise noch stärker für Unterwerfung, auf jeden Fall für eine Art der Formung, wie sie auch der Priester seinen Gemeindemitgliedern angedeihen lässt. Denken Sie nur an die Mönche des Dominikanerordens, die buchstäblich als »Hunde des Herrn« mit geschorener Tonsur durchs Leben gehen.

Zuletzt wies Zijlmans vorsichtig darauf hin, dass gerade der unreine Teil des Tieres geschoren worden ist. »Vielleicht ist das auch von Bedeutung.« Und ich dachte: Sich einer Bedeutung zu nähern, kann auch was sehr Schönes an sich haben.

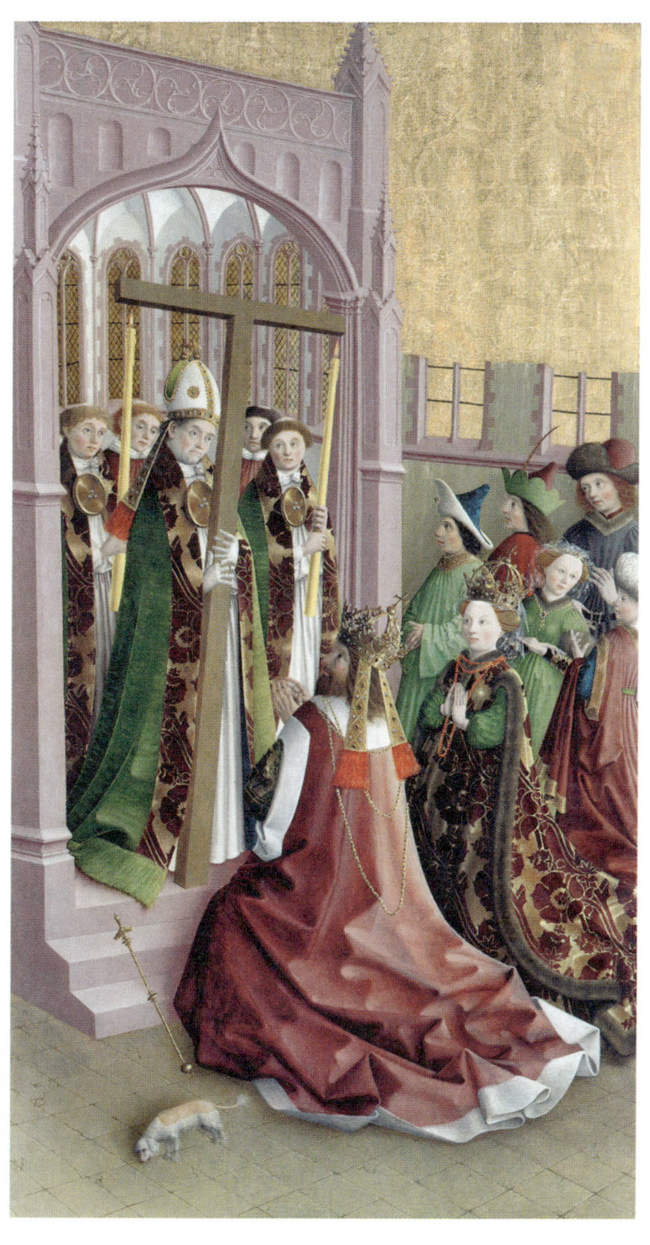

MEISTER DER DARMSTÄDTER PASSION, DIE VEREHRUNG UND ÜBEREIGNUNG DES HEILIGEN KREUZES AN DIE KIRCHE DURCH KAISER KONSTANTIN UND SEINE MUTTER HELENA (LINKE TAFEL), UM 1460, ÖL AUF HOLZ, 207 X 109 CM (PRO FLÜGEL), STAATLICHE MUSEEN ZU BERLIN, GEMÄLDEGALERIE BERLIN

JUWEL

Bei Texten kann es mir manchmal wie bei Gemälden ergehen: Ich habe ein Schuldgefühl, weil ich mir zu wenig Zeit für sie nehme. Ich ärgere mich über meinen eigenen ungeduldigen Blick. Über meinen Drang, wie auf dem Handy zum nächsten Bild zu »wischen«.

Während ich diesen Artikel schreibe, sind auf meinem Computerbildschirm fünf Texte geöffnet – und das schon eine ganze Weile lang. Einer über die Suche nach einem moralischen Kompass, einer über die Liebe in einer Zeit des Hasses, einer über den Wert von Kritik, einer über eine Familie, die seit Jahrzehnten in der sibirischen Wildnis lebt, und einer über Menschenrechte und Solidarität in Amerika. Wahrscheinlich alle sehr inspirierend, aber Zeit habe ich noch nicht dafür gefunden. Zeit ist für alles Mögliche da: für Termine und Telefonate, das Warten auf Ergebnisse, für Einkaufslisten und für jede Menge E-Mails. Für kurze Sätze und passende Wörter, zum Quasseln und für schnelle Meinungsäußerungen zu diesem und jenem, und um seine Ansichten über jemanden zu verbreiten, der eine sehr dezidierte Meinung zu etwas hat. Während die zarte Stimme eines Autors in einem langen Artikel geduldig wartet. Und während die nuancierende Stimme der Frau, die auf 300 Seiten ihre Lebenserfahrung weitergeben will, neben meinem Bett verstaubt. Wir leben in einer Zeit fast unmöglicher Tempowechsel.

Auf dem Tischchen vor Marias Bett liegt ein aufgeschlagenes Gebetbuch, von dem ein Tuch herabhängt – vielleicht auch eine Bibel, ich kann die Buchstaben nicht entziffern, obwohl Joos van Cleve sie überzeugend gemalt hat. Auf dem Tisch liegt auch ein Rosenkranz, und es steht ein Kerzenständer darauf, neben dem Tisch hält einer der Apostel (Petrus?) eine Art Staubwedel in der linken Hand, mit dem die Kirchengemeinde gewöhnlich mit Weihwasser besprengt wird. Maria liegt auf dem Sterbebett; der Künstler stellt hier dar, wie sich Sterben vollziehen sollte. Ein würdevolles Sterben ist ein Sterben mit Ritualen, mit geliebten

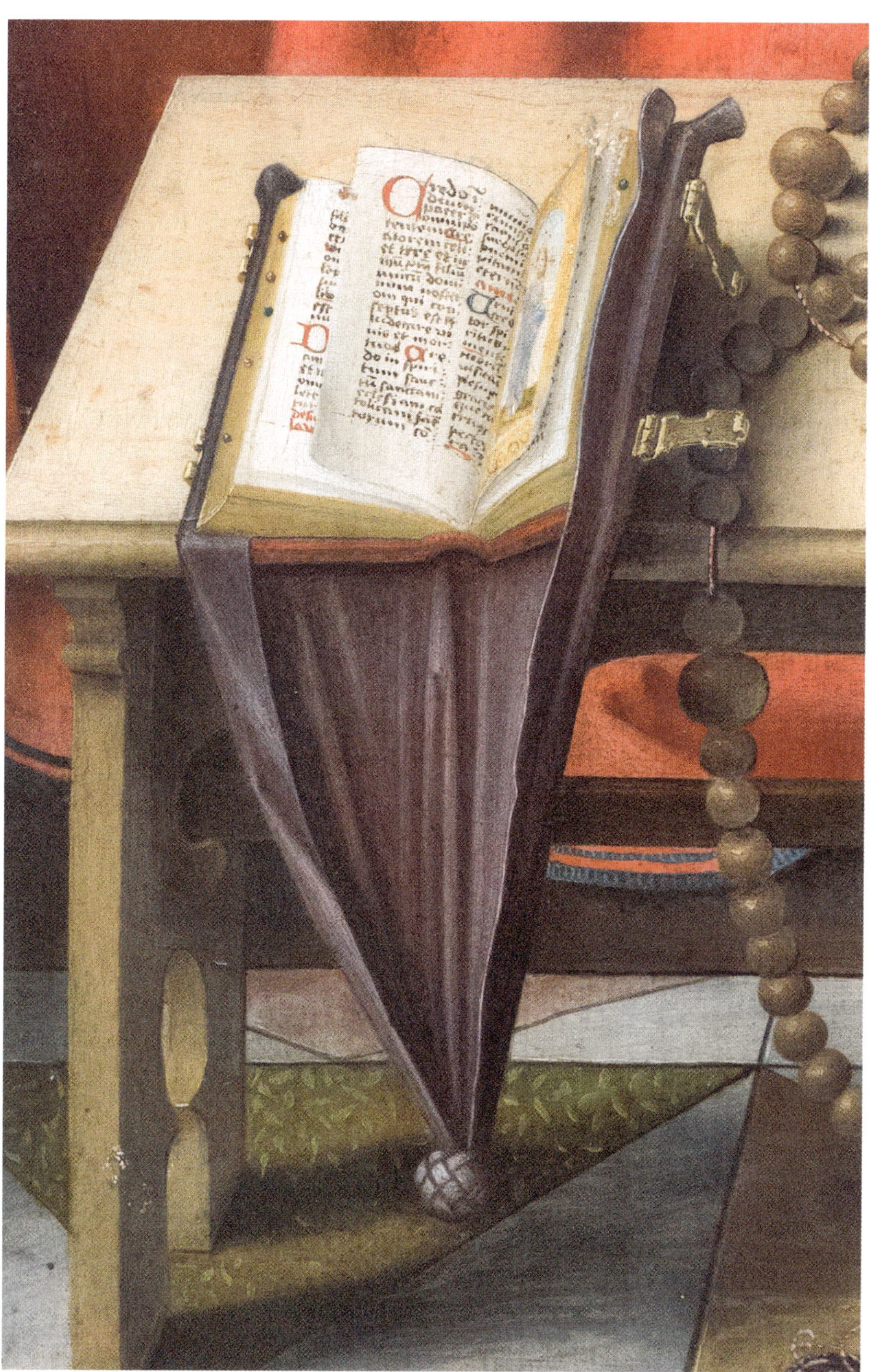

Menschen, in Frieden und mit der Aussicht auf ein besseres Leben. So wurde der Marientod gesehen. Aber dieses Tuch kannte ich nicht. Warum berührte es mich?

Es könnte an der Alltäglichkeit liegen – ich hatte sofort das Gefühl, in eine Handlung hineingezogen zu werden: Hier ist jemand beschäftigt. Es war ein Tuch zum Gebrauch, auch wenn ich keine Ahnung hatte, wofür genau. Vielleicht, um das Buch beim Lesen oder Beten offen zu halten – schließlich hängt ein Gewicht daran? Das war zugleich der andere Grund, warum ich das Tuch auf den ersten Blick so bewegend fand: Das Tuch war speziell zum Lesen gemacht. Es drückt Anerkennung für die Bedeutung des Lesens aus, für die Schönheit des Buches, für die Kraft des stillen Rituals, Papier zwischen den Fingern zu halten und Buchstaben in unserem Kopf zu einer eigenen Welt werden zu lassen. Sollte es solche »Buchoffenhalter« wirklich gegeben haben?

Nein. Zumindest ist das hier keiner. Claudine Chavannes, eine Professorin, bei der ich studiert habe, erinnerte mich daran, dass es sich hier um ein Beutelbuch handelt, ein Buch, dessen lederner Einband auf einen Knopf zuläuft, der auf Reisen unter den Gürtel gesteckt werden konnte. Bischöfe benutzten solche Einbände, um ihre kostbaren mit Miniaturen und Blattgold geschmückten Bücher mitzunehmen. Es gibt noch ein einziges derartiges mittelalterliches Buch in einer niederländischen Sammlung, in der Sammlung des Museums Meermanno in Den Haag, und ich habe mehrere Darstellungen gefunden, in denen Bischöfe einen verschlossenen Buchbeutel in Händen halten.

Die goldenen Schlösser des Buches sind an der Seite zu sehen, und was ich für ein Gewicht hielt, ist ein Knopf, der als Griff dient. Und ich dachte: Wenn ich meinen Lesestoff doch nur auch so mit mir herumtragen könnte, in so einer liebevollen Hülle aus Samt mit einem geflochtenen Knopf, die mit dem gleichen fachmännischen Können gefertigt worden wäre, mit dem der Text geschrieben wurde. Wenn man einen Artikel wie einen Juwel anfassen könnte, würde ich ihn dann wieder mit mehr Aufmerksamkeit lesen?

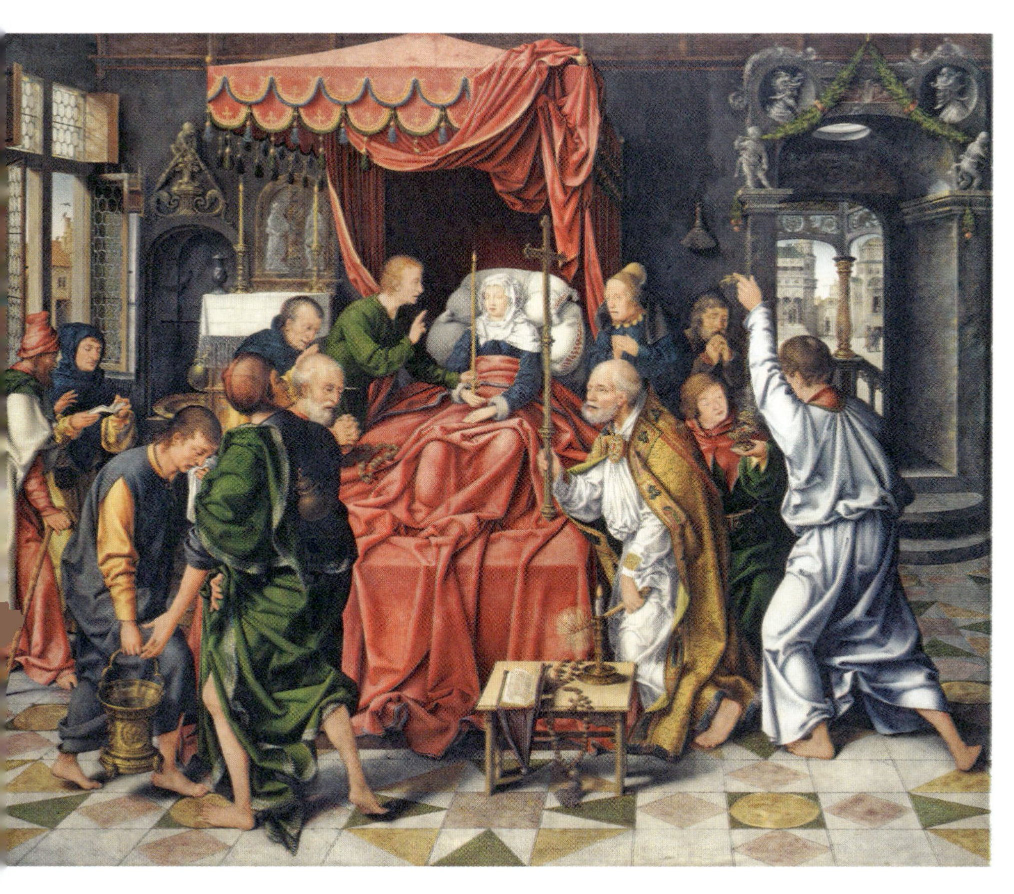

JOOS VAN CLEVE, MARIENTOD-ALTAR: TOD MARIÄ, UM 1515–23, ÖL AUF HOLZ, 130 X 153,5 CM (MITTELTAFEL), ALTE PINAKOTHEK MÜNCHEN

PUDERFRISUR

In letzter Zeit gab es Modekampagnen mit Joan Didion (damals 81 Jahre, für die Marke Céline) und Iris Apfel (heute 100 Jahre, für die Marken Kate Spade und Blue Illusions). In der jährlichen Badeanzug-Ausgabe der Zeitschrift *Sports Illustrated* war die 56-jährige Nicola Griffin zu sehen, und die 59-jährige Schönheit Yasmina Rossi ist auf dem besten Weg, von einem »normalen« Model zu einem Supermodel zu werden.

Es ist also nicht besonders verwunderlich, dass graues Haar seit einiger Zeit auch bei jungen Frauen Anklang findet. Es lässt sich wahnsinnig gut mit Schwarz und Braun in einer Frisur kombinieren, und schauen Sie nur einmal, was ein gut gewählter Grauton mit hellblauen Augen anstellt – BAM! Der Trend zu grauem Haar bleibt allerdings alten Damen und wirklich jungen Mädchen vorbehalten: Alles dazwischen schafft Verwirrung. Eine 40-jährige Frau mit ein paar Falten und einer hippen graugefärbten Frisur muss den neuen Look schon wirklich gut rüberbringen, um nicht so auszusehen, als wäre sie noch einmal zehn Jahre älter geworden.

Im 18. Jahrhundert wusste man, wie man es macht. Rückblickend wirken die Damen mit ihren Perücken in den Porträts von Élisabeth Vigée-Lebrun – der Hofmalerin von Marie-Antoinette – und Alexander Roslin mit ihrem Weiß- oder Blaugrauschleier im Haar fast *punk chic*. Wie viele Trends entstand auch dieser aus praktischen Erwägungen: Männer, die grau wurden, wollten das mit dunklem Puder kaschieren. Auch der Perückenwahn selbst begann ursprünglich bei den Männern: König Ludwig XIII. wurde schon mit 23 Jahren kahl, daher musste man sich was einfallen lassen – das war der Beginn der Perückenmode.

Die Marschallin Gräfin von Mailly, hier 22 Jahre alt, trägt wahrscheinlich keine Perücke. Sie hat ein Haarteil am Hinterkopf und faszinierend grau gepuderte Fächerlocken. Diese Frisur wurde *coiffure à l'enfant* genannt und stammte direkt aus dem Repertoire von Marie-Antoinette, die nun einmal den Ton angab. Nach

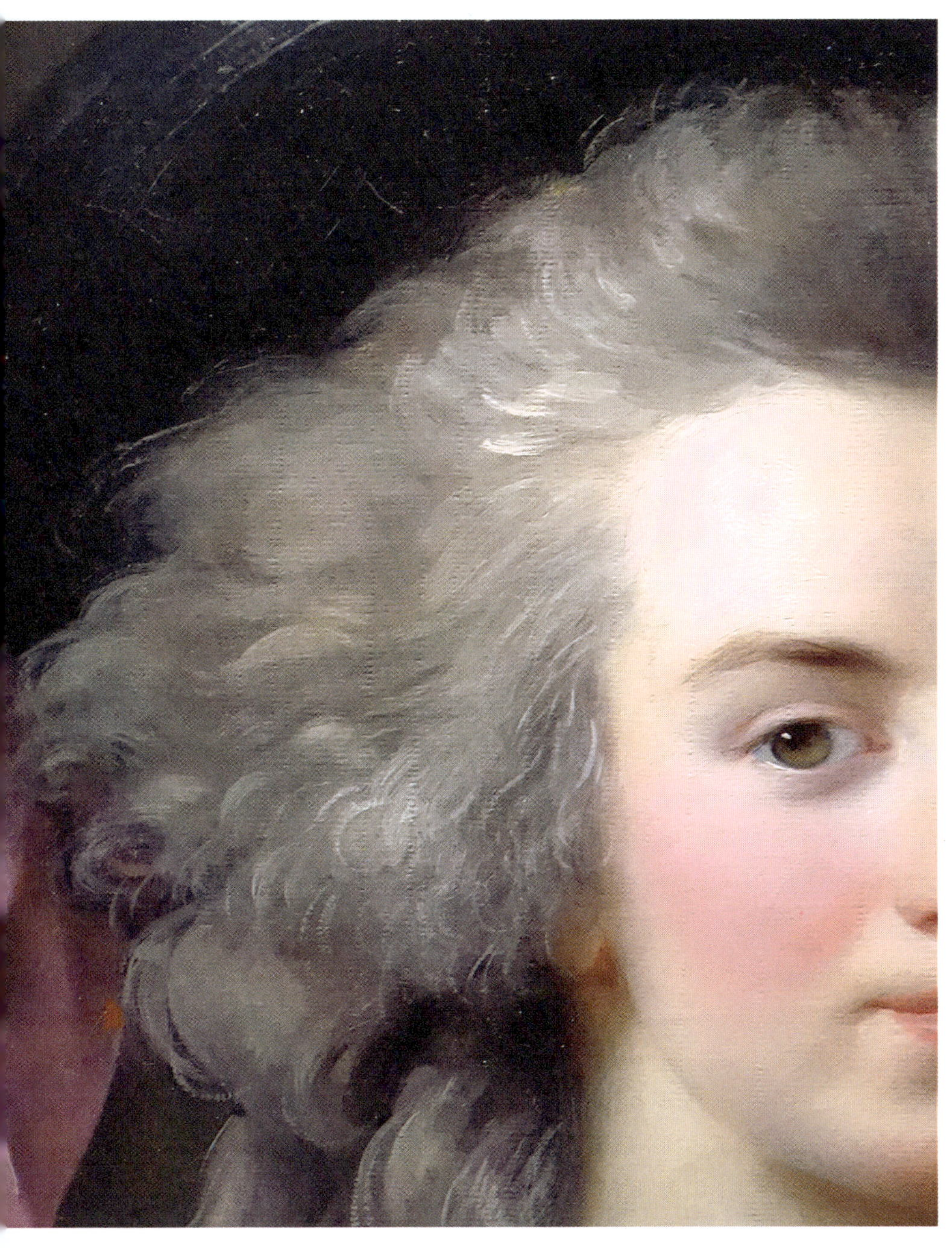

einem Jahrzehnt, in dem die Bewunderung für sie ins schier Unermessliche stieg, zog die Geburt von Marie-Antoinettes erstem Kind im Jahr 1781 das absolut Unvorstellbare nach sich: Ihr fielen die Haare aus. Für ihren Friseur Monsieur Léonard ein akuter Fall eines alttestamentarischen Samson-Stellvertreter-Syndroms – er hatte das Gefühl, selbst all seine Kräfte verloren zu haben. Er tat sein Möglichstes, um aus dem Haar der armen Königin noch etwas zu kreieren. Daraus entstand der *coupe de l'enfant*, eine aufgefächerte, wilde Frisur, die ihren Kopf wie eine Aureole löwenmähnenartig umwehte und bei der ein kleiner Bereich von Locken am Hinterkopf festgesteckt wurde. Die Damen des Adels übernahmen sie schnell, wie auch bei dieser Version mit Hut und großer rosa Schleife zu erkennen ist.

Am schönsten an diesem gepuderten Haar finde ich ehrlich gesagt, dass es so matt ist. Ich habe mir darüber noch nie Gedanken gemacht; mein ganzes Leben lang lautete die Devise: Haar muss glänzen. In der *Vogue* gab es unlängst zwei Reportagen über Models mit sorgfältig mattiertem Haar – eines war grau gepudert. Online fand ich Tipps und Fotos von Prominenten, die die matten Frisuren zu Schau stellen.

Die Puderfrisur ist zurück. Bei den Franzosen entstand sie, um schmutziges, fettiges Haar zu bändigen. Heute kopieren wir sie: eine Ästhetik der Nonchalance, deren Wurzeln vergessen sind.

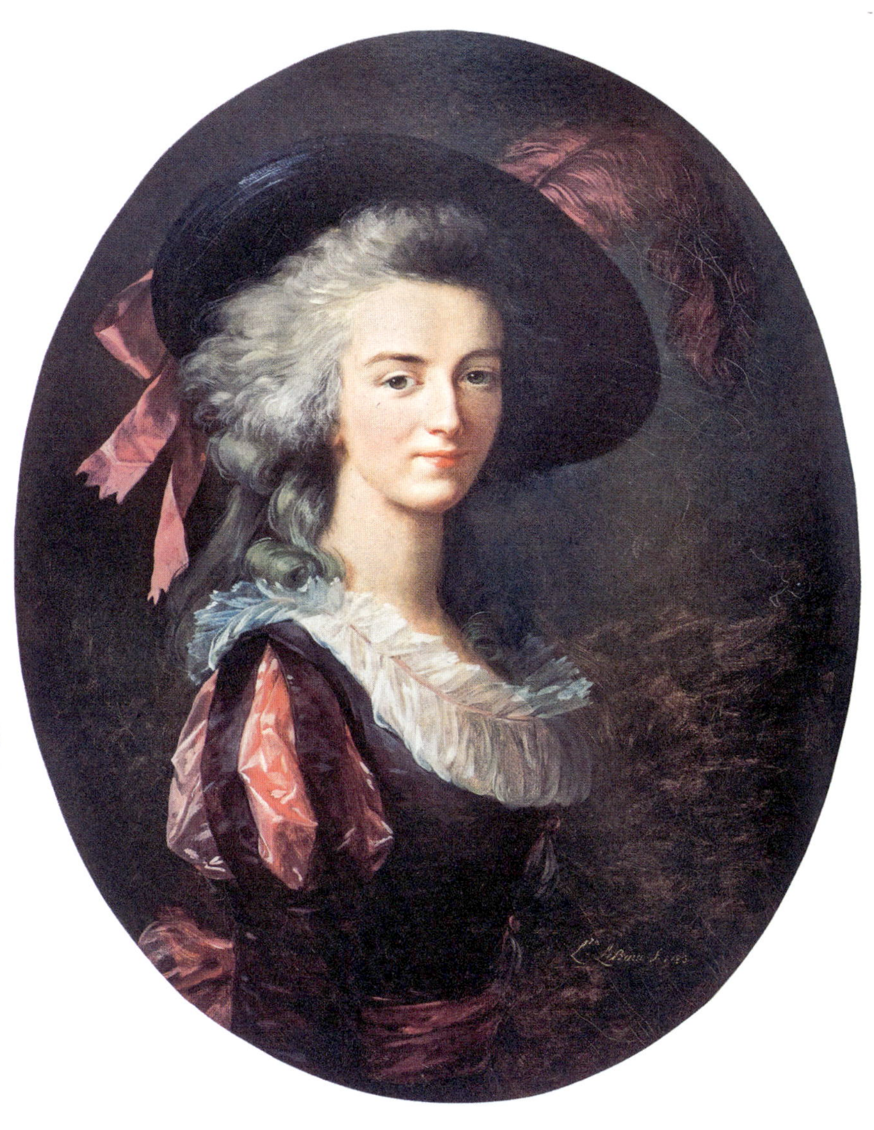

ÉLISABETH VIGÉE-LEBRUN, PORTRÄT DER MARSCHALLIN GRÄFIN VON MAILLY, GEBORENE BLANCHE CHARLOTTE MARIE FÉLICITÉ DE NARBONNE-PELET (1761–1840), 1783, ÖL AUF LEINWAND, OVAL, 73,5 X 59 CM, PRIVATSAMMLUNG, MONTRÉAL

FERN VON HAUS UND HOF

Manchmal möchte ich mich abkapseln, mich gegen alles wappnen. Nicht um unsichtbar zu sein, sondern um die Welt eine Weile nicht zu sehen. Wie ein Kind, das glaubt, dass alles weg ist, wenn es die Hände vor die Augen hält, einfach so. Luken dicht. Und Tschüss.

Auf der Kunstmesse Tefaf habe ich diese verschleierten Menschen gesehen, wobei »verschleiert« trifft es eigentlich nicht, sie scheinen eher ein Fischernetz vor dem Gesicht zu haben. Zwei Frauen und ein Mann, also wird Religion wohl eher weniger damit zu tun haben, da Religionen meistens einen Unterschied zwischen den Geschlechtern machen. Es ist Winter, es liegt Schnee und die Menschen sind dick angezogen, also ging ich zunächst davon aus, dass die Netze etwas mit einem Schutz gegen die Kälte zu tun haben müssten.

Nun ja. Eine Netzstrumpfhose bringt an einem Februarabend auch nicht besonders viel. Bei der eisigen Kälte wird man dann vermutlich mit kleinen roten Vierecken auf den Beinen nach Hause kommen. Von einem Netz vor dem Gesicht sollte man sich also in der Kälte nicht viel versprechen. Warum tragen sie es dann? Ich glaube mich zu erinnern, früher schon einmal auf Gemälden Netze vor Gesichtern gesehen zu haben.

Nachdem ich das Detail auf Twitter veröffentlicht hatte, verwies der Kunsthistoriker Menno Jonker darauf, dass es einen Artikel von C. Enklaar aus dem Jahr 1935 über diese Kleidung gibt, in dem in einer Anmerkung auf dieses Gemälde hingewiesen wird. Ein Kenner, von dem ich nur den Twitter-Namen weiß (ich habe vergeblich versucht, seinen Namen herauszufinden), @cldm_ish, hat darauf im Zusammenhang mit einem Tweet der Kunsthistorikerin Miranda Bloem hingewiesen, die das gleiche Detail auf der Messe im Jahr 2015 gesehen hatte.

Das sind keine gewöhnlichen Gestalten. Das Gemälde ist eine Allegorie auf den Winter, eine Darstellung mit allerlei Dingen, die auf die kalten Wintermonate hinweisen: ein Kamin, ein Ofen, Wintermöhren, Schlittschuhe und Kinder

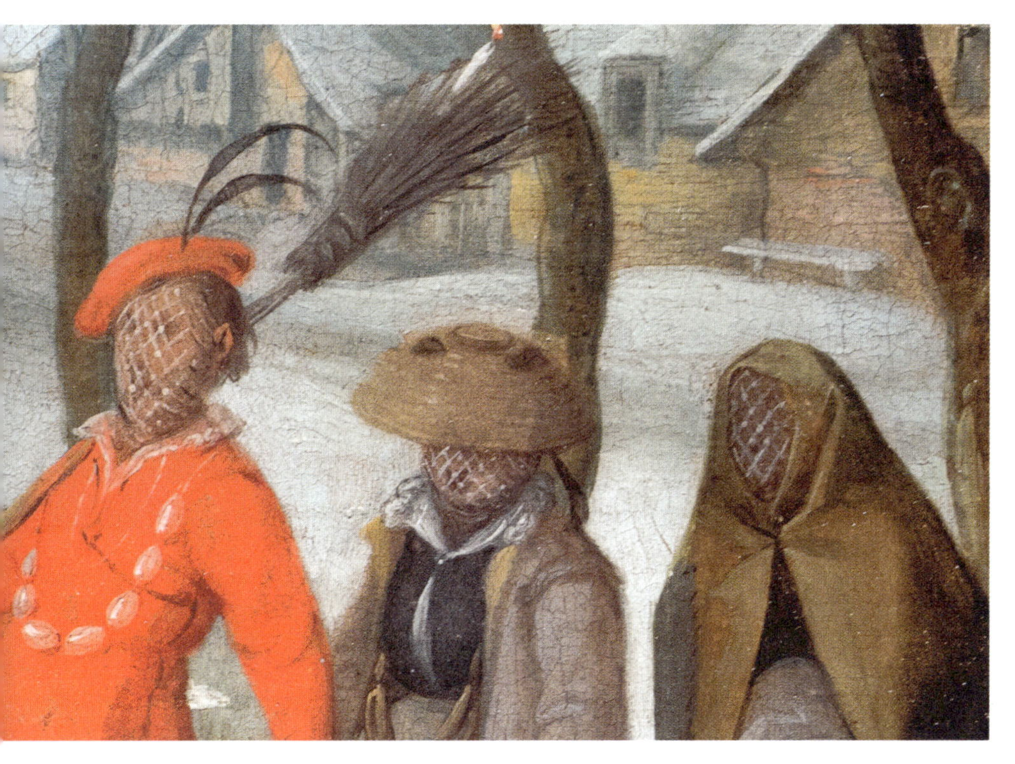

beim Schneeballwerfen. Vorne liegt ein großer Laib Brot mit eingearbeiteten Verzierungen; er sieht wie eine riesige Lebkuchenpuppe aus: ein holländisches Festbrot, ein *duivekater.* Auch die anderen Menschen sind seltsam gekleidet: Um den Hals der Frau in der Mitte hängen Würste, und um den Hals des Mannes eine Eierkette. Die Frau trägt eine getöpferte Schale verkehrt herum auf dem Kopf. Das sind keine reichen Bürger, aber was stellen sie dar? Einen Karnevalsumzug, weil dieses Fest auch für den Winter charakteristisch ist?

Enclaars Artikel zufolge sind es sogenannte *netteboeven*, Vagabunden ohne Heim. »Möglicherweise diente das [Netz] auch als Maske, um die Landstreicher unerkennbar zu machen.«

Aber es sind nicht einfach irgendwelche Landstreicher. Der Artikel spricht von der breiten Schicht Obdachloser im Mittelalter. »Es waren Menschen, die in diesen unruhigen Zeiten durch Kriege oder Hungersnöte von Haus und Hof vertrieben wurden und anderswo eine Existenzmöglichkeit suchten.« Zu ihnen gehörten nicht nur die Armen oder Ungebildeten, sondern auch die Händler, Bettelmönche, Tänzer, Gaukler und die Intellektuellen, die sogenannten »Vaganten«. »Die Menge, die im Mittelalter die Landstraßen bevölkerte und ein wogendes Element in der starren Gesellschaft bildete«, heißt es sehr schön. Mit der noch nicht vollständig aufgeklärten Gewohnheit, sich den Bettelsack vor das Gesicht zu ziehen. Um sich zu wappnen? Sich abzuschirmen? Oder um sich als »Außenseiter« komisch zu kleiden und clownesk unter das Volk mischen zu können, ohne als Bedrohung wahrgenommen zu werden?

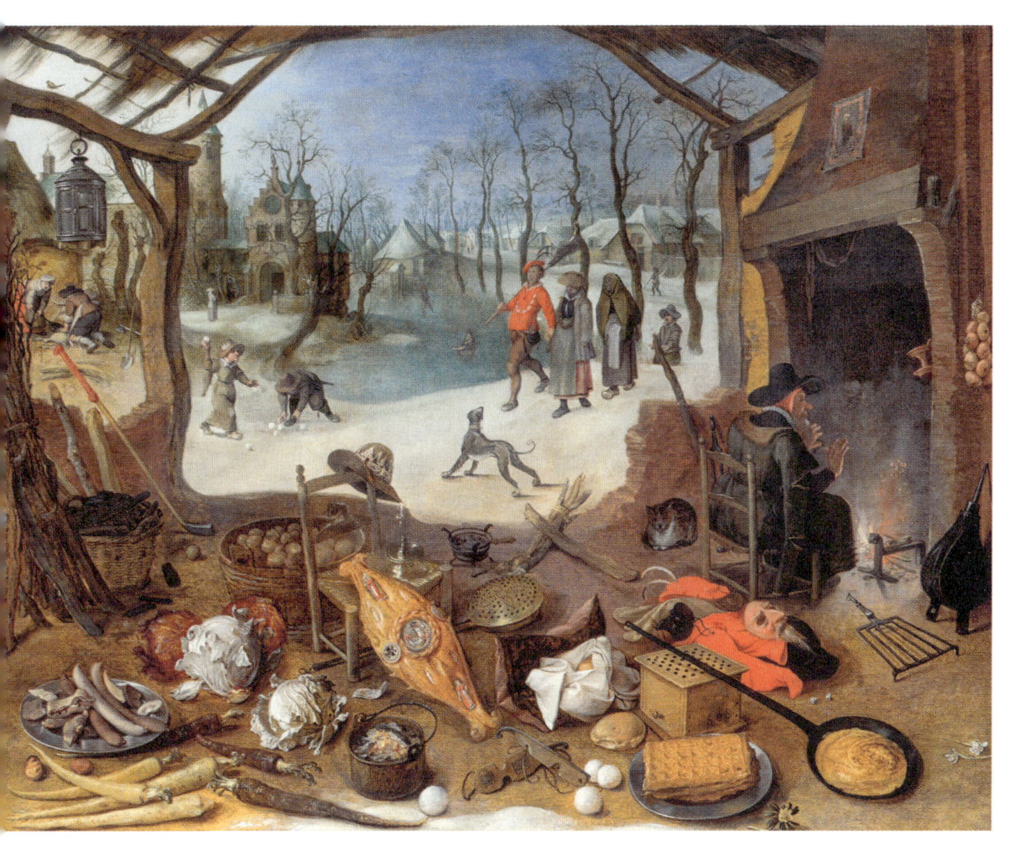

SEBASTIAN VRANCX, ALLEGORIE AUF DEN WINTER, 1608, ÖL AUF HOLZ, 62 X 66 CM, DAVID KOETSER GALLERY, ZÜRICH

AFTERPARTY

Ob im Klassenzimmer, auf einer Afterparty oder im Parlament: Niemand, der so auf einem Tisch liegt, zeigt nur von sich, dass er schläft. Darin offenbart sich auch eine andere, viel traurigere Gebärde. Eine Gebärde, die zum Ausdruck bringt, dass man die Hoffnung aufgegeben hat, dass man vor lauter Alkohol oder Mutlosigkeit, vor Scham oder Ärger oder einer Kombination von alldem in sich zusammengesackt ist. Lasst mich in Ruhe, ich mach nicht mehr mit. Und ich mache mir nicht einmal die Mühe, in mein eigenes Bett zu gehen, ich lasse mich hier einfach fallen.

Man sieht ihn nicht gleich, und das ist das Beste an diesem Mann, denn außer ihm gibt es in diesem Gemälde genug, was sofort unsere Aufmerksamkeit auf sich zieht; die kopulierenden Hunde beispielsweise, die kaum Zweifel daran lassen, in was für ein Etablissement wir hier geraten sind (früher waren sie einmal von einem prüden Besitzer des Gemäldes übermalt worden), die Frau mit dem milchweißen Dekolleté, an das soeben noch eine verlockende Rose gesteckt wurde, und das sich miteinander vergnügende oder vielleicht verhandelnde Paar in der offenen Tür. Dass dieser Mann dort liegt, entdeckte ich eigentlich nur, weil ich den lädierten Stuhl so schön fand, mit seinem abgewetzten Leder, dem fehlenden Holzknauf und dem aufgerissenen Kissen. So etwas sieht man nicht oft auf solchen Gemälden. Und dann dachte ich, herrje, ist das eine Katze? Aber dann stellte sich heraus, dass es ein Mann war. Ein Kunde oder ein Junge, der mitgekommen war, um zu warten, bis sein Freund fertig war, oder jemand, der nur mitgekommen war, um zu trinken und zu rauchen, denn auch Tabak konnte einen in dieser Zeit ziemlich benebeln, soweit ich weiß. Der Stiel der Pfeife liegt halb unter seinem Arm, ihr abgebrochener Kopf auf dem Boden.

Das hat mich fasziniert. Dass man jemanden erst auf den zweiten Blick bemerkt, so wie man jemanden auf einer Wohnzimmerparty erst dann sieht, wenn er in einer Ecke sitzt (oder liegt) und man sich an die Dunkelheit gewöhnt hat. Es

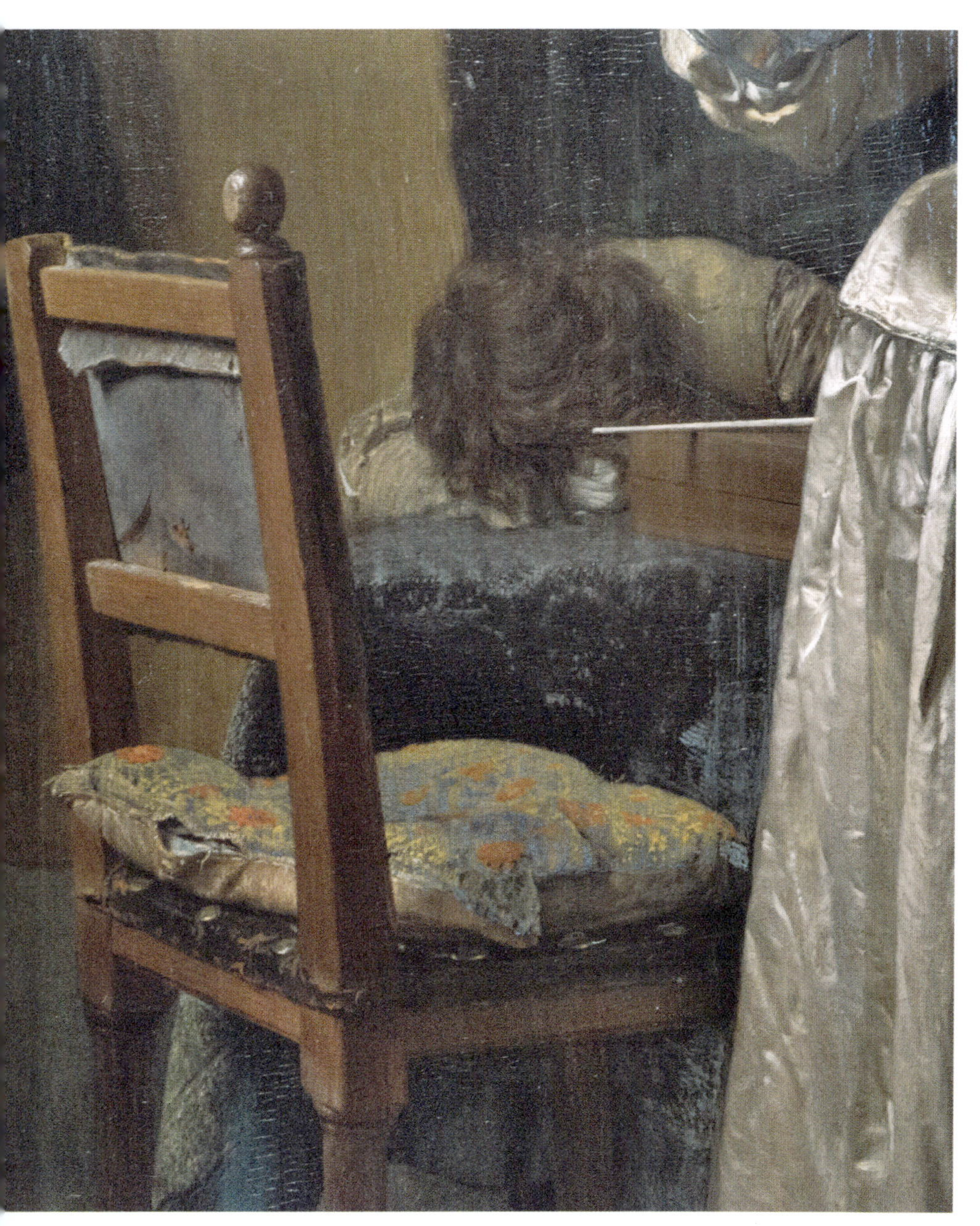

erinnerte mich an Partys, auf denen ich zufällig gelandet war, an der Palmgracht oder in der Willemsstraat, der Bonairestraat oder hinter dem Kornmarkt – an Orten, an denen ich zuvor noch nie gewesen war, zu denen ich nun aber einfach noch mit einem Freund mitgegangen war. Diese Kombination aus Vertrauen und völliger Heimatlosigkeit mitten in der Nacht und dieses seltsame, schöne Freiheitsgefühl, das damit verbunden ist, das gehört zu diesem schmuddeligen Detail dieses kaputten Stuhls und dieser schlafenden Schattengestalt.

Vielleicht hat sich der Detailspezialist Frans van Mieris bei diesem dösenden Mann von Gerard ter Borch inspirieren lassen, schreibt Kurator Quentin Buvelot im Van-Mieris-Katalog von 2005. Das Detail passt auf jeden Fall perfekt zur expliziten Bildsprache der Darstellung. Im Fenster steht eine erloschene Kerze, was sich auf das niederländische Sprichwort »Ist die Kerze aus, ist es mit der Scham vorbei« beziehen könnte, und die Frau umklammert den Zinnkrug, in dem sich der rote Mantel des Mannes sehr schön spiegelt, so wie sie vermutlich bald auch etwas anderes umfassen wird.

Das wird dem Mann, von dem wir hier nur den Lockenkopf sehen, alles wurscht sein – er ist schon aus dem Spiel, oder wünscht sich zumindest, nicht hier zu sein.

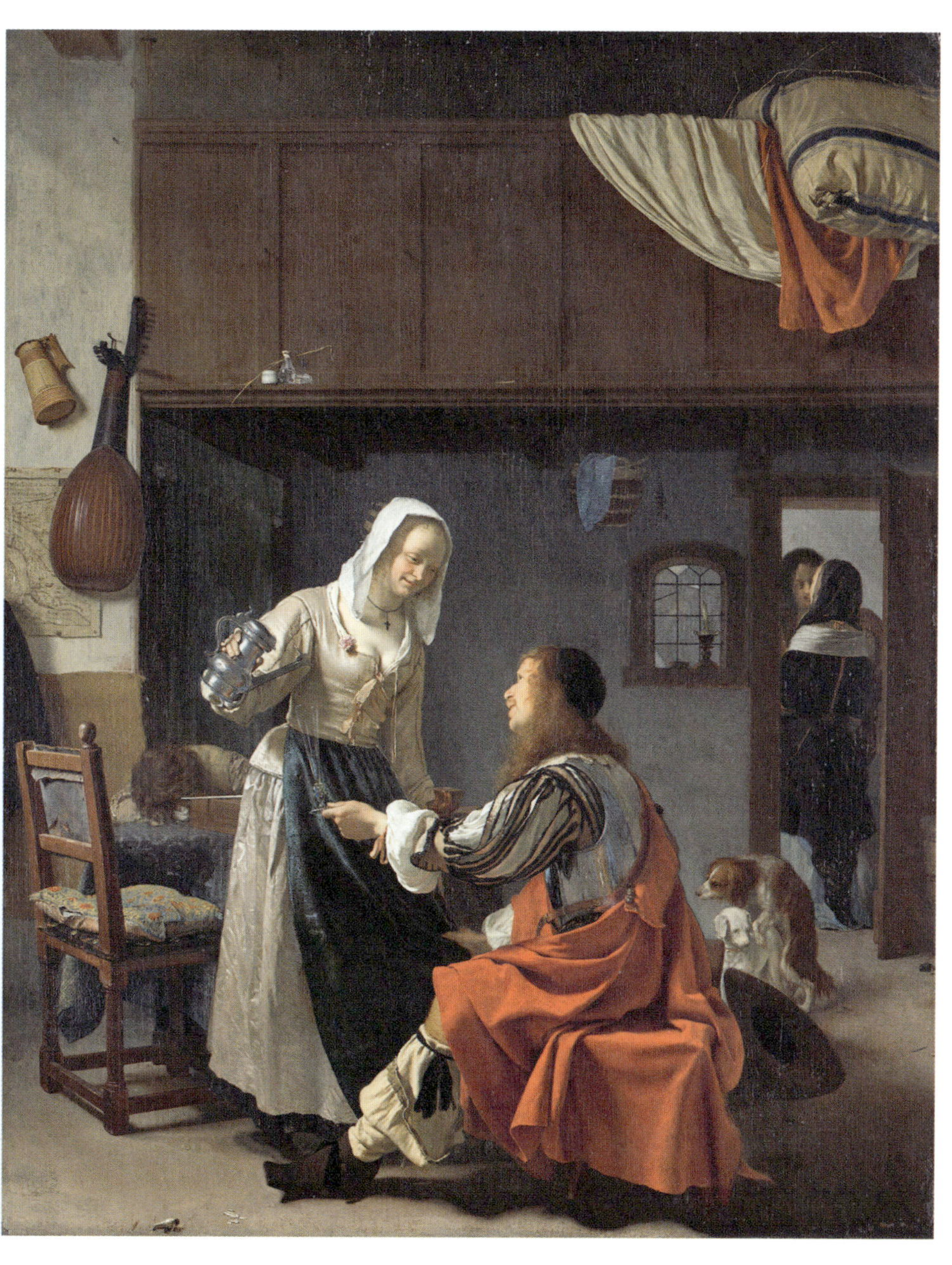

FRANS VAN MIERIS DER ÄLTERE, BORDELLSZENE, 1658, ÖL AUF HOLZ, 42,8 X 33,3 CM, MAURITSHUIS, DEN HAAG

ZUM STREICHELN

Eine sonderbare, bei Frauen oft wiederkehrende Mode war es, so blass wie möglich zu sein: »Sogar als Kind hatte sie schon die Selbstdisziplin, sich nicht in die Sonne zu setzen. ›Ich esse auch kein Fleisch‹, sagt sie mit einem angewiderten Blick, ›denn Vegetarier sind blasser‹. Das kleine Muttermal über ihrer Lippe wirkt wie die *mouche* eines Monarchen aus dem 18. Jahrhundert.«

Diese Beschreibung bezieht sich nicht auf die hier porträtierte Frau, sondern auf Madonna. Als ich sie als Kind atemlos im Fernsehen verfolgte, hatte ich davon keine Ahnung – damals dachte ich, ihr Starappeal sei von erschütternder Ursprünglichkeit –, aber der Redakteur Michael Joseph Gross von der Zeitschrift *Vanity Fair*, der das 1986 geschrieben hat, erkannte es: diese augenzwinkernde Anspielung des Superstars auf die elegante Zeit der Romantik des 18. Jahrhunderts, als Frauen dem Schönheitsideal folgend ihre Haut so pflegten, dass sie möglichst weiß blieb, sich einen Hauch Rot auf die Wangen setzten, um jung auszusehen, und als Kontrast eine schwarze *mouche* (einen Schönheitsfleck) hinzufügten. Alles, was Madonna tat, war mit einem Augenzwinkern versehen, und ich kapierte nur die Hälfte, ich wusste nicht, was eine »virgin« war, geschweige denn, was *like a virgin* bedeutete – um das zu verstehen, brauchte ich Quentin Tarantinos Dialog in dem Film *Reservoir Dogs*, Jahre später.

Und dann brachte mich dieses Detail plötzlich in die Madonna-Zeit zurück: ein fingerloser Handschuh. Unschuldig streichelt diese Frau mit ihrem Daumen einen kleinen Papagei, der auf ihrem Zeigefinger sitzt – ihre Fingerspitzen sind unbedeckt, der Rest ihrer Hand ist vor dem Sonnenlicht geschützt. Die Szene ist so charmant, mit dem leicht verrutschten Teppich und dem schönen graugrünen Orangenbaum. Ein Detail, das man sich einrahmen und mitnehmen könnte, vor allem weil der zarte Handschuh auch noch diese raffinierten abnehmbaren Fingerspitzen hat, die halb am Handschuh angeheftet sind.

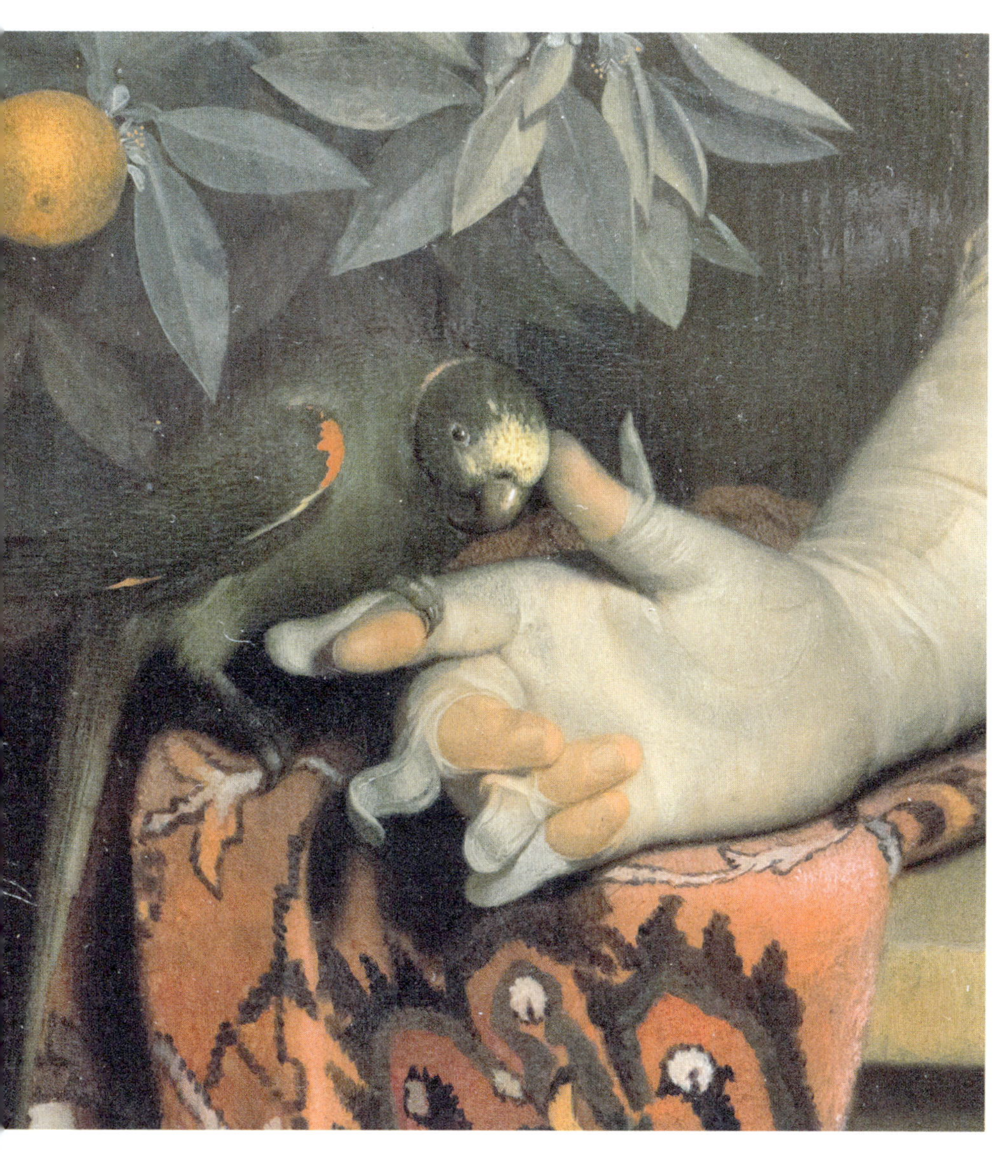

Das muss eine sehr luxuriöse Mode gewesen sein, dachte ich, und damit hatte ich auch recht, denn die Kostümhistorikerin Irene Groeneweg stellt im Sammlungskatalog fest, dass *mitaines* (»Halbfingerhandschuhe«) in diesem Sinne erstmals 1727, also 48 Jahre nach diesem Gemälde, in einem französischen Wörterbuch erwähnt wurden. Ich habe mit Irene Groeneweg telefoniert; sie erklärte mir, dass Mitaines erst um 1700 in Mode kamen und dieser hier ein sehr frühes Beispiel ist und das einzige in den Niederlanden, abgesehen von einem Porträt, mit einem Mitaine ohne abnehmbare Fingerspitzen. Ich finde sie fast so cool wie Madonnas Schnürhandschuhe in den 80er Jahren.

Diese hier sind, oder besser gesagt, sehen so aus, als seien sie aus dem feinen Leder einer jungen Ziege gefertigt. Der Grund dafür, dass die junge Elisabeth Tallyarde sie trägt, ist tatsächlich der, dass die Haut ihrer Hände weiß bleiben soll. »In Beschreibungen von Frauen im 17. und 18. Jahrhundert wird oft die Schönheit der Hände erwähnt. Weiße Hände gehörten zum Idealbild einer schönen Frau.« Mitaines sind praktisch, weil sie die Finger frei lassen, um etwas zu fühlen (was durch das Streicheln des Papageis betont wird) oder um beispielsweise zu sticken. Dass Elisabeth nur einen Handschuh trägt, ist natürlich schon sehr Madonna-like, hat aber, wie Groeneweg meint, keine Bedeutung.

Elisabeth Tallyarde gibt vor allem zu erkennen, dass sie jung, reich und heiratsfähig ist – die Orange steht für Fruchtbarkeit, der Vogel verleiht ihr Prestige, alles atmet die Atmosphäre von Reichtum, und tatsächlich war sie ein Jahr später mit einem Kaufmann aus Dordrecht verheiratet. Danach lässt sie sich erneut porträtieren, nun verkleidet als sich rekelnde Feldnymphe im Wald und lasziv wie Madonna auf dem Vorderdeck einer Gondel in Venedig, mit tiefem Dekolleté. *Blonde Ambition* von Erfolg gekrönt.

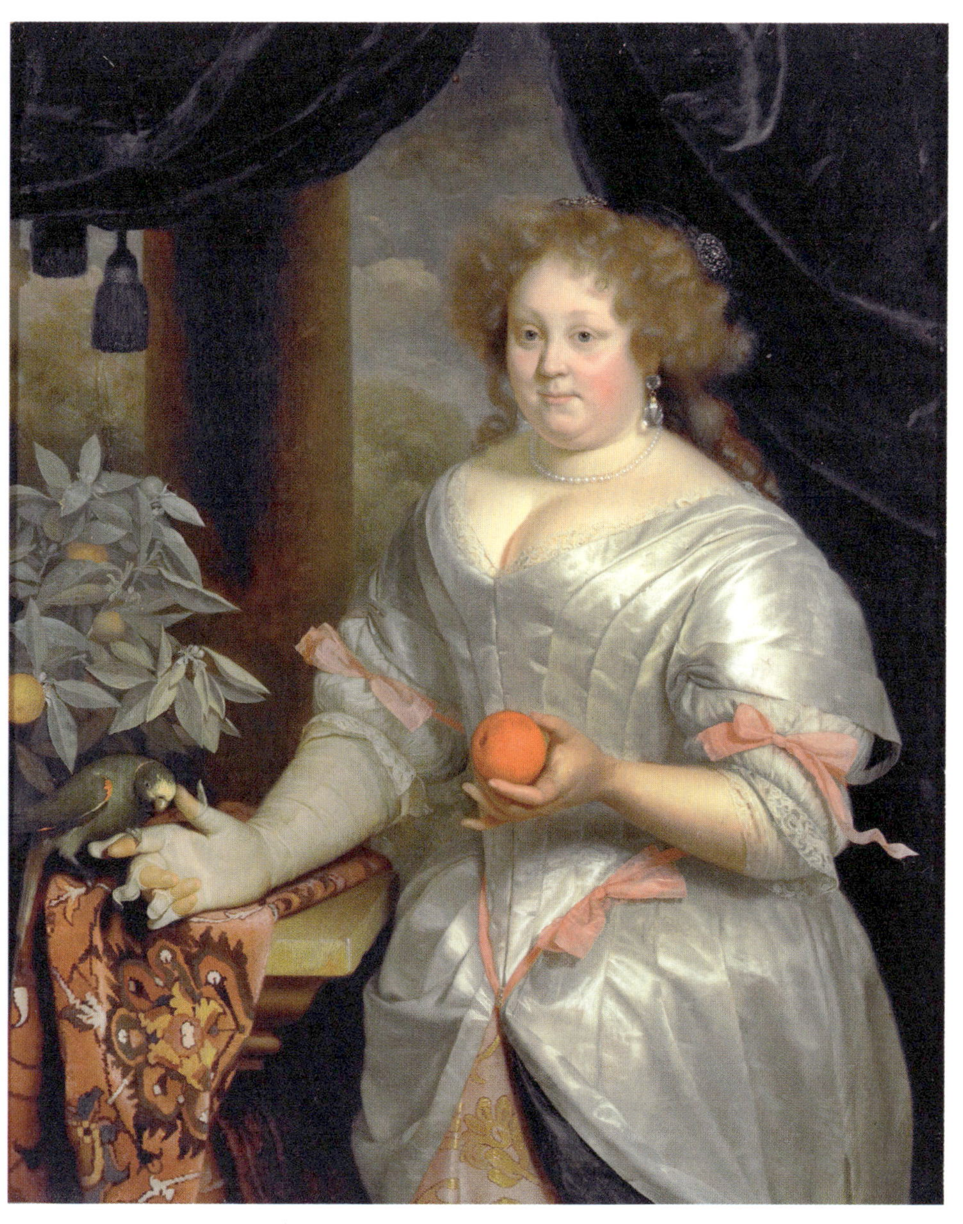

GODEFRIDUS SCHALCKEN, PORTRÄT DER ELISABETH TALLYARDE, 1679, ÖL AUF EICHENHOLZ, 43 X 34 CM, ZEEUWS MUSEUM, MIDDELBURG

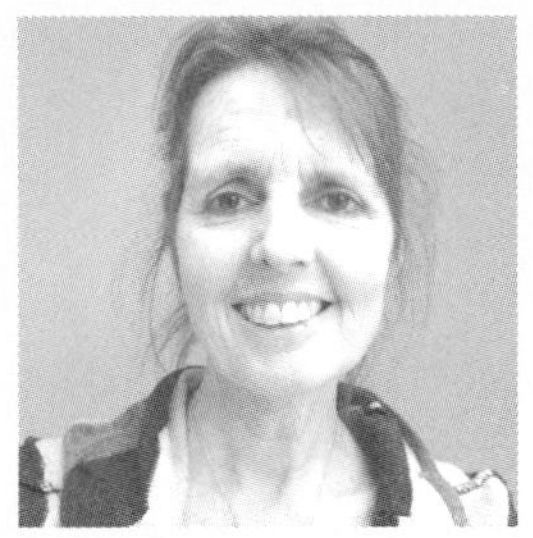

»EIN DETAIL KANN DEN BLICK AUF DAS GANZE VÖLLIG VERÄNDERN«

YOLANDE VAN BEVER, KLINISCHE GENETIKERIN

Bei meinem Gespräch mit Yolande van Bever fällt mir sofort auf, dass sie konstant zwischen schnellem und langsamem Denken hin und her wechselt. Bei ihrer Arbeit fällt sie ständig schnelle, intuitive Urteile; sie kann es sich aber nicht erlauben, damit Schlussfolgerungen zu verbinden, ohne diesen zugleich zu misstrauen und über das auf der Hand liegende hinauszudenken. Sie nennt ein Beispiel: »Kinder mit Down-Syndrom erkennt fast jeder. Fragt man die Leute aber, was für jemanden mit Down-Syndrom charakteristisch ist, zeigt sich, wie schwer es ihnen fällt, das zu beschreiben. Wir müssen genau erkennen, welche Merkmale dieser Mensch hat.« Bei einem Neugeborenen ist das manchmal sehr schwer zu definieren.

Sie hat gelernt, ihrer Intuition zu vertrauen, dann aber wieder Abstand davon zu nehmen. Wenn sie ein Neugeborenes untersucht, erfordert es die Eile oft, das Naheliegende auf den ersten Augenschein hin zu erkennen. Doch was naheliegt, entscheidet man auf der Grundlage von Wissen und Erfahrung, was beides unzureichend sein kann. Jeder neue Fall kann unbekanntes Terrain sein. Und ein Fall ist immer ein Kind, das selbst nicht sagen kann, wie es sich fühlt. Deshalb bildet das Hinsehen den Hauptbestandteil ihrer Arbeit als klinische Genetikerin im Erasmus MC-Sophia Kinderkrankenhaus in Rotterdam, wo sie durchschnittlich 240 Kinder pro Jahr, meist Neugeborene, sieht. Erst hinsehen, dann denken, dann kommunizieren. In dieser Reihenfolge.

Yolande van Bever begann ihr Medizinstudium ohne den geringsten Anflug eines Zweifels daran. Mit einer idealistischen Perspektive. Mit »heldenhaften Vorstellungen, Menschenleben zu retten«, sagt sie in einem hippen Café im Komplex des Medizinischen Zentrums der Erasmus-Universität. Eigentlich sollte sie Herzchirurgin werden, aber das Sehen war ausschlaggebend dafür, dass sie sich anders entschied. »Ein Herzchirurg sieht seine Patienten nur kurz, im Moment der größten Not, und dann noch einmal kurz danach. Ich finde es schön, Menschen zu sehen und sie in ihrem eigenen Umfeld kennenzulernen. Als Genetikerin knobele ich an Problemen herum, manchmal jahrelang.« Eine klinische Genetikerin, die wie van Bever auf Anomalien bei Neugeboren spezialisiert ist, sieht sich außerdem das Kind als Ganzes an und bezieht dabei die gesamte Familie mit ein – es gibt nur sehr wenige Spezialisten, die sich von ihren Patienten ein so vollständiges Bild machen. Und da kommt das Kommunizieren ins Spiel.

Etwa sieben bis zehn Mal pro Jahr wird van Bever hinzugezogen, wenn entschieden werden muss, ob ein Eingriff sinnvoll ist – bei den kritischsten Fällen, in denen eine Einschätzung über die zukünftige Lebensqualität des Kindes getroffen werden muss. Diese Entscheidung trifft nicht einer allein, sie wird vielmehr von allen beteiligten medizinischen Fachkräften gemeinsam und sehr sorgfältig getroffen. Dabei betrachten sie die Möglichkeiten und den zu erwartenden Verlauf. Und immer wieder kehren sie zum Sehen zurück.

Wann haben Sie gemerkt, dass Sie anders sehen als andere Menschen? Das war nach meinem Studium, als ich erst kurz hier im Kinderkrankenhaus arbeitete. Ich erinnere mich an ein Kind, zu dem ich gerufen wurde; sein kleines Öhrchen fiel mir sofort auf. Es war abnorm, fast ein halbes Öhrchen. Niemand hatte es gesehen. Damals dachte ich, huch, wie kann man das denn übersehen? So ein Öhrchen kann auf ein einfaches Syndrom wie Mikrotie (Kleinheit des Ohrs) hinweisen, es kann aber auch Teil einer Erkrankung sein, die mit Anomalien an Ohren, Augen und Wirbelsäule verbunden ist. Oder es ist Teil eines Syndroms, bei dem Anomalien an Ohr, Hand und Anus auftreten. Manchmal sind Anomalien nicht sofort sichtbar. Grund genug, um weiter danach zu forschen.

Welchen Anteil hat das Sehen an Ihrer Arbeit? Ich schätze, dass ich 60 Prozent mit Sehen verbringe, 20 Prozent kommuniziere und 20 Prozent Administratives erledige. Bei allem spielt Reflexion eine Rolle. Dieses prozentuale Verhältnis trifft nicht auf alle Genetiker zu. Das hat mit der Spezialisierung auf angeborene Anomalien zu tun; die ersten Entscheidungen für eine Untersuchung werden anhand der äußeren Merkmale eines Neugeborenen getroffen. Weil ein Kind nun mal selbst nicht sagen kann, welche Beschwerden es hat.

Was fällt Ihnen auf, was anderen entgeht? Wenn ich irgendwo im Freien oder in einer Straßenbahn sitze, können mir manchmal bestimmte Merkmale bei anderen auffallen. Zum Beispiel sehr kleine, aber gut geformte Ohren. Das kommt bei Menschen afrikanischer Abstammung häufig vor, in der westeuropäischen Bevölkerung aber nicht – hier kann es auf ein Syndrom hinweisen. Wenn ich auf der Straße jemanden sehe, der ein eindeutiges Syndrom hat, etwa eine deutliche Gesichtsfehlbildung, schaue ich mir oft an, wie diese Person und ihre Umwelt aufeinander reagieren. Wird sie von den anderen gemustert, und wie geht sie damit um? Oft sehe ich, dass sie die Blicke zwar bemerkt, aber gut damit zurechtkommt. Die meisten Passanten starren sie nicht an, und im Allgemeinen sehe ich, dass sie sich entspannt bewegen. Natürlich kann dieser Eindruck verzerrt sein, weil ich nur die Menschen mit Anomalien sehe, die sich auf die Straße trauen, aber ich nutze ihn, wenn ich mit Eltern spreche, die ein Kind mit einer Anomalie haben.

Kann man sehen lernen? Ja, gewiss. Vielleicht kann nicht jeder interpretieren lernen, dazu braucht man Übung und manchmal auch ein Studium, aber das Sehen an sich lässt sich sehr gut üben. Ohren zum Beispiel sind etwas Tolles. Eine große Ohrmuschel, ein kleines oder festes Ohrläppchen, viel oder wenig Falten in der Ohrmuschel. Das ist auch ganz schön komplex, denn Anzeichen an den Ohren können auf vielerlei Syndrome hindeuten, und nur anhand eines abnormen Ohrs kann man nie eine Diagnose stellen. Ein Beispiel: Sehr kleine Linien im Ohrläppchen haben nicht unbedingt etwas zu bedeuten. Sie können unter Umständen jedoch auf ein Syndrom hinweisen, zu dem auch eine offene Bauchwand und eine Anomalie des Zuckerspiegels gehören. Bei einem kleinen Kind sind sie daher Grund genug, um einen Bluttest durchzuführen. Ein solches Detail kann einen auf die Spur bringen.

Wie unterscheidet sich Ihr anfängliches von Ihrem jetzigen Sehen? Ich merke, dass ich jetzt viel entspannter bin. Ich sehe die Dinge zwar, aber manchmal denke ich: Erstmal abwarten, vielleicht lässt sich dieses Merkmal auf den ethnischen Hintergrund oder eine familiäre Besonderheit zurückführen, die nicht mit Problemen des Kindes in Verbindung stehen. Mein Blick ist offener geworden, ich ziehe es beispielsweise vor, das Kind zunächst in Augenschein zu nehmen, ohne informiert zu sein. Natürlich besteht auch die Gefahr, dass man bequem wird und denkt: So schlimm wird es schon nicht sein. Deshalb schaue ich das Kind nie alleine an. Fast immer sieht sich auch ein Kollege oder Assistent die Bilder an; was man selbst nicht sieht, kann ein anderer vielleicht doch erkennen. Aber es ist auch komplizierter geworden. Je weniger man weiß, desto mehr glaubt man zu wissen, was man sieht. Die Zahl der Diagnosen, die bei Neugeborenen mit Anomalien gestellt werden können, hat zugenommen. Während wir früher die Diagnose allein aufgrund dessen, was wir sahen, stellten, zeigt heute oft ein Bluttest, dass das Bild viel umfassender ist und einem anderen Syndrom sehr ähnlich sein kann. Man urteilt nach dem visuellen Eindruck, aber man muss auch in der Lage sein, darüber hinaus an andere Erklärungen zu denken. Dann muss man zum langsamen Analysieren umschalten, bis man eine Diagnose stellen kann.

Können Sie ein Beispiel für ein Detail nennen, das Ihre Sichtweise auf eine Situation oder auf Ihre Arbeit verändert hat? Ja, es gab ein Elternpaar mit einem Kind, das eine Anomalie aufwies. Bei diesem Kind handelte es sich offenbar um eine Chromosomenanomalie. Diese Eltern hatten noch ein älteres Kind, das mit vielen Problemen zu kämpfen hatte. Nachdem die Diagnose bei dem Baby gestellt worden war, begannen wir, uns auch die Familie anzusehen; dabei kam der Verdacht auf, dass das ältere Kind das gleiche Syndrom haben könnte. Das bewahrheitete sich. Mit dem einen Kind hatten sie einen langen Weg zurückgelegt, bei dem anderen Kind wussten sie gleich bei der Geburt Bescheid, noch bevor sie das Kind richtig kannten. Später habe ich die Eltern gefragt, was sie besser fanden. Sie antworteten: Wir wissen es nicht. Eine Diagnose verändert die Sichtweise auf das eigene Kind. Heutzutage können wir einen Schnelltest durchführen lassen; bei diesem Prozess schaut sich ein klinischer Genetiker das Kind an, es werden Labortests durchgeführt, und innerhalb von zwei Wochen kann man eine Diagnose stellen. Das ist eine gute Sache, denn die Menschen wollen schnell Gewissheit haben. Auf diese Weise erspart man sich viele unnötige Untersuchungen und Wartereien. Der erwähnte Fall hat mir aber gezeigt, dass man den Eltern als Arzt manchmal auch Zeit geben muss. Wir Ärzte denken, dass es gut ist, schnell Klarheit zu haben, aber die Eltern durchlaufen einen Bindungsprozess mit ihrem Kind, bei dem viele Faktoren eine Rolle spielen, und manchmal brauchen sie Zeit, um sich an die Informationen zu gewöhnen.

Wie wichtig sind Details? Ein Detail kann den Blick auf das Ganze völlig verändern. Ein Kind wurde mit einer Anomalie am Anus geboren. Wir konnten eine Diagnose stellen und es behandeln. Als ich der Mutter die Hand gab, bemerkte ich, dass sie ihren kleinen Finger nicht beugen konnte, das letzte Gelenk fehlte. Es war kaum spürbar, aber ich habe es trotzdem angesprochen; es gehörte zum Syndrom ihres Sohnes. Es stellte sich heraus, dass sie schon ihr Leben lang Schwierigkeiten mit dem Stuhlgang hatte – eine sehr leichte Anomalie als Teil desselben Syndroms wie bei ihrem Kind, das bei ihr aber nie untersucht worden war.

Wie kann man lernen, mehr zu sehen? Natürlich, indem man es oft tut, aber auch indem man sich kleine Ziele setzt. Wenn man sich Gesichter ansieht, sollte man sich mal nur die Augenbrauen ansehen und deren Merkmale und Unterschiede benennen. Oder die Augen, die Ohren. Versuchen Sie einmal zu beschreiben, wie die Ohren in Ihrer Familie aussehen, welche Unterschiede es gibt. Man lernt zu sehen, indem man mit anderen über solche Dinge spricht.

HILFE!

Immer mal wieder sieht man so ein kleines Ungeheuer in einem Museum. So ein zerrendes, hängendes kleines Wesen, das mit aller Kraft seine Seite der Waagschale nach unten zu ziehen versucht. Bei diesem Exemplar hört man dabei buchstäblich einen Maria-Scharapowa-Schrei. Das Ungeheuer gibt alles, um die Menschen in die Hölle zu bekommen. Schreiend und furchterregend blickend, wirkt es mit diesen Lichtstrahlen, die aus seinen Augen kommen, so bedrohlich wie Cyclops von den *X-Men*. Hans Süß von Kulmbach – nein, den kannte ich auch nicht; ein Schüler Albrecht Dürers aus Nürnberg – malte diese Waage, ein Attribut des Erzengels Michael, auf einer farbenfrohen, reich bevölkerten Darstellung des Rosenkranzes: des Marienkreises, mit dem der Gläubige sein tägliches Gebet in fünf Etappen rhythmisch ableisten konnte, hier dargestellt durch Kreuze in einem Kranz aus Rosen, der Christus und die Heiligen umgibt.

Die nackte kleine Seele auf der linken Seite setzt alles daran, Michaels Gunst zu erlangen und in den Himmel zu kommen, doch der Teufel kämpft dagegen an. Ein komisches Schauspiel, aber natürlich nicht für wahre Gläubige. Daneben ist die Hölle dargestellt, zwar nicht so anschaulich wie bei Hieronymus Bosch oder Rogier van der Weyden, aber immerhin – verzweifelte Menschen in einer tiefen Feuergrube.

Zweimal musste ich in letzter Zeit an dieses kleine Teufelchen denken. Wenn man von dem Komischen absieht, bleibt das Furchteinflößende übrig. Die Hölle und die Sogwirkung des Bösen. Das erste Mal dachte ich daran bei einem Bericht, den ich über die Gruppe Kafranbel Syrian Revolution sah, eine Initiative des Immobilienmaklers Raed Fares (ermordet 2018) aus Westsyrien, der seit 2011 regelmäßig Fotos von Spruchbändern mit scharfen, treffenden Texten in den sozialen Medien platzierte, die immer mit einem Datum versehen waren. Die Mitglieder der Gruppe standen, meistens winkend, um ihn herum. Vor einiger Zeit, einen Tag nach der Bombardierung eines Krankenhauses in Aleppo, stand

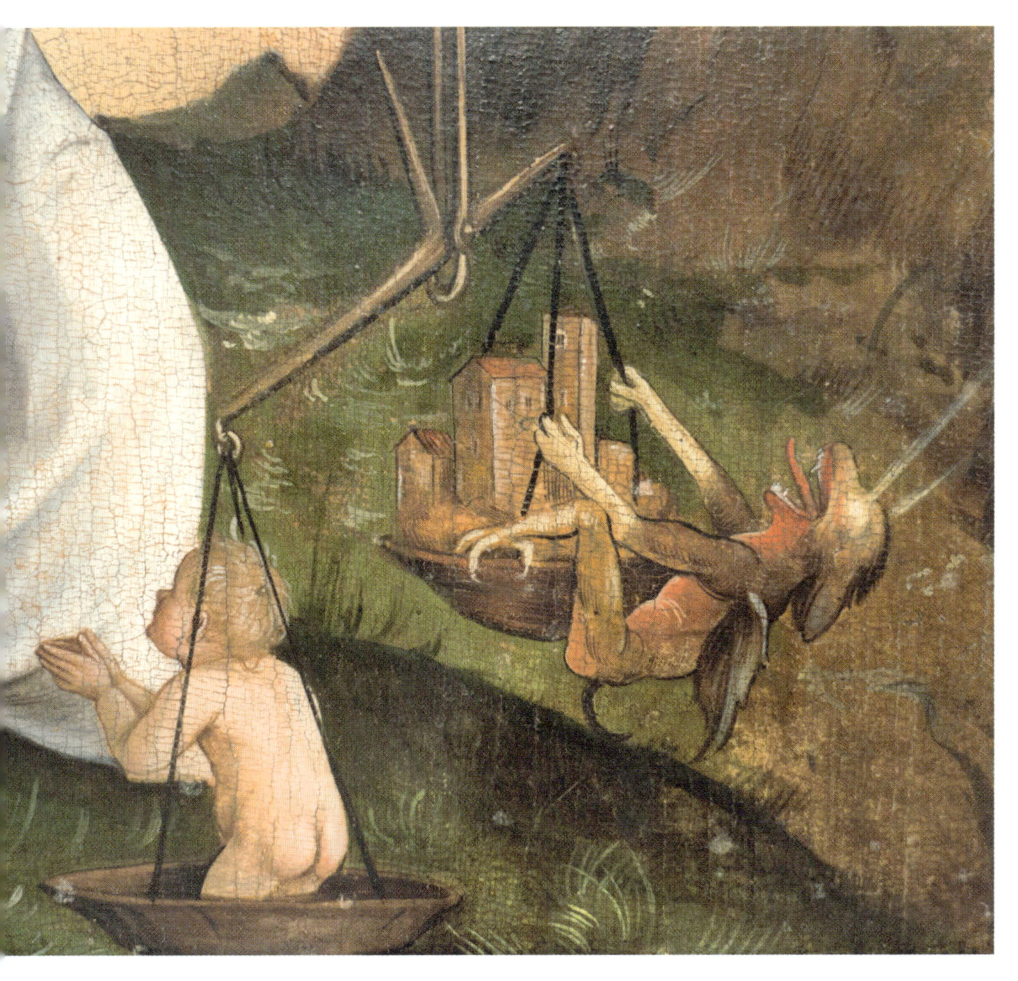

plötzlich ein anderer Post auf der Facebook-Seite: Fotos von lachenden Tätern neben ihren verstümmelten Opfern. Dies seien Selfies, wie sie alle kämpfenden Parteien machten, fügte Fares hinzu. Er bekundete, das nicht länger ertragen zu können, denn »jede Gruppe von Kriminellen veröffentlicht auf diese Weise ihre Untaten, um die von uns zu bekehren, die versuchen, sich die Menschlichkeit zu bewahren«. Fares nannte zwei Auswege: 1) die ganze Welt schließt sich zusammen, um Assad auszuschalten; 2) man wirft eine Atombombe auf uns und löscht uns aus, damit das aufhört. Der Wechsel im Tonfall war schauderhaft.

Drei Tage später sah ich Claude Lanzmanns Dokumentarfilm *Shoah* (1985), in dem Mordechai Podchlebnik erzählt, wie er Anfang 1942 von den Nazis gezwungen wurde, im Lager Kulmhof im besetzten Polen zu arbeiten, wo schätzungsweise 300 000 Juden ermordet wurden: Er musste Gaswagen leeren und die Leichen in Gräber legen. Als er am dritten Tag die Leichen seiner Frau und seiner Kinder fand, bat er die Wachen um den Tod. »Nein, du kannst noch arbeiten«, lautete ihre Antwort. Er war einer von fünf Menschen, die das Lager überlebten. Er starb im Jahr 1985.

In beiden Fällen bitten Menschen um Erlösung, weil sich das Böse unverhohlen gezeigt hat. Für einen Moment war es, als ob ein Vorhang beiseitegeschoben worden wäre und die brutale, unerträgliche Realität zum Vorschein gekommen wäre. Der Teufel, der sie schreiend tiefer in den Höllenpfuhl zieht, während sie auf der anderen Seite der Waagschale noch appellieren: um Erlösung, wenn nicht hier, dann in einem ungewissen Tod. Alles um mich herum wirkte plötzlich klein.

Ich finde es immer noch bemerkenswert, dass Teufel in Gemälden oft ebenso komisch wie unheimlich dargestellt werden. In dem Interview fragt Lanzmann Podchlebnik, warum er lache, während er spricht. Man kann lachen oder weinen, sagt er. Manchmal lacht man, manchmal weint man. Solange man am Leben ist, ist es besser zu lachen.

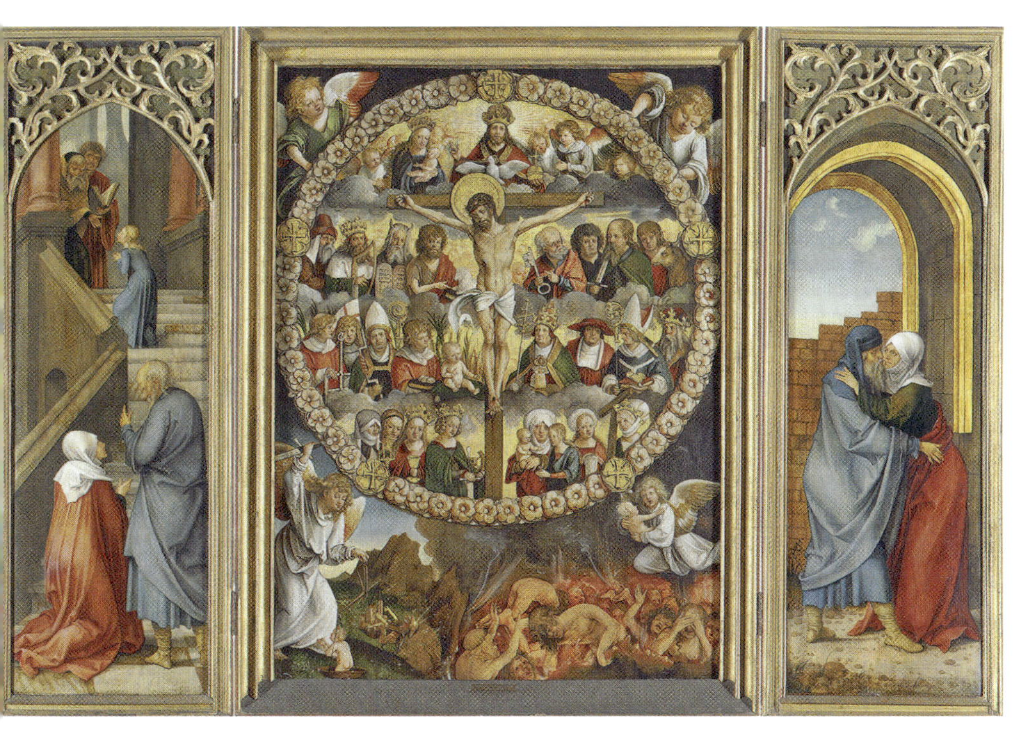

HANS SÜẞ VON KULMBACH, ROSENKRANZ-TRIPTYCHON, UM 1510, ÖL AUF HOLZ, 84,3 X 17,2 CM (MITTELTAFEL), 38,5 X 22,5 CM (SEITENFLÜGEL), MUSEO THYSSEN-BORNEMISZA, MADRID

UND ALLES STEHT STILL

Als Frau ist es sinnvoll, auf Kunst einen etwas distanzierten Blick zu entwickeln: schon interessiert, aber mit nicht allzu viel Einfühlungsvermögen. Denn die Kunstgeschichte steckt voller versuchter und vollendeter Vergewaltigungen (Thetis, Galatea, Lukretia), Entführungen (der Raub der Sabinerinnen) und geschlechtsbezogener Rache (Danaë, die von ihrem Vater lebendig begraben wurde, und so ziemlich alle weiblichen Heiligen); je schöner die Frau, desto grausamer wurde sie in der Regel bestraft. Zum Glück gibt es auch eine *ganz* andere Art von Frauen in der Kunst: Frauen, die zum Beispiel ihre Kinder ermorden (Medea), oder Frauen, die ihr Volk retten, indem sie den Anführer der gegnerischen Partei enthaupten (Judith). Aber auch hier gilt: Zu viel Einfühlungsvermögen ist nicht angebracht.

Mit Daphne, die wir hier sehen, ist es wiederum eine ganz andere Geschichte. Manchmal wünschte ich mir, ich wäre Daphne. Daphne ist die Tika, aus der niederländischen Kinderserie *TiTa Tovenaar*, der Kunst, nur bringt sie nicht die Welt zum Stillstand, sondern sich selbst. Daphne, einer Nymphe im Gefolge der Jagdgöttin Diana, wird hier ebenfalls nachgestellt, und zwar von einem unbändig verliebten Apoll. »So wie einen Zaun die Fackel in Brand setzt, mit der ihm versehentlich ein Wanderer zu nahe kam [...], so geht der Gott in Flammen auf, alles in ihm brennt und er lässt durch sein Hoffen die aussichtslose Liebe noch wachsen«, schreibt Ovid in den Metamorphosen. Der arme Kerl konnte kaum anders – Amor hatte ihn mit seinem goldenen Pfeil zwischen die Rippen getroffen. Daphne hatte er auch getroffen – aber mit einem Pfeil aus Blei. Der Liebesgott hatte zwei unterschiedliche Pfeile im Köcher: einen, der die Menschen verliebt machte, und einen, der das Herz erkalten ließ. Daphne wollte von Apoll daher nichts wissen und floh wie ein Beutetier im Wald.

Dem schließt sich eine Verfolgungsszene an, man sieht Daphne fast wie ein Reh springen und Apoll, wie er ihr flehentlich hinterherjagt – ein seltsamer

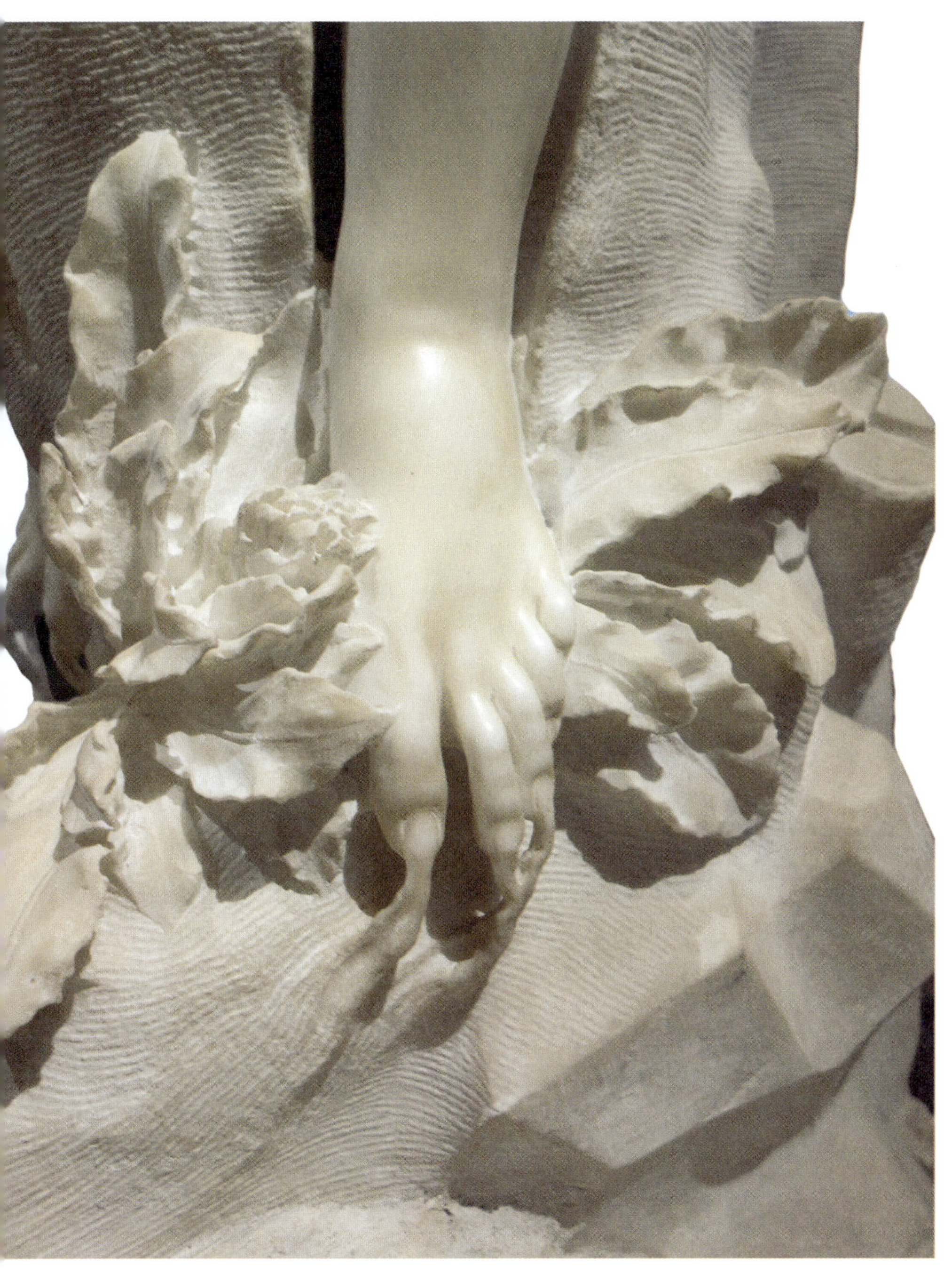

Widerspruch, dieses Jagen und Flehen zugleich: »Nymphe, ich bitte dich, [...]! Ich folge dir ja nicht als Feind.« Nicht mit mir, denkt Daphne, obwohl ihre Kräfte mehr und mehr schwinden.

Und dann kommt dieser Punkt der ultimativen Unberührbarkeit, den der damals gerade einmal 24-jährige Gian Lorenzo Bernini hier aus dem Marmor gemeißelt hat: Aus ihren Zehen wachsen Wurzeln. Auf ihrem Bauch und ihren Beinen erscheint eine Rindenschicht, ihre Arme werden zu Ästen, ihr Haar wird zu Laub, ihr Kopf zur Baumkrone. »Nichts bleibt zurück als die glänzende Schönheit.« Daphne verwandelt sich in einen Baum. Aus der Geschwindigkeit einer Treibjagd wird das langsame Wiegen im Wind. Aus der zarten Haut die schrundige Rinde. Aus der jugendlichen Ausgelassenheit die ewige Starre. Es ist eine der schönsten Metamorphosen, und das nicht nur, weil sie eine Metapher für die Kunst ist: dafür, wie der Künstler ein Leben für die Ewigkeit festhält, wie er einen Marmorblock in Menschen und Götter verwandeln kann, die uns berühren.

Es lohnt sich sehr, um diese Skulptur in Rom herumzugehen, denn Bernini hat sowohl das Tempo wie auch die Stille, die sich über sie legt, dargestellt: Durch ihr Haar, das bereits zu Laub wird, weht der Wind, in Apolls Jagd steckt Wildheit. Er, der sie zwar zu fassen bekommt, doch nur dort, wo sich ihre Haut schon in Rinde verwandelt hat, bekommt nicht, was er erjagen will. Aus ihren Händen wachsen Blätter.

Apoll liebte sie weiterhin und flocht aus ihren Blättern – sie hatte sich in einen Lorbeerbaum verwandelt – einen Kranz. Ein ziemlich ironischer Grund dafür, dass der Lorbeerkranz in römischer Zeit den Sieg symbolisierte, denn wirklich gewonnen hatte der Gott eigentlich nicht.

Diese kleine Wurzel, die aus den drei Zehen erwächst, ist so etwas wie ein magisches In-die-Hände-Klatschen. Manchmal bin ich in meinen Gedanken einen Moment lang dieser Baum mit seinem ewigen Laub. Dann klatsche ich wie Tika in die Hände: Und alles steht still. Nun ja, ich stehe still. Alles Übrige läuft einfach weiter.

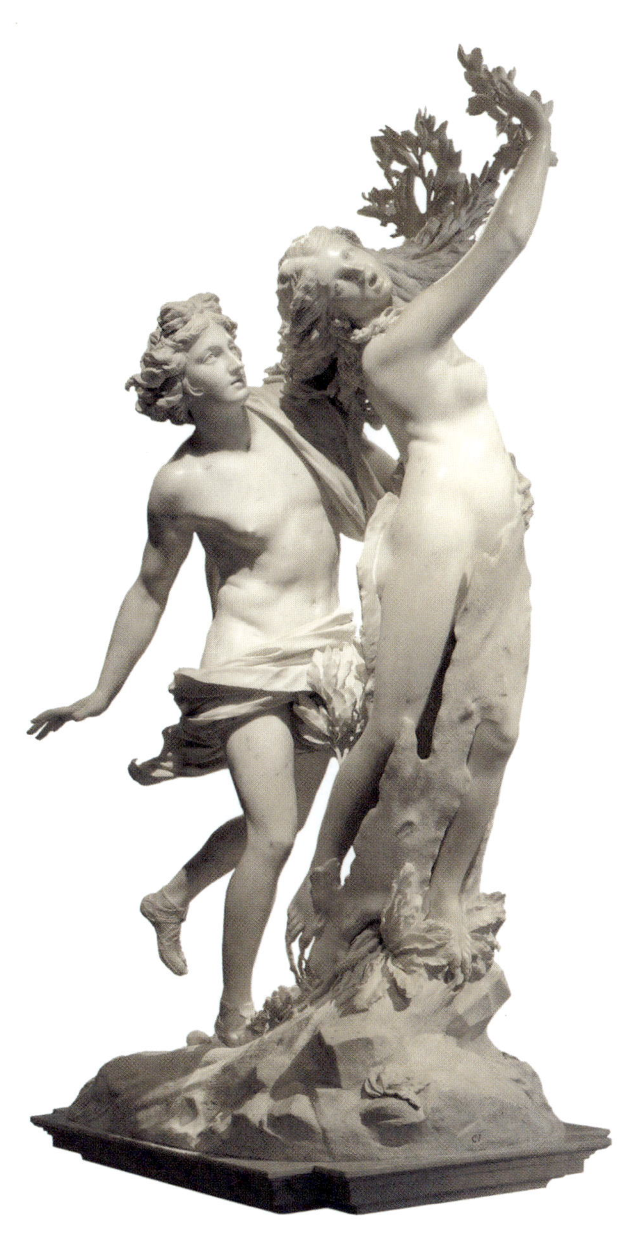

GIAN LORENZO BERNINI, APOLL UND DAPHNE, 1622–25, MARMOR; 243 CM HOCH, GALLERIA BORGHESE, ROM

MUTTER ALLER TUGENDEN

Die britische Journalistin Anita Singh teilte auf Twitter ein Video, in dem ein normaler, einfältiger Teenager in einem Park steht und etwas erzählt. Zeitgleich kommt aus Richtung Kamera ein Frisbee angeflogen, ein Gleichaltriger schwingt sich von einem Ast knapp über seinem Kopf und von links rennt plötzlich ein Junge auf den ahnungslosen Teenager zu, um ihn rechts zu tackeln. Die ganze Zeit über fährt der – mit hängenden Schultern, als hätte er sich wie ein Sandsack ins Gras gepflanzt – damit fort, quasi gelangweilt seine Meinung über den Film *Plötzlich Prinzessin 2* abzugeben. Das Video ist sehr witzig, vor allem weil es sich ständig wiederholt, aber der Tweet hatte auch eine Botschaft: »Sadiq Khan inmitten des Labour-Chaos« – er war also ein Kommentar zur Unerschütterlichkeit des Londoner Bürgermeisters.

Um Wählerstimmen zu gewinnen, hatte es sich zuvor ein ziemlich verzweifelter Premierminister Cameron nicht verkneifen können, den Bürgermeisterkandidaten Khan wiederholt zu beschuldigen, »eine Plattform mit ISIS-Anhängern zu teilen«, aber nun gut, heute wissen wir, dass Khan Bürgermeister geworden ist, und er scheint ein Typ zu sein, der gutes Timing hat, wenn es darum geht, auf Gesagtes zu reagieren – oder auch nicht.

Ich musste schon genau hinsehen, um zu erkennen, wer hier in dem Medaillon abgebildet ist. Etwa zu dieser Zeit, im 16. Jahrhundert, begannen Künstler und Künstlerinnen, Porträts in Porträts zu malen, und daher dachte ich, dass es sich wohl um die Mutter oder Schwester der abgebildeten Frau handeln könnte. Aber mit nackter Brust und einem Spiegel in der Hand: wohl kaum. Es ist Prudentia, die Personifizierung der Klugheit, die Mutter aller Tugenden und eine der vier in der Antike gerühmten Kardinaltugenden. Prudentia ist eine aktive Tugend. Sie verkörpert Umsicht und Weisheit, aber sie hat auch mit Timing, der Einschätzung von Situationen und Urteilsvermögen zu tun.

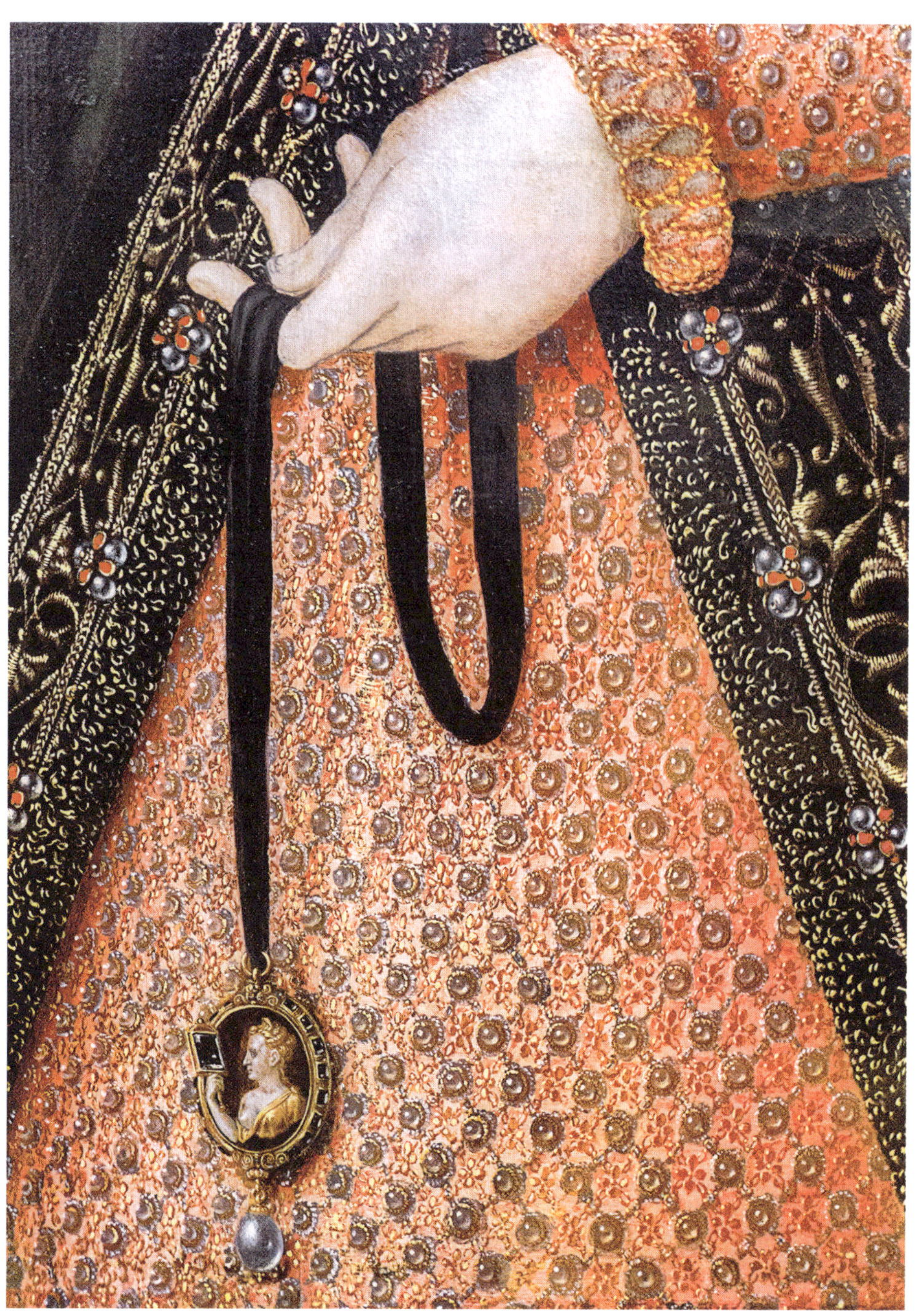

Deshalb dachte ich an dieses Video und an Khans Gelassenheit im von Klassendenken geprägten Diskurs in Großbritannien. Und an Präsident Obama, der in einer Rede vor Absolventen der Rutgers University in New Jersey sagte: »In der Politik und im Leben ist Unwissenheit keine Tugend. Es ist nicht okay, nicht zu wissen, wovon man spricht. Es bedeutet nicht, sich treu zu bleiben oder zu sagen, wie es ist.«

Wenn Hässlichkeit die Dinge auseinanderreißt und eine scharfe Bemerkung von einer noch schärferen und gröberen erwidert wird, werden Schönheit und Nuancen zu einer Art Zufluchtsort. Für mich ist das buchstäblich die Schönheit eines gemalten perlenbesetzten Gewandes aus einer Zeit vor 500 Jahren, ein dickes schwarzes Samtband, die Kamee und die Rüschen an ihrem zarten Handgelenk. Aber auch die Schönheit eines Menschen mit dem unerschütterlichen Urteilsvermögen der Prudentia. Der Tugend, mit der sich eine Frau auf einem Porträt in Verbindung bringen wollte.

Ohne Klugheit kann Mut zu Unbesonnenheit, Gnade zu Schwäche, Mäßigung zu Fanatismus oder Vorsicht zu Feigheit werden. Prudentia schaut in einen Spiegel, weil sie immer das Wesentliche sucht und in jeder Situation einschätzt, ob das Handeln nicht nur richtig, sondern auch zweckmäßig, taktvoll und sinnvoll ist. Oder, wie meine Mutter früher zu mir zu sagen pflegte: Du kannst es sagen, aber ist es auch notwendig?

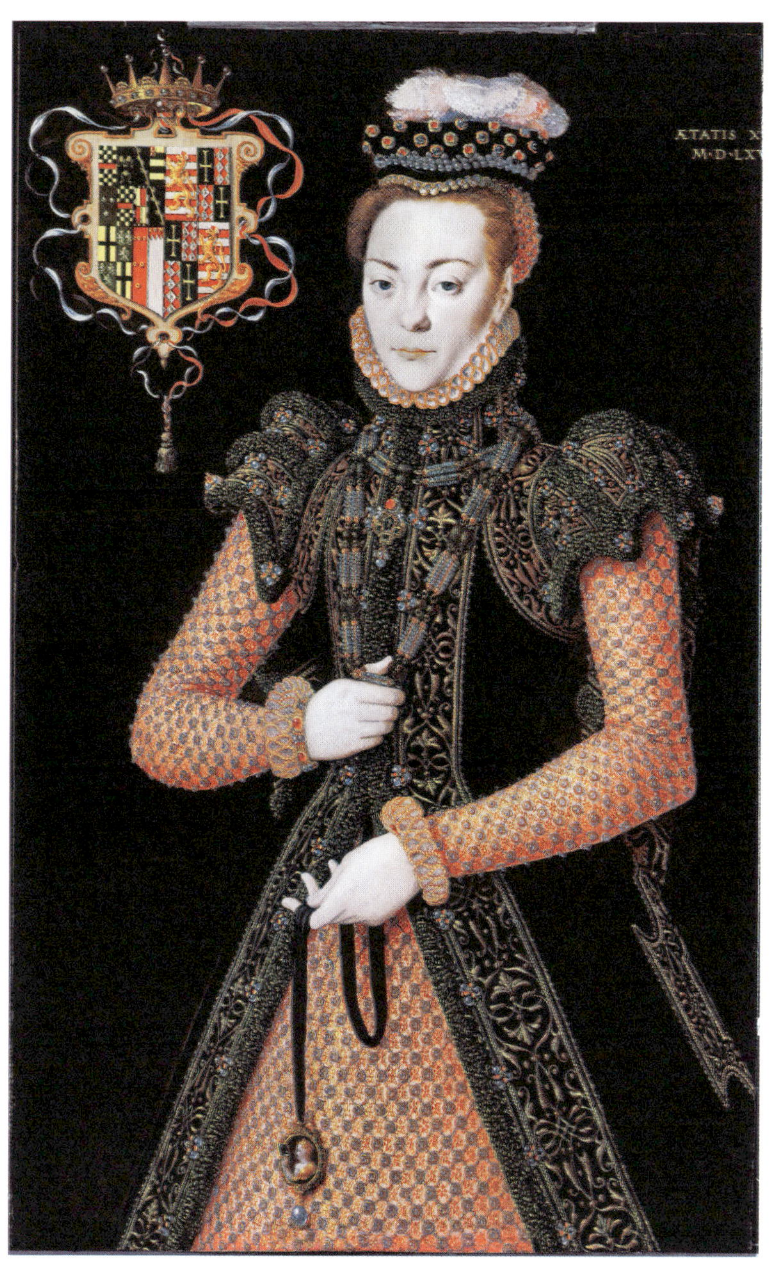

HANS EWORTH (EWOUTS), PORTRÄT EINER UNBEKANNTEN DAME, UM 1565–68, ÖL AUF EICHENHOLZ, 99,8 X 61,9 CM, TATE BRITAIN, LONDON

EINE INTIME BOTSCHAFT

Unter Rotius' Kunstwerken muss man schon ein wenig die Spreu vom Weizen trennen. Denn der Künstler war sehr von Farben angetan, und dann vor allem von bunten Schleifen auf den Kleidern von kleinen Jungen und Mädchen sowie im Haar, an Handgelenken und Fächern. Desgleichen von dicken Bahnen Brokat unter Mänteln und Bändern aus Satin und funkelnden Edelsteinen. Es gibt auf seinen Bildern also sehr viel zu sehen – seine Retrospektive in Hoorn im Jahr 2016 war eine wahre Elster-Ausstellung, mit einer Überfülle an Details und Juwelen. Daher dauert es eine Weile, bis dieser arme namenlose Mann überhaupt auffällt. Und wenn er dann auffällt, zieht es den Blick doch stark zu diesen zerknüllten Rüschen in seiner Hand, den schwarz-weiß gestreiften Rändern seiner Handschuhe, die sich hier kräuseln, während er die Krause in seinem Haar mit aller Kraft herausgekämmt hat. Der Kostümkritiker Arno Kantelberg verfasste zu dem Gemälde dieses Mannes einen Audioguide-Beitrag, in dem die Rocker von Whitesnake und Europe, als haarige Brüder im Geiste unseres 33-jährigen Anonymus, natürlich nicht fehlen durften.

Noch länger dauert es, bis man neben dem strahlend weißen Leinen die restlichen, fein gearbeiteten Finessen im schwarzen Satin entdeckt. Schwarz auf Schwarz wirkt aus der Distanz betrachtet doch vor allem wie ein Fleck – eine Unterkategorie der Malerei, die für den Betrachter ziemlich anspruchsvoll, aber umso eindrucksvoller ist, wenn er nähertritt und Knöpfe, Falten und Spitzen entdeckt.

Aber gut. Es wurde noch schöner. Zu guter Letzt sah ich dies: eine intime Botschaft aus der Vergangenheit, etwas Höchstpersönliches wie ein *high five*. Drei fette Fingerabdrücke in der weißen Spitzenmanschette des anonymen Herrn. Fingerabdrücke des Malers Jan Rootjes, alias Rotius, wie ihn die schickere Kundschaft nannte. Entweder waren es Daumenabdrücke, oder er hatte so große Finger, dass Donald Trump neidisch gewesen wäre.

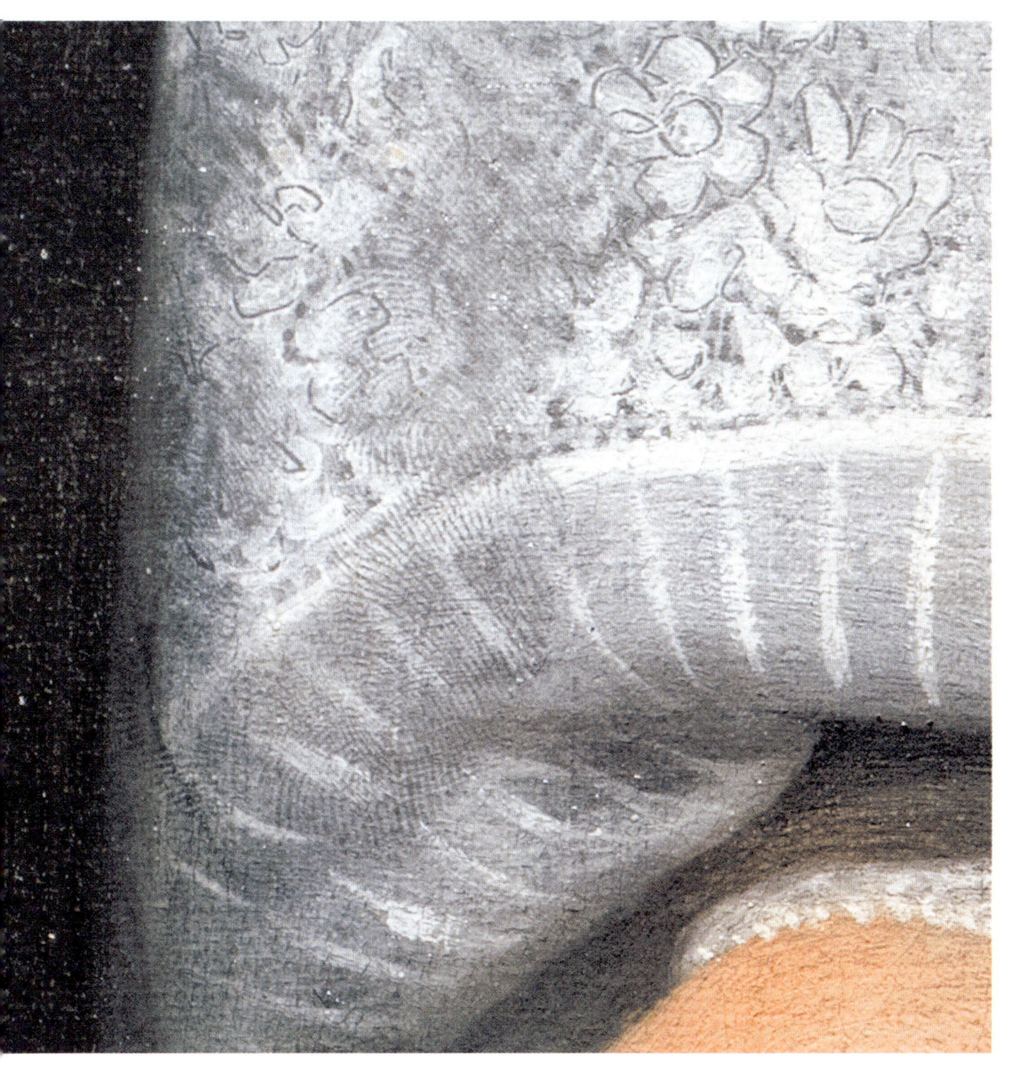

Solche Abdrücke sieht man sehr selten in der Farbe, und dann fragt man sich immer, ob der Maler sich wohl einen Moment unachtsam angelehnt hat, während er sich umschaute, um etwas zur Hand zu nehmen, oder ob er seinen Daumen oder Finger wirklich dazu einsetzte, eine bestimmte Wirkung in der Farbe zu erzielen. Die Blumen rechts davon sind beispielweise auch trickreich gestaltet: Mit dem Pinselstil kratzte Rotius herrliche, kindliche Blumen in die gemalte Spitze, was mich sofort an Andy Warhols Serie *Flowers* von 1964 erinnerte. Tricks wurden immer schon angewandt, um den Blick des Betrachters zu lenken, und diese ganze prächtige trompetenartige Manschette – zeigen Sie mir einen Politiker, der mit solchen Manschetten zu einer Debatte erscheint, und ich bin sein Fan – steckt voller raffinierter Künstlertricks. Wenn man den Blick über die runde »Rosette« gleiten lässt, sieht man überall mehr oder weniger Schwarz durch das weiße Gaze-Muster hindurchschimmern, die schwarze Schleife hängt wunderbar im Schatten, und in die Hand habe ich mich schon allein deshalb sofort verliebt, weil sie so nonchalant halb in der Seite versteckt ist. Das ist vielleicht der beste Trick: etwas ungemein mühelos erscheinen zu lassen, obwohl eine Menge Kunstfertigkeit darin steckt. Aber diese Fingerabdrücke?

Als ich mich vor dem Gemälde hin und her und vor und zurück bewege, dämmert es mir langsam. Die Fingerabdrücke haben einen Sinn. Sie bilden eine Linie. Wenn man sie aus größerer Distanz betrachtet, wird diese Linie zu einem sehr hellen Schatten, als hätte die Manschette hier eine leichte Falte oder eher eine Delle. Die Abdrücke in der weißen Farbe haben ihre Wirkung erzielt. Und einen Moment lang waren wir dem Maler sehr nahe.

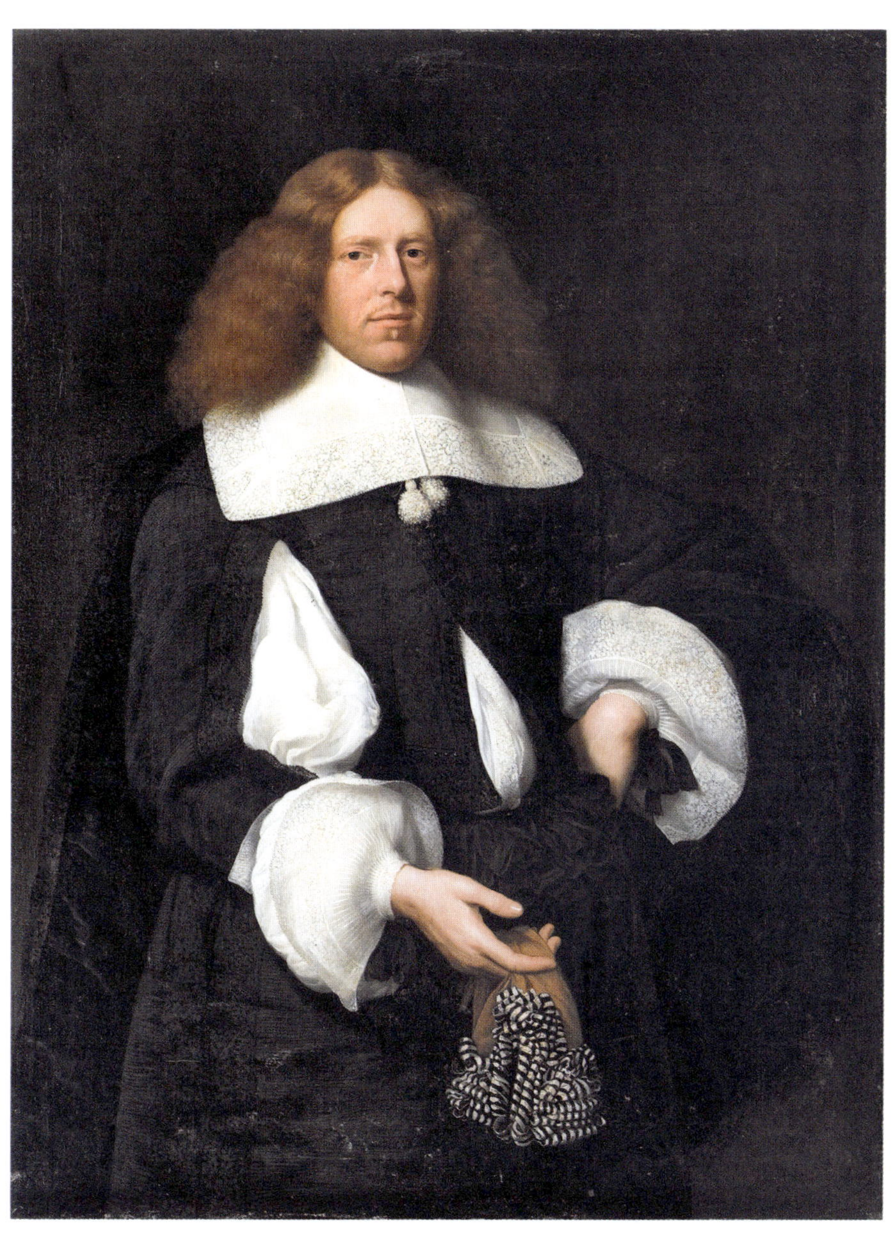

ROTIUS (JAN ALBERTSZ. ROOTJES), EIN UNBEKANNTER 33-JÄHRIGER HERR, 1659,
ÖL AUF LEINWAND, 119 X 88,5 CM, WESTFRIES MUSEUM HOORN

LEBENSECHT

Vor einigen Jahren stand ich in London in einer Ausstellung über die Farbe in der Kunst vor einem großen italienischen Gemälde aus dem 14. Jahrhundert mit einem Hintergrund aus Blattgold. Ein paar einfache Worte zu dem Gemälde trugen mir eine Erkenntnis ein, die einer kopernikanischen Wende gleichkam: Die Menschen sahen Kunst früher ganz anders. Nicht im geistigen Sinne anders oder so, sondern körperlich. Wirklich anders. Aus dem einfachen Grund, dass es anders als heute vor 1874 kein gleichmäßiges Licht gab.

Ich kann mir eine Welt ohne gleichmäßige Beleuchtung überhaupt nicht vorstellen und sobald ich ein Gemälde mit einer Kerze betrachten muss, denke ich sofort, dass ich es »nicht gut sehen kann«. Einen Caravaggio in einer italienischen Kapelle nur wenige Minuten betrachten zu können, weil man nur 50 Cent hat, die man in den kleinen Kasten werfen kann, damit sich das Licht einschaltet, ist heute schon ärgerlich. Aber Kerzenlicht oder das unregelmäßige Tageslicht waren in dieser Zeit einfach alles, was es gab.

Und dieses Licht verändert die Umgebung ständig. Das Tageslicht verblasst bei den geringsten Schäfchenwolken, Kerzenlicht flackert, sobald sich jemand in der Nähe bewegt oder auch nur atmet. Daraus folgt: Auch die Kunst scheint in Bewegung zu sein. Die Schatten sind tiefer, die Dinge erscheinen dem Auge viel selektiver. Das muss ein ganz anderer Anblick gewesen sein als in der modernen, alles nivellierenden LED-Beleuchtung der Kunstwerke in der National Gallery und in jeder künstlichen Beleuchtung in allen heutigen Museen.

Als dies bei der Audioführung in London erwähnt wurde, stellte ich mir sofort all die Kunstwerke, die ich kenne, bei Kerzenlicht vor. Die Sixtinische Kapelle, die *Nachtwache*, Rubens' wüste Schlachten und El Grecos himmlische Heilige. Mir wurde bewusst, dass Blattgold heute längst nicht mehr so eindrucksvoll auf den Betrachter wirkt, wie es das früher sicherlich getan haben muss. Wenn der Hintergrund eines Bildes aus Gold ist, umspielt die Figuren bei Kerzenlicht ein

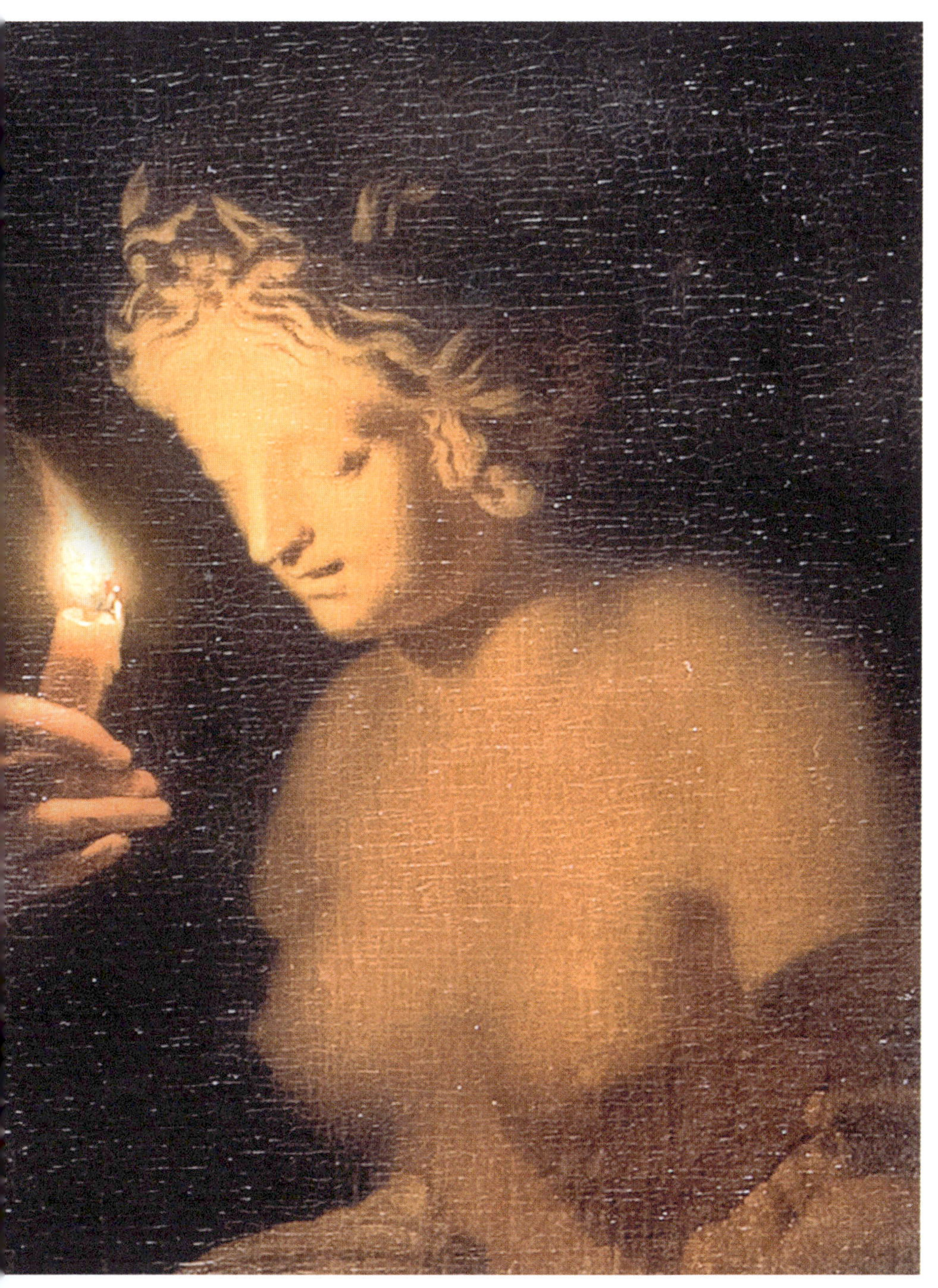

strahlendes Licht und verleiht ihnen damit eine ganz eigene Dimension – was auch beabsichtigt war, denn das Gold sollte das göttliche Licht und die spirituelle Erleuchtung darstellen, die dem Menschen dadurch zuteilwurde.

Schalcken, einer der besten Kerzenlichtmaler, hat hier eine schöne Meta-Darstellung zum Thema »Sehen« geschaffen, mit einem Mann, der bei Kerzenlicht begierig die marmorne Büste einer Frau betrachtet – und ihr dabei etwas zu nahe rückt, als wolle er etwas von ihr.

Jetzt kann man sich plötzlich vorstellen, dass dieser weiße Marmor bei Kerzenlicht tatsächlich wie Haut aussieht; der Maler zeigt, dass eine Kerze die Büste an jeder Stelle anders beleuchtet. Überall hat der Marmor einen anderen Farbton.

Der Mann mit der Kerze hat nicht die Werkzeuge eines Künstlers bei sich, er trägt auch eine Narrenkappe (in dem drängenden Dunkel des Gemäldes kaum zu sehen). Also geht es hier um einen Narren – vielleicht um jemanden, der den Unterschied zwischen einem Kunstwerk und einer echten Frau nicht erkennen kann. Eine satirische Version des Pygmalion-Mythos: eine Geschichte über den griechischen Bildhauer, der sich in die von ihm erschaffene Skulptur einer Frau verliebt. Als er ihr an einem Venusaltar seine Liebe gesteht, erwacht die Statue zum Leben.

Caroline van Eck, Professorin für Kunstgeschichte in Leiden und Cambridge, erzählte mir, dass Kerzenlicht früher bei Kunstliebhabern auch zur Erfahrung von Lebensechtheit beitrug. Die Bilder wurden oft abends betrachtet, wenn das Kerzenlicht diese Wirkung am besten erfüllte. Künstler wollten den Betrachter schließlich so gut wie möglich von der Lebensechtheit ihres Werks überzeugen, ebenso wie die alten Griechen. Darauf ist dieser Narr hier ganz schön hereingefallen.

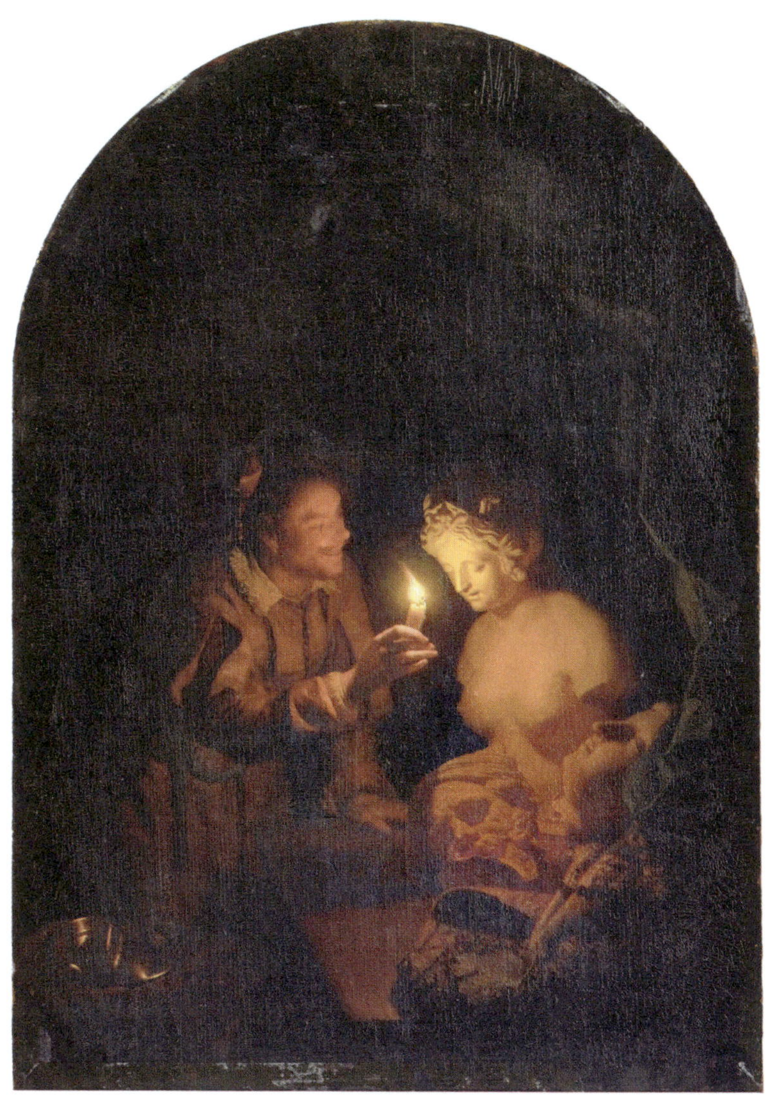

GODEFRIDUS SCHALCKEN, JUNGER MANN MIT WEIBLICHER BÜSTE (»PYGMALION«), UM 1675–79, ÖL AUF EICHENHOLZ, 44,5 X 31 CM, STAATLICHE KUNSTSAMMLUNGEN DRESDEN, GEMÄLDEGALERIE ALTE MEISTER

APOSTELCHEN SPIELEN

In der Ecke eines großen Flügelaltars spielen vier Kinder. Zwei von ihnen reiten echte Steckenpferde – obwohl ich glaube, dass es sich eher um Steckenziegen als um Pferde handelt. Bisher habe ich noch nie in Gemälden auf Spielzeug geachtet. Von Pieter Bruegel dem Älteren kenne ich *Die Kinderspiele*, aber die waren doch sehr moralistisch gemeint; außerdem sind die Kinder darin im Grunde Miniatur-Erwachsene.

Mit diesem Altar befinden wir uns im Mittelalter und haben es mit wirklichen Kindern zu tun, Kindern mit süßen runden Wangen und prallen kissenartigen Füßchen. Und mit echtem Spielzeug. Auch wenn ich keine Ahnung habe, was dieser Stock mit den Lappen am unteren Ende eigentlich sein soll. Warum sitzt der kleine Junge darauf, frage ich mich. Bis Annemarieke Willemsen, Kuratorin am Nationalen Museum der Altertümer in Leiden, ins Spiel kommt; sie hat aus ihrer Doktorarbeit über Kinderspielzeug im Mittelalter das wunderschöne Buch *Kinder delijt* (1998, »Kinderwonnen«) gemacht. Manchmal bekomme ich von ihr auf eine Frage zu einem Detail eine regelrechte Vorlesung am Telefon, und das war hier der Fall.

Ja, es handele sich hier wirklich um ein Spielzeug, und das komme in der Kunst sogar ziemlich häufig vor. Es sei ein kleines Windrad, sagt Willemsen, und weist mich auf alle möglichen Arten von Windrädern und Windradverkäufer in ihrem Buch hin. Windräder waren ein beliebtes Spielzeug, sie bewegen sich schön und hatten den praktischen Nebeneffekt, dass man ein Kind damit in einer Gruppe gut wiederfinden konnte, da das Windrad aus der Gruppe herausragte, ähnlich wie heutzutage der orangefarbene Wimpel an einem Kinderrad. Dieser Wiedererkennungseffekt war auch in einem Kunstwerk beabsichtigt: An dem Spielzeug kann der Betrachter erkennen, dass es sich um ein Kind handelt. Aber wichtiger ist nach Auffassung der Kuratorin, dass es sich um wirkliches Spielzeug handelt und die ganze Vorstellung von Miniaturerwachsenen »schon seit 20 Jahren

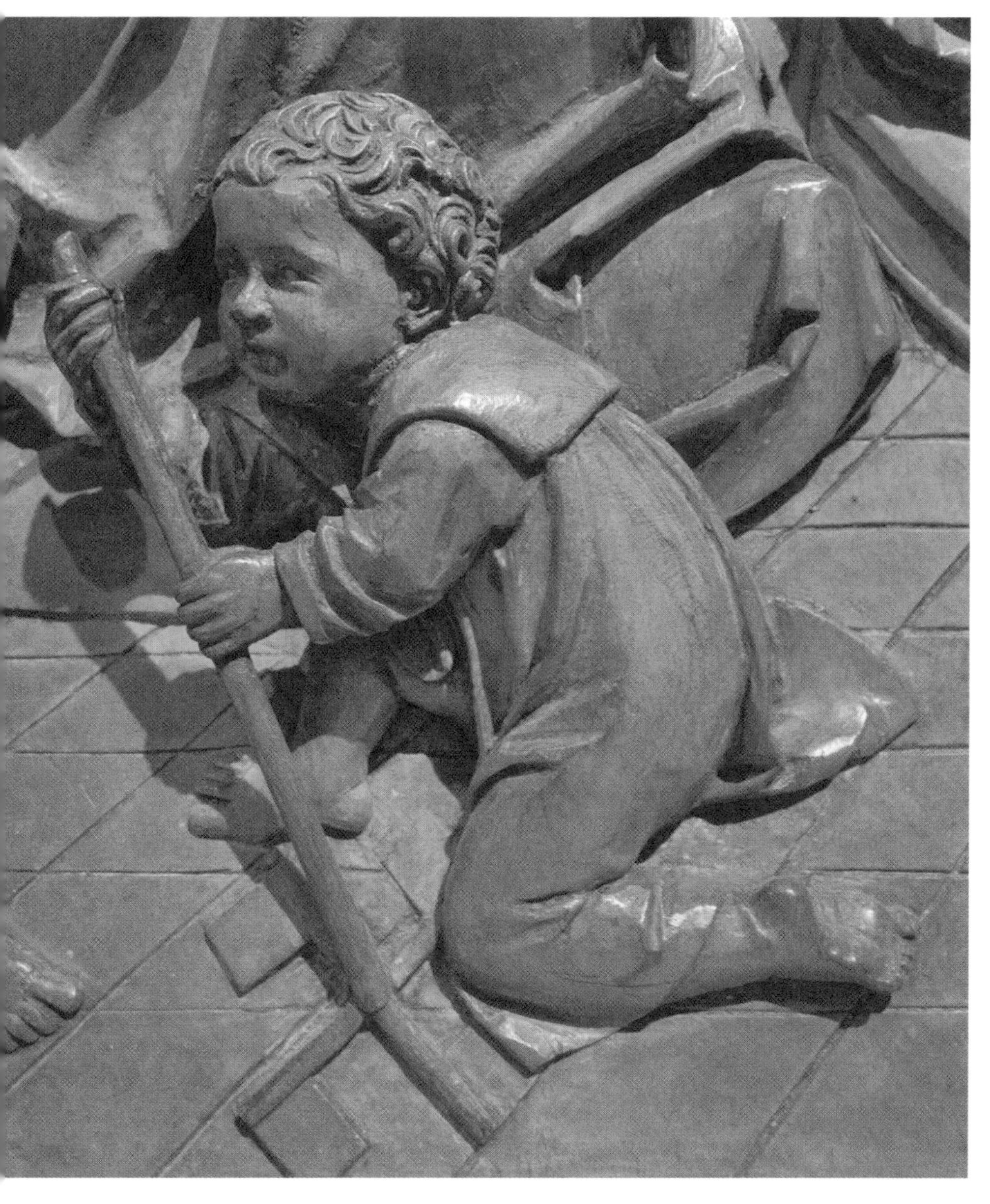

überholt ist«: »Im Mittelalter hatten die Menschen ein bestimmtes Konzept von Kindheit. Kinder wurden als eine eigenständige Gruppe gesehen, die anders behandelt wurde als Erwachsene, für die andere Regeln galten.« Man dachte in »7-Jahres-Zeiträumen«: Das Alter von 0 bis 7 war die Spielzeit, das Alter von 7 bis 14 war die Lehrzeit, und danach begann das Arbeitsleben. Das dargestellte Kind ist also noch keine sieben Jahre alt.

Das war mir alles neu.

Nun zu diesem kleinen Windrad. Es dreht sich natürlich nicht so gut, wenn es auf dem Kopf steht. Aber das hat seinen Grund. Noch bevor ich etwas über den Kontext des Details gesagt hatte, fragte mich Willemsen, ob dieses Kind mit Maria und Jesus abgebildet sei. Ja, das ist es. Dann handelt es sich um die heilige Sippe, die »erweiterte« Heilige Familie. Das wusste ich noch, aber nicht, dass diese Kinder eine besondere Bedeutung hatten, und wie sie auch das Spielzeug. Die heilige Sippe besteht aus Jesus und seinen Eltern, samt seinen »Halbtanten« und deren Familien. Im deutsch-niederländischen Rheingebiet, wo auch dieses Holzrelief geschaffen wurde, findet sich die Darstellung häufig. Jesu Großmutter Anna war dreimal verheiratet und bekam in jeder Ehe eine Tochter, die sie Maria nannte. Diese Marien hatten alle Kinder, und der Legende nach wurden diese Kinder, Jesu »Cousins«, die späteren Apostel. Ihr jeweiliges Spielzeug deutet bereits darauf hin, welcher Apostel sie später werden. Ein Kind mit einem Spielzeuglamm an einer Schnur ist zum Beispiel Johannes. Ein umgedrehtes Windrad sieht aus wie ein Stab, also könnte es sich bei diesem Kind um Jakobus den Älteren handeln, der als Erwachsener mit einem Pilgerstab abgebildet wird, sagt Willemsen. Ich wünschte, ich säße wieder im Hörsaal.

Kurz darauf erhalte ich noch eine E-Mail, mit einer schematischen Zeichnung der gesamten Darstellung, die Willemsen überprüft hat. Bei dem Kind kann es sich nicht um Jakobus den Älteren handeln, denn hinter ihm steht nicht seine Mutter, sondern eine andere Maria. Der einzige andere Apostel, der einen »Stab« trägt, ist Judas Thaddäus, jener Judas, der Jesus nicht verraten hat: Sein Attribut ist eine Hellebarde. Seine Mutter Maria Kleophae sitzt hinter dem Kind. Unser kleiner Junge hält ein kleines, auf dem Kopf stehendes Windrad mit Papierflügeln in seinen Händen, um damit zu spielen; es symbolisiert eine Hellebarde. Clever.

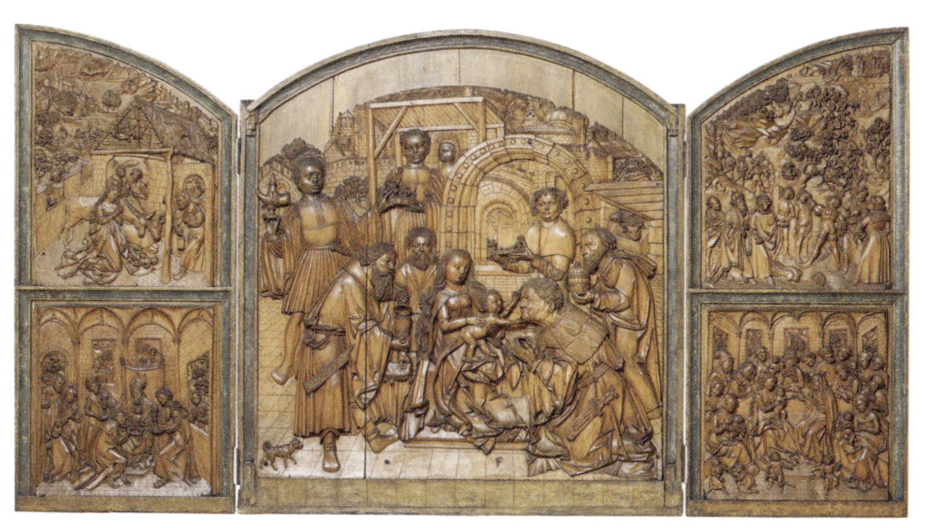

FLÜGELALTAR, OBERRHEIN, VOLLENDET 1516, LINDENHOLZ (POLYCHROME FASSUNG VERLOREN), 172 X 318 CM, MUSEUM KUNSTPALAST, DÜSSELDORF

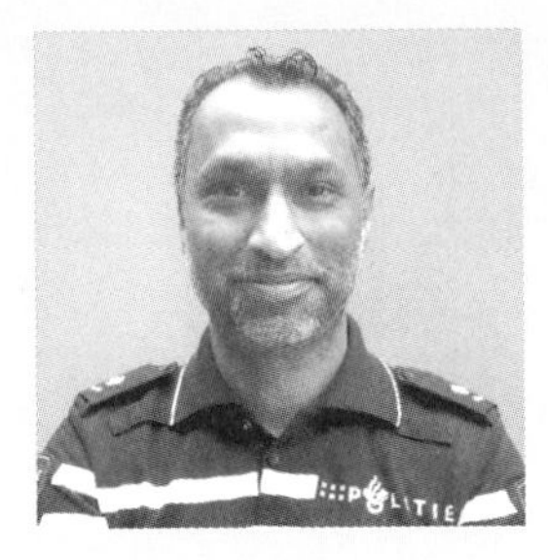

»STELLEN SIE DAS, WAS SIE SEHEN, IN FRAGE. SPIELEN IHNEN IHRE AUGEN EINEN STREICH, ODER SEHEN SIE ES RICHTIG? WECHSELN SIE ZWISCHEN INTUITIVEM SCHNELLEM URTEILEN UND EINEM KRITISCHEN BLICK HIN UND HER.«

JAMIL MEUSEN, POLIZEIKOMMISSAR

Manche Augen sehen in einem Leben mehr als andere. Das Blickfeld von Jamil Meusen erstreckt sich von Mumbai bis Limburg, von Skender Vakuf, heute Kneževo, und Bugojno in Bosnien bis Kabul in Afghanistan. Und nirgendwo dort gab es Situationen, die Sie und ich alltäglich nennen würden. Als Polizeikommissar, ehemaliger Militärpolizist und Armeeoffizier ist er einiges gewohnt, aber er hat auch einiges gesehen, auf das er lieber verzichtet hätte. Alles, was ein Mensch immer und immer wieder sieht, wird normal; für einen Offizier jedoch besteht eine wichtige Herausforderung darin, das gerade nicht zu tun: etwas normal zu finden. Zurzeit begutachtet er als Stabsoffizier der Einsatzabteilung der niederländischen Nationalen Polizei große Katastrophenfälle, um zu ermitteln, welche Maßnahmen in solchen Situationen erforderlich sind. Dabei handelt es sich häufig um schwere Gewalttaten mit terroristischem Hintergrund, um komplexe Vermisstenfälle sowie um Blitzeinbrüche oder Sprengstoffanschläge. Man muss immer wieder »resetten«, sagt er in unserem Gespräch. Als er aus Bosnien zurückkam, lief er beispielsweise zu Hause in Brabant monatelang nicht über Gras – im Grünstreifen konnten schließlich Minen liegen. Der Anblick von Gras hatte sich für ihn drastisch verändert und es dauerte lange, das wieder rückgängig zu machen. Außerdem ist er als gebürtiger Inder daran gewöhnt, fast immer anders auszusehen als die Menschen in seinem Umfeld. In Limburg, wo er aufgewachsen ist, war das nicht anders, und es hat ihm ein besonderes Gespür für die Mechanismen der In- und Exklusion und einen Blick für das Schicksal anderer verliehen.

Meusen kennzeichnet eine angenehme Unbeirrbarkeit, ein sympathisches Auftreten und die natürliche Autorität eines guten Polizisten. Ihn bringt nichts so leicht aus der Fassung, konnte er sich doch auf kaum etwas verlassen. Meusen ist ein Limburgischer Inder, mit einem Hintergrund wie aus einem Roman von Dickens, der auf der anderen Hälfte der Weltkugel spielt. Im Alter von vier Jahren streifte er allein durch Mumbai, die fünftgrößte Stadt der Welt. Ohne Eltern oder Familie. Durch eine Reihe von Zufällen gelangte er in die kleine Stadt Heer in Limburg. In Mumbai wurde ein belgischer Missionspriester auf ihn aufmerksam und brachte ihn in einem katholischen Auffangheim unter. Wer den Film *Lion – Der lange Weg nach Hause* (2016) kennt, kann darin viel von Meusens Lebensgeschichte wiederfinden. Von Mumbai aus wurde er zwei Jahre später, als Sechsjähriger, nach Frankfurt gebracht, wo ihn seine niederländischen Adoptiveltern abholten. Innerhalb von drei Monaten sprach er fließend den Limburger Dialekt. Er war eines von wenigen Schwarzen Kindern in der Schule, eine Rolle, die er auch später auf der weiterführenden Schule, in seinen Ausbildungen an der Königlichen Militärakademie, der Polizeiakademie, der Niederländischen Schule für den öffentlichen Dienst, in der Armee, in der niederländischen Militärpolizei und dann als Quereinsteiger bei der Polizei beibehalten sollte. Inzwischen ist er sehr gut darin geübt Situationen unter Sicherheitsgesichtspunkten einzuschätzen, in Szenarien zu denken und immer das Unerwartete zu erwarten.

Wann haben Sie gemerkt, dass Sie anders sehen als andere? Das wurde mir erst ziemlich spät bewusst; ich bin in den Niederlanden in einem sehr behüteten und positiven Umfeld aufgewachsen. Meine dunkle Hautfarbe spielte keine Rolle, bis man mir als Teenager den Zutritt zu einem Club verweigerte. Da schämt man sich dann in Grund und Boden, auch vor seinen Freunden, das fühlt sich an, als hätte man den Abend verdorben. Als mir das bewusst wurde, fing ich auch an, meine Umgebung mit anderen Augen zu betrachten und darauf zu achten, ob so etwas auch bei anderen passiert – in der Schule, in der Akademie, bei der Ausbildung. Ich habe ein Gespür für subtile Formen der Ausgrenzung entwickelt. Ich habe eine Sensibilität für Ungerechtigkeit und Ungleichbehandlung entwickelt. Indem ich mich dagegen zur Wehr setze, auch bei der Arbeit, mache ich mich angreifbar, aber ich erkenne auch, dass ich eine Position habe, über die nicht jeder verfügt und in der ich gesehen werde. Ich kann mich nicht verstecken, ich werde immer auffallen. Und vielleicht kann ich auf diese Weise etwas für die Generationen nach mir bewirken. Natürlich sind Kritik daran und Widerstand bitter, aber sie untergraben nicht mein Vertrauen in den Menschen.

Welchen Anteil hat das Sehen an Ihrer Arbeit? Hinzusehen gehört zum Kerngeschäft, sowohl in meiner Zeit beim Militär als auch im Polizeidienst. Ich würde sagen, dass ich 80 bis 90 Prozent meiner Zeit damit verbringe, hinzusehen. Beim Militär ist Aufklärung eine der wichtigsten Aufgaben. Die Identifizierung von Objekten und Subjekten, die Beurteilung des Geländes, das Erkennen von Unterschieden und Zusammenhängen. Bei der Polizei auf der Straße ist der Anteil sicherlich ebenso groß. Man beobachtet ständig Menschen, beurteilt Verhalten und schätzt auf dieser Grundlage die Risiken ein.

Was fällt Ihnen auf, was anderen entgeht? Ich schaue durch eine Sicherheitsbrille, die man nicht so leicht ablegen kann. Wenn ich ein Motorrad heranfahren sehe, schaue ich, ob der Fahrer eine Motorradclubjacke trägt. In Menschenmengen achte ich auf abweichendes Verhalten, beispielweise auf Menschen, die andere außergewöhnlich intensiv beobachten. Wenn ich selbst mit dem Auto unterwegs bin, schaue ich immer noch, ob andere Fahrer telefonieren oder ein unsicheres Fahrverhalten haben. Ich kann da schnell antizipieren. Als ich aus Afghanistan zurückkam, scannte ich die Leute weiterhin darauf, ob sie Waffen tragen; es dauerte eine ganze Weile, bis das nachließ.

Kann man sehen lernen? Ja, jeder kann sehen lernen und hat seine eigenen Bezugspunkte. Man kann Menschen darin trainieren, worauf sie achten können, und auch darin, Zusammenhänge zu erkennen. Aber auch unbewusstes Sehen hat seine Vorteile. Wenn man alles sehen müsste, würde man verrückt.

Wie unterscheidet sich Ihr anfängliches von Ihrem jetzigen Sehen? Ich sehe professioneller hin und kann mehr Details erkennen. Manchmal ist es kompliziert, dann bekomme ich sehr viel Informationen und muss versuchen zu »resetten«. Professionalität bedeutet: Nie zu denken, dass man schon weiß, was man sieht. Was man jetzt sieht, muss das nächste Mal nicht mehr so sein. Unsere Aufgabe ist es, immer kritisch zu sein: Sehen wir, was wir sehen wollen? Oder ist vielleicht etwas anderes im Gange?

Können Sie ein Detail nennen, das Ihre Sichtweise auf eine Situation oder auf Ihre Arbeit verändert hat? Auf unserer Weltkarte ist Europa groß und zentral dargestellt. Als ich einmal eine andere Karte gesehen habe, auf der das nicht so war, weckte das bei mir die Einsicht, dass die Art, wie die Dinge präsentiert werden, großen Einfluss auf unsere Meinungen und Urteile hat. Daraufhin habe ich begonnen, mehr auf das zu achten, was außerhalb des Bildes liegt, was man nicht sieht und einem nicht präsentiert wird.

Wie wichtig sind Details? Sie können in meiner Arbeit den Unterschied zwischen Tag und Nacht, zwischen Leben und Tod ausmachen. Als ich einmal einen mutmaßlichen Räuber auf einer dunklen Straße verfolgte und ihn zur Rede stellte, sah ich zum Beispiel, dass er etwas in der Hand hatte. Dann hat man den Bruchteil einer Sekunde Zeit, um zu beurteilen, ob es sich dabei um eine Waffe handelt. Wenn man es dann schafft, das als Telefon zu identifizieren, schießt man nicht. Man ist heilfroh, dass einem das gelungen ist. Beim Militär spielt das auch bei der Vorbereitung eine Rolle: Alle Details der Ausrüstung müssen gecheckt sein. Die Kunst besteht darin, permanent auf Details zu achten: Nicht funktionierende oder fehlende Ausrüstung kann Leben kosten.

Wie kann man lernen mehr zu sehen? Stellen Sie das, was Sie sehen, in Frage. Spielen Ihnen Ihre Augen einen Streich, oder sehen Sie es richtig? Wechseln Sie zwischen intuitivem schnellem Urteilen und einem kritischen Blick hin und her. Stimmt Ihre Interpretation mit dem überein, was ein anderer sagen will? Urteile sind schnell gefasst, aber man sollte versuchen, sie erst einmal zurückzustellen; das kann einem ermöglichen, zu neuen Einschätzungen zu gelangen. Versuchen Sie vorurteilsfrei hinzusehen. Das ist bei unserer Arbeit eine der größten Aufgaben, neben der Aufgabe, sich vorausschauend zu verhalten.

Jamil Meusen kehrte vor einigen Jahren in das Heim in Mumbai zurück, in dem er als Vierjähriger aufgenommen worden war. Gemeinsam mit der Stiftung seines Vaters organisiert er heute von den Niederlanden aus Unterstützung für die Renovierung dieses Heims und einer nahe gelegenen Kinderkrippe.
Siehe: www.steunkinderenindia.nl

ALLES EINE WELLE

Anders als Fotografien oder Filme jagen mir Gemälde nur selten Angst ein, mag die Darstellung auch noch so grausam sein – bei Hieronymus Bosch oder Rogier van der Weyden werden schließlich ziemlich oft Menschen in Stücke gerissen oder aufgespießt. Während ein Foto einem wirklich den Magen umdrehen kann, sind Gemälde doch in erster Linie Farbe. Sie sind zwar überzeugend, aber gleichzeitig weiß man, dass sie gerade, weil sie überzeugend sind, nicht real sind. Von einem Kunstwerk ergriffen zu werden, ist etwas anderes, als beispielsweise von der Fotografie eines Mannes bewegt zu werden, der im Mittelmeer treibt und versucht, sein Baby über Wasser zu halten.

Angst ist es ganz und gar nicht, was in mir beim Anblick eines Gemäldes von William Turner aufkommt. Bei vielen Menschen löst Turner viel aus. Bei mir eher nicht. Jedenfalls nichts, was man eine Erfahrung von etwas Erhabenem nennen könnte, als ein Aufgehen in etwas Größerem, auch wenn ich diesen nebligen Stil großartig finde. Oscar Wilde ließ eine Figur in *Der Verfall des Lügens* (1889) sagen, niemand habe den Nebel über der Themse bemerkt, bevor ihn die Impressionisten gemalt hätten, und das könnte auch für Turner gelten – als einem Vorläufer der Impressionisten. Er zeigte, dass sich alles nach den Gegebenheiten der Natur formt; kein Boot, kein Mensch, kein Kai ist noch in seinen normalen Konturen zu sehen. Wetter und Licht verändern die Wirklichkeit.

Von mir hörte man also höchstens: »Oh, wie schön, dass Turner das gesehen hat« und »Oh, wie wunderbar, diese nebligen Farbstrudel«. Bis ich mir dieses Gemälde ansah und in den dicken Klecksen gelblichen Meerschaums zwei Boote, vollgepackt mit kaum sichtbaren Menschen, ausmachte. Diese Menschen existierten nicht mehr als Einzelne und sahen nichts mehr klar, alles war eine Welle, eine schemenhafte Erscheinung, ein dichter, dicker Nebel. In diesem Moment ballten sich alle Nachrichtenfotos der letzten Zeit in meinem Kopf zusammen – das auf dem Wasser treibende Mädchen in ihren hellgrünen Leggings, die Frau

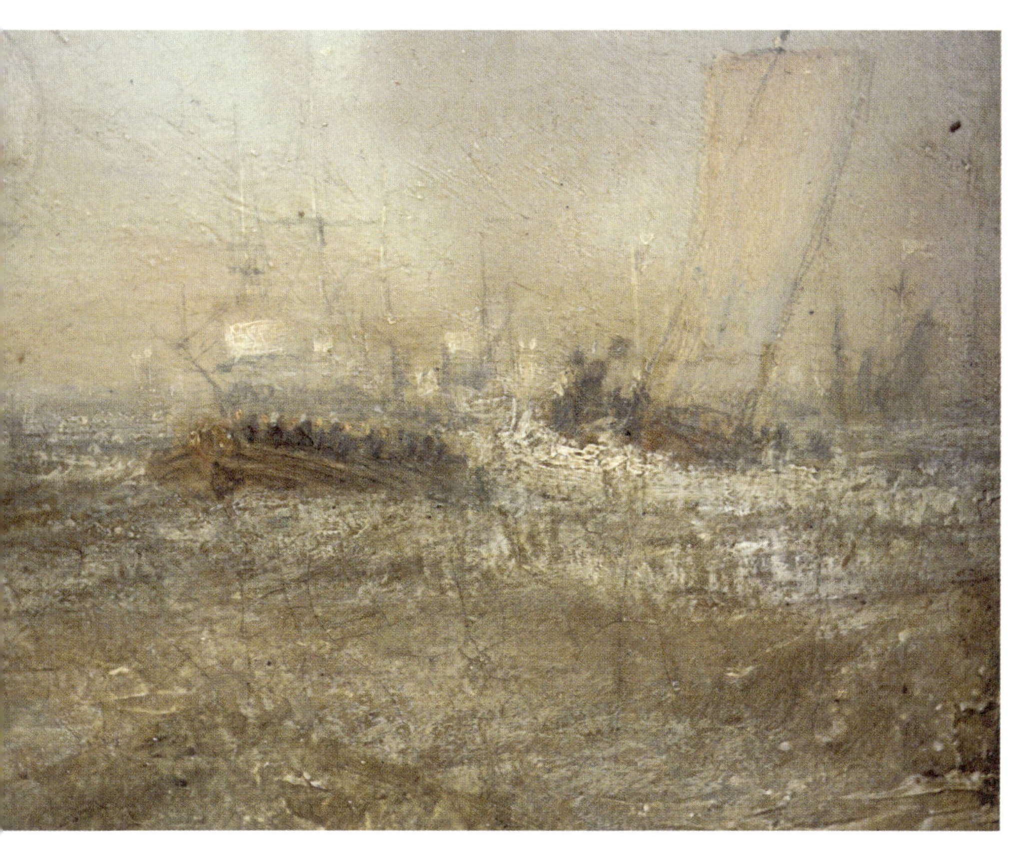

mit ihrem Kind, der weinende Mann, der die Küste erreicht hat, der Mann mit dem Baby, die unzähligen vollen Boote, die Kinder, die an Land gespült wurden. Und plötzlich ergriff mich die Angst, mittendrin zu sein. In den Strudeln und dem Nebel, wo nichts mehr klar ist, wo Schwimmabzeichen nichts mehr nützen und Schwimmwesten nur wenige Minuten Aufschub bedeuten. Wo man zupackt, ohne zu wissen, was oder wen man festhält, alles, um nur nicht in diese dunkle unergründliche Tiefe hinabgesogen zu werden.

Das linke Schiff in diesem schemenhaften Detail liegt wegen seiner schweren menschlichen Last tief im Wasser, das rechte ist oberhalb der weiß-gelben Wellen nicht einmal zu sehen, erkennbar sind als Fleckchen nur die Menschen und ganz vage die Masten und Segel.

Noch nie hatte ich mich in einem Gemälde befunden; das war noch keinem Maler gelungen. Daraus erwuchs bei mir ein neuer Respekt für den Künstler und zugleich eine Art Niedergeschlagenheit. Vielleicht ist es das, was andere als Erfahrung des Erhabenen bezeichnen. Wenn ja, dann ist sie hart und bitter.

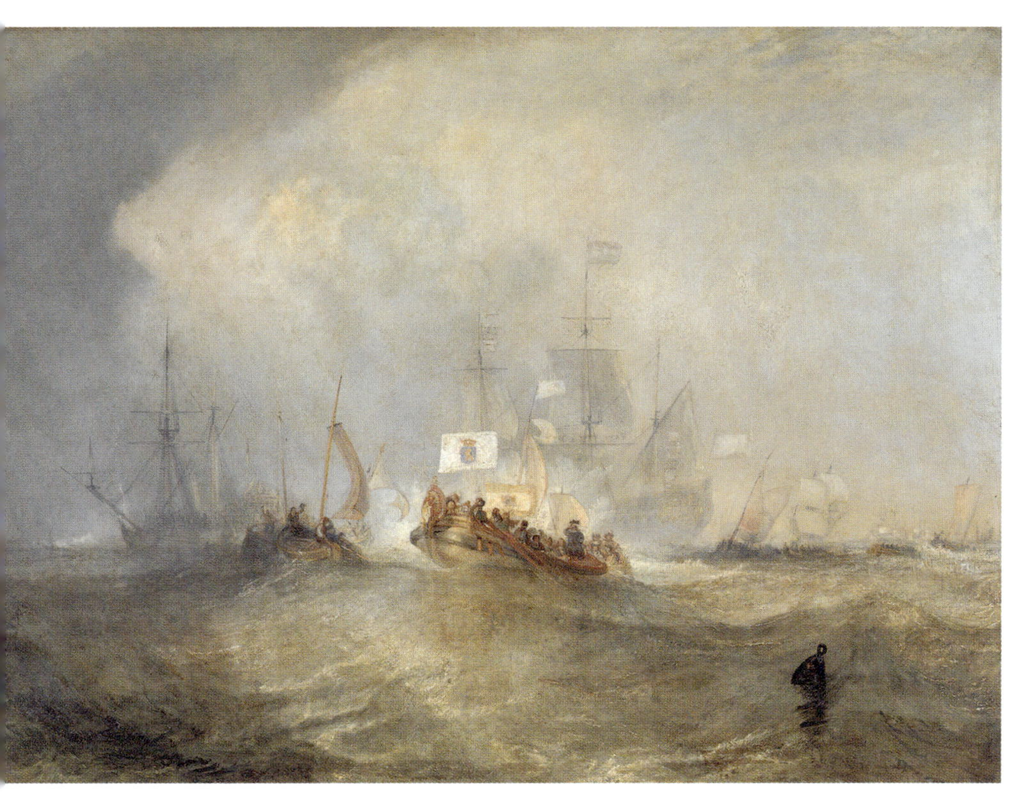

JOSEPH MALLORD WILLIAM TURNER, DER PRINZ VON ORANIEN, WILHELM III., LANDET NACH EINER STÜRMISCHEN ÜBERFAHRT AUS HOLLAND AM 4. NOVEMBER 1688 IN TORBAY, 1832, ÖL AUF LEINWAND, 90 X 120 CM, TATE BRITAIN, LONDON

SCHÖNHEITSTEST

Wie bemerkt man Schönheit? Ist es möglich, außergewöhnlich schöne Dinge zu übersehen, selbst wenn man sie liebt und direkt vor der Nase hat? Ja, das ist sogar sehr leicht möglich, wie ich in Kopenhagen feststellen musste. Es genügt schon, dass die Umstände nicht den eigenen Erwartungen entsprechen. Dazu später mehr.

Im Jahr 2007 führte *The Washington Post* ein Experiment durch. Sie fragten sich, ob die Leute es wohl bemerken und weiter zuhören würden, wenn einer der weltbesten Musiker (Joshua Bell) eines der besten Instrumente der Welt (eine Stradivari aus dem Jahr 1713 im Wert von 3,5 Millionen Dollar) spielte – während der morgendlichen Rushhour in einer U-Bahnstation. Reporter waren vor Ort und die Redaktion hatte Vorkehrungen für den Fall getroffen, dass die Menge zu groß werden würde. Joshua Bell tritt vor Königen und Präsidenten auf und sein Publikum zahlt gerne 100 Dollar oder mehr, um ihn spielen zu hören.

Sie ahnen vielleicht schon, wie das ablief. In den 43 Minuten, die er spielte, gingen 1097 Menschen an ihm vorbei. Bell begann mit der *Chaconne* von Bach, einem der schwierigsten Stücke für einen Geiger. Nach drei Minuten drehte sich der erste Passant nach ihm um. In der knappen Dreiviertelstunde blieben sieben Personen länger als eine Minute stehen, um ihm zuzuhören. Und der Mann, auf den nach seinen Konzerten immer Damen warten, um ihn um ein Autogramm zu bitten, wurde von genau einer von 1097 Personen erkannt: von Stacy Furukawa, die ihn drei Wochen zuvor bei einem seiner Auftritte gesehen hatte. Amerikas bester Geiger musste es also erdulden, dass nach jedem der sechs Stücke, die er im U-Bahnhof L'Enfant Plaza in Washington spielte, Totenstille herrschte und die Passanten gar nicht daran dachten, ihm zu applaudieren. In der Baseballkappe auf dem Boden lagen danach 32,17 Dollar.

Dieses Ereignis hat einige Berühmtheit erlangt; auf YouTube kann man ein im Zeitraffer ablaufendes Video von diesem Auftritt sehen. Mindestens ebenso

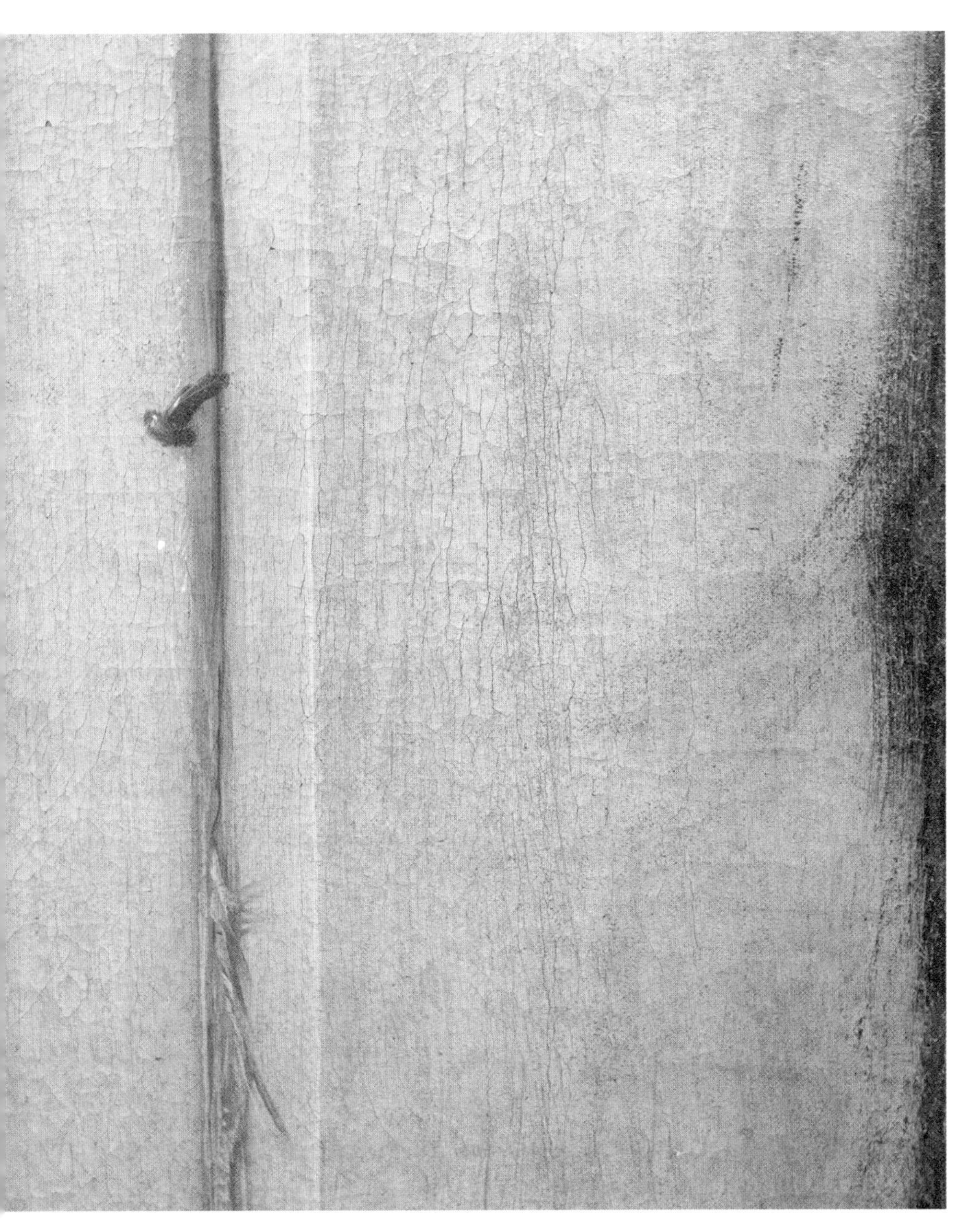

berühmt wurde die Geschichte allerdings auch wegen des hervorragenden Artikels, den Gene Weingart dazu geschrieben hat. Dafür wurde er mit dem Pulitzer-Preis ausgezeichnet, meines Erachtens schon für diesen einen Satz über das ununterbrochen vorbeirennende Publikum: »Ein grimmiger *danse macabre* der Gleichgültigkeit, Trägheit und des schmuddeligen, grauen Rauschens der Moderne.«

Der Kontext macht den Unterschied. Wenn die Umstände nicht unseren Erwartungen entsprechen, ist Schönheit kaum wahrnehmbar. Sogar in einem Museum. In einem Raum voller Gemälde ging ich an dem schönsten vorbei. An dem konzeptionellsten Kunstwerk des Goldenen Zeitalters: Cornelis Gijsbrechts' Trompe-l'œil *Rückseite eines gerahmten Gemäldes*. Weil es am Boden stand. Ich hatte den Saal bereits verlassen und geriet plötzlich ins Grübeln. Warum stand dieses umgedrehte Bild da? Ich ging in die Hocke und sah zuerst die verwischten Farbflecke auf dem Holz, mit denen der Rahmen gemalt worden war. Danach den ausgefransten, zwischen die Latten geklemmten Rand der Leinwand, einen verbogenen Nagel, der verhindern sollte, dass der innere Rahmen herausfällt. Erst dort, in der Hocke, sah ich nach etwa einer Minute das Craquelé in der Farbe, winzige Risse, die nie da wären, wenn das ein hölzernes Brett gewesen wäre. Das war also dieses berühmte Werk! Es stand harmlos am Boden an die Wand gelehnt, wie ein Gemälde, das die Techniker vergessen hatten aufzuhängen. Zehn Punkte für das Kopenhagener Statens Museum for Kunst, das den Scherz mitgemacht und es nicht aufgehängt hat. Einen Moment lang fühlte ich mich wie die Verkäuferin in dem Film *Pretty Woman*, die Julia Roberts die Tür gezeigt hatte, weil sie so nuttig aussah und damit einen beruflichen Fauxpas beging – *Blöder Fehler. Blöd!* Aber Gijsbrechts lacht sich ins Fäustchen. Wie schon als Hofmaler beim König von Dänemark punktet er noch immer mit seinem Test für den Betrachter, Kunst in unerwarteten Situationen zu erkennen.

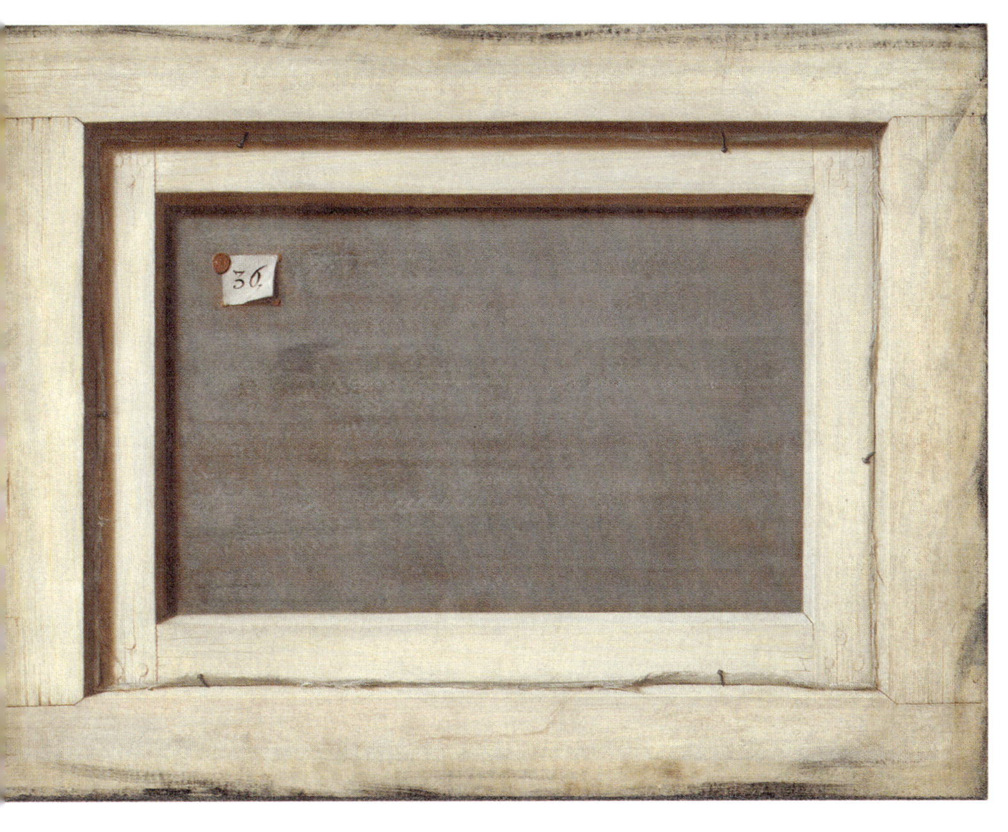

CORNELIS GIJSBRECHTS, TROMPE-L'ŒIL, RÜCKSEITE EINES GERAHMTEN GEMÄLDES, 1670–72, ÖL AUF LEINWAND, 66,5 X 87 CM, STATENS MUSEUM FOR KUNST, KOPENHAGEN

EIN REQUISIT

Ein Mädchen mit einer völlig unerwarteten Wirkung: Als ich von dem Blick der jungen Frau, die der Künstler Petrus Christus um das Jahr 1465 herum malte, in den Bann gezogen wurde, konnte ich mich kaum mehr davon zu lösen. Sie ist nicht laut, sie fordert nichts, sie nimmt einfach ihren Platz ein. Ihr Blick ist magnetisch, ein wenig hochmütig, fast schon argwöhnisch, unverkennbar aristokratisch (ob sie nun von Adel ist oder nicht); man weiß sofort, wo man hingehört. Irgendetwas in mir möchte sich entschuldigen: Ist es in Ordnung, dass ich Sie ansehe? Störe ich? Sie hat auch nicht den Bekanntheitsgrad anderer gemalter Frauen, aber das ist eine Sache der PR (Mona Lisa hatte einfach Glück). In Wirklichkeit ist sie überdies noch klein, was sie mit der Mona Lisa gemeinsam hat: 29 mal 22 Zentimeter. Erschrecken Sie also nicht über das Format, wenn Sie diese junge Frau sehen.

Aber selbst die kleinsten Kunstwerke können einen so sehr überraschen, dass man lauthals lachen muss. Zum Beispiel, wenn ein Detail einen plötzlich auf eine neue Spur bringt. So ging es mir, als ich dieses Mädchen vor einigen Jahren in Berlin sah. Und es passierte erst, als ich schon fast weitergehen wollte.

Sie ist kostbar gekleidet, ihre Stirn ist rasiert (das war damals schick), ihre Augenbrauen sind kaum sichtbar. Sie trägt einen großen schwarzen Hut mit einem Schal um das Kinn, Perlen um den Hals; sie hat Augen wie Kleopatra. Durch diese rissige Farbschicht hindurch erscheint ein fast hypnotischer Kopf, wodurch einem der Rest nicht gleich ins Auge fällt. Viel „Rest“ gibt es ohnehin nicht: einen dunklen Hintergrund mit einer Holzvertäfelung, ein blauer pelzbesetzter Mantel. Dieser Rest gibt ihrem Gesicht nur einen Rahmen.

Wenn man ein Detail bemerkt, sieht man danach oft mehr. So war es auch, als ich diese Stecknadel sah. Eine zu gewöhnliche Stecknadel. Eine Nadel, mit der irgendein Mädchen, das man an der Straßenbahnhaltestelle sieht, sein Kopftuch feststecken könnte. Eine Nadel ohne jeglichen Status, ohne Charisma. Einfach

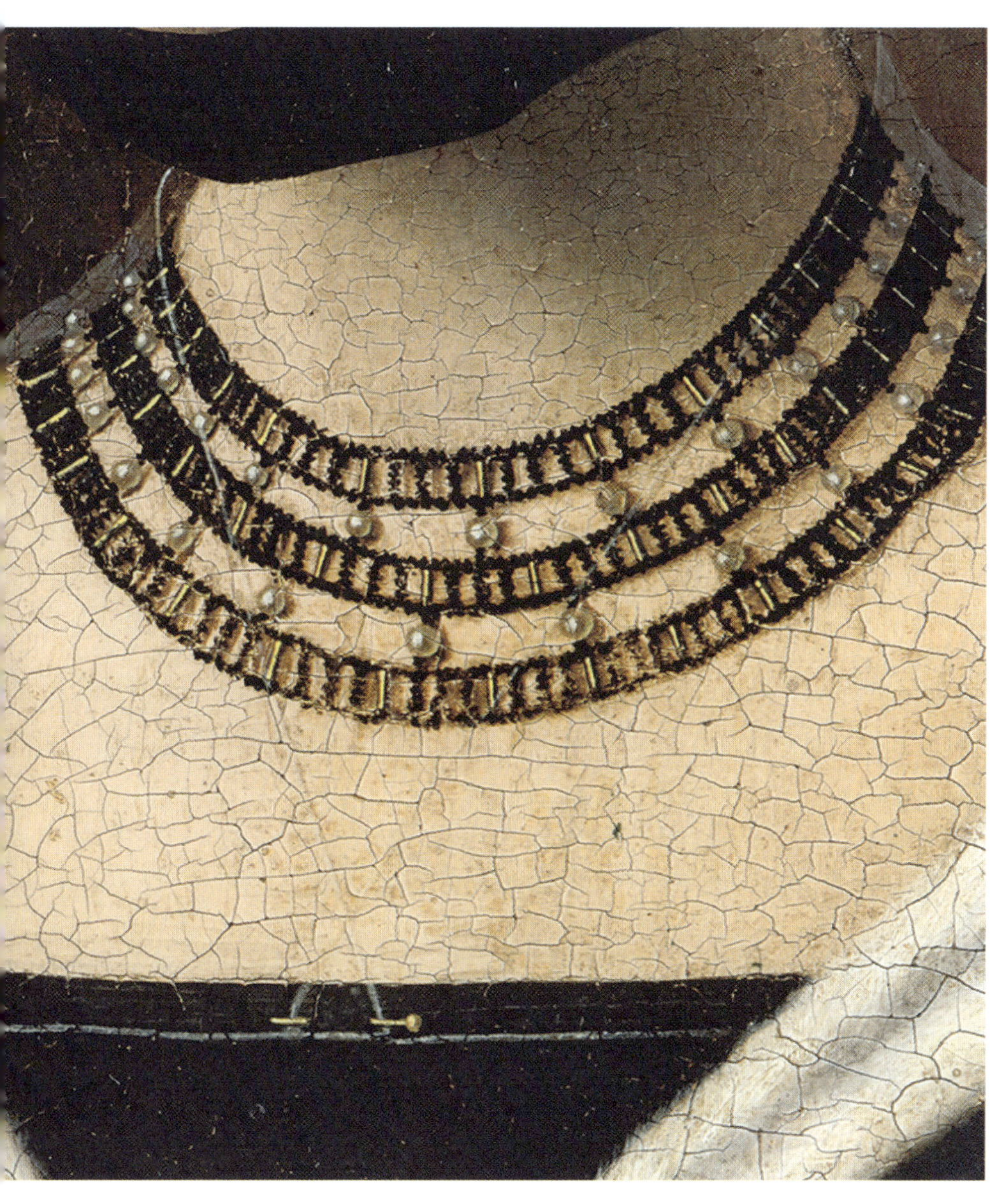

eine Stecknadel, die ihre Aufgabe erfüllt. Was hat so ein funktionales Ding in einem so sorgfältigen Porträt wie diesem zu suchen, in dem alles darauf hindeutet, dass es sich hier um ein galantes, vielleicht heiratsfähiges Kind handelt, und jedes Detail ihrem Reichtum Ausdruck verleiht?

Sie wirkt wie ein Requisit, das zufällig in einer Filmszene zu sehen ist – ein kleines Zubehör. Was mir daran noch besser gefällt: Erst nachdem man (ich zumindest) das Nädelchen gesehen hat, fällt einem auf, dass das Mädchen auch einen Schleier trägt. Den ganzen Schleier habe ich bis dahin nicht wahrgenommen. Aber die Nadel steckt dort natürlich nicht ohne Grund; sie hält etwas an seinem Platz. Der um den Nacken gelegte Schleier ist fast durchsichtig, man sieht ihn eigentlich nur an den Rändern, beispielsweise direkt über der Kette an ihrer Halskontur. Es ist die Stecknadel, die seine Existenz verrät.

Gewöhnliche Stecknadeln sieht man auf den Porträts dieser Zeit häufiger; es ist immer wieder schön, sie an den Kopftüchern der Frauen von Rogier van der Weyden, Jan van Eyck oder Robert Campin zu entdecken. Die flämischen Maler machten einen Sport daraus, auch auf die kleinsten Details zu achten. Aber stärker als die anderen wirkt dieses hier, als sei es am falschen Platz; es verrät noch etwas, das ich sonst übersehen hätte. Deshalb fesselte es mich, dort in Berlin.

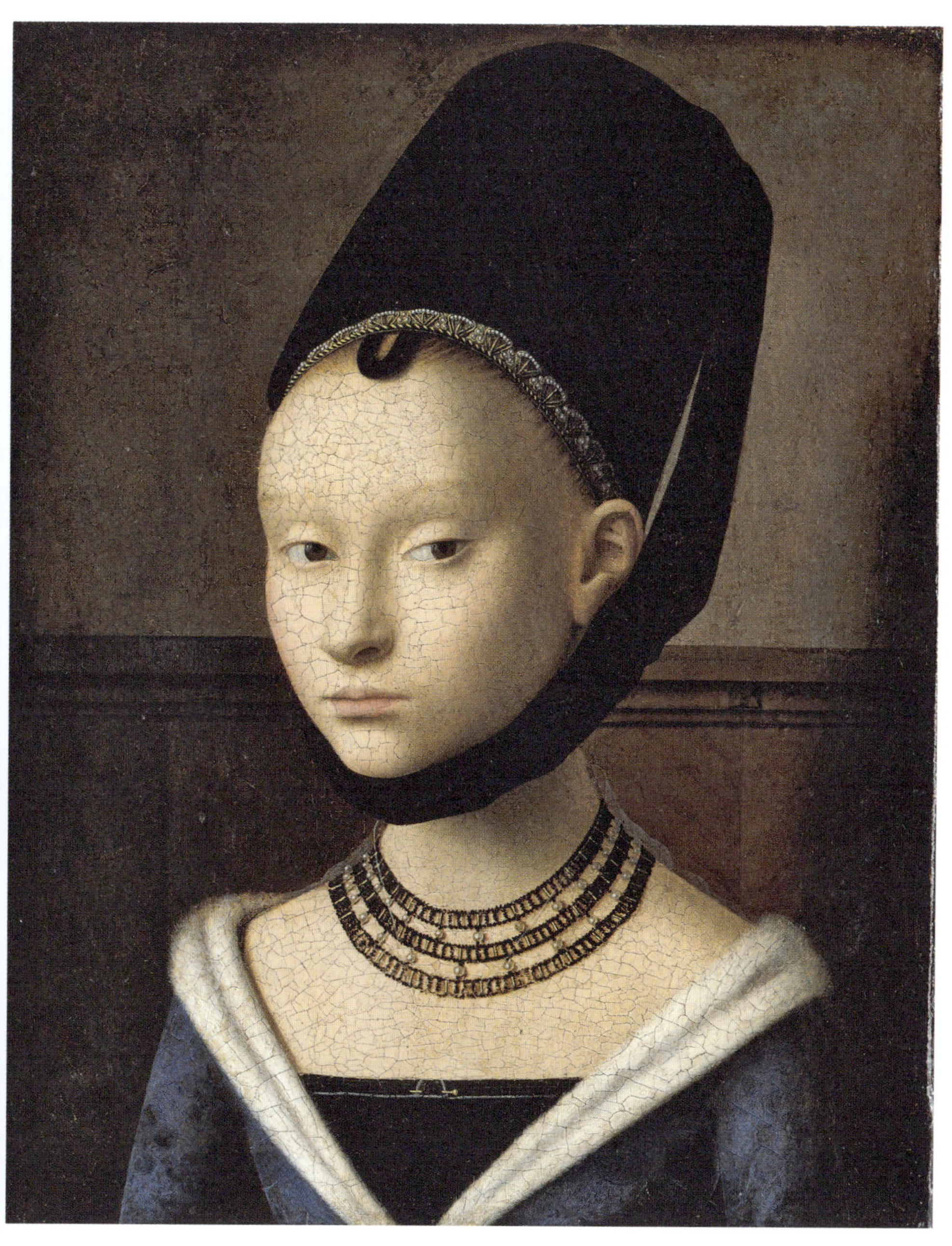

PETRUS CHRISTUS, BILDNIS EINER JUNGEN DAME, UM 1470, ÖL AUF EICHENHOLZ, 29,1 X 22,7 CM, STAATLICHE MUSEEN ZU BERLIN, GEMÄLDEGALERIE BERLIN

DIE UNSTERBLICHEN

Für die, die es schon lange wissen, ist es überhaupt nicht witzig, aber zu denen gehöre ich nicht: Der Begriff »Kraak-Porzellan« hat nichts mit den feinen Linien des Craquelés im Porzellan zu tun oder damit, wie leicht dünnes Porzellan einen Knacks (im Niederländischen: *een krak*) bekommt. Der Begriff bezieht sich auf etwas ganz anderes. Kraak-Porzellan ist eine raffinierte Bezeichnung, die darauf hindeutet, was für eine diebische Bande doch viele der niederländischen Seefahrer waren: Der Begriff verweist auf den Namen der portugiesischen Schiffe, die gekapert und geplündert wurden, denn diese Karacken heißen im Niederländischen *kraken*.

Aber abgesehen davon sind die Linien des Craquelés in manchem chinesischen Porzellan einfach fantastisch. Etwas so Empfindliches, das wegen dieser hauchdünnen Linien auch noch so aussieht, als würde es in den Händen zerfallen, sodass man es hält wie ein verwundetes Vögelchen. Großartig. Soviel ich weiß, wurde dieses Craquelé beim Brennen manchmal absichtlich erzeugt. Dazu schaltete man den Ofen während des Brennens plötzlich ab, sodass die Glasur zu schnell trocknete und brach.

In diesem Detail eines chinesischen Deckelgefäßes findet sich ein raffiniertes Metadetail: Das Craquelé in der Farbe des Gemäldes ist deutlich sichtbar und ähnelt dem Craquelé, das man oft in Porzellan findet. Ich fand das so amüsant, dass ich fast glaube, Willem Kalf habe die Farbe absichtlich zu schnell trocknen lassen.

Auffallend sind die Schatten der beiden Figuren. Sie sind nicht auf die Wand des Gefäßes gemalt, sie befinden sich erhaben auf seiner Oberfläche. Es sind separate Figuren, die auf dem Gefäß angebracht wurden. Das erschien mir ungewöhnlich und das ist es auch: Schon im frühen 17. Jahrhundert wurde chinesisches Porzellan in Massenproduktion hergestellt. Jeder durchschnittliche bürgerliche Haushalt in Holland besaß etwas chinesisches Porzellan.

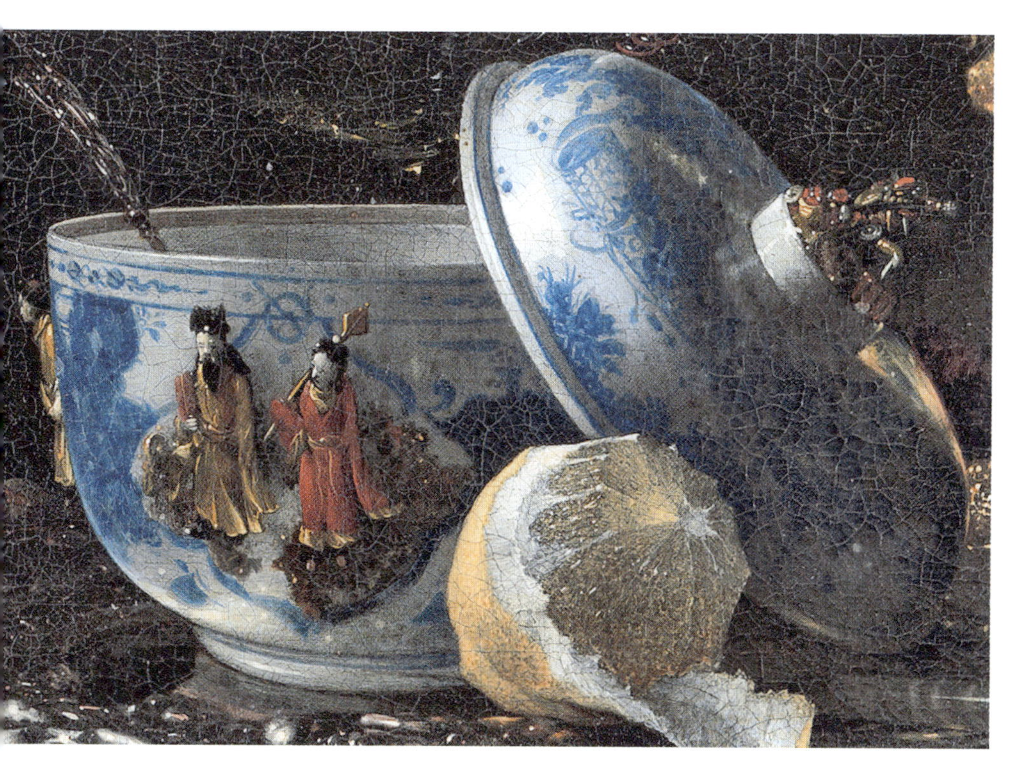

Aber all diese Gefäße, Schalen und Tassen mussten natürlich zunächst einmal einigermaßen ordentlich transportiert werden, um heil am Zielort anzukommen. Und dabei waren Gefäße mit acht Figuren im Hochrelief nicht gerade praktisch, denn die ließen sich überhaupt nicht stapeln.
Solche Gefäße gibt es daher nur wenige; in niederländischen Sammlungen sind nur drei bekannt. Willem Kalf war von seinem eigenen Exemplar so begeistert, dass er es sechsmal malte. Diese Version, die schönste, hängt im Museum Thyssen-Bornemisza in Madrid.

Von den drei echten Gefäßen habe ich eines im Rijksmuseum in Amsterdam gesehen. Es sieht fast genauso aus und hat ebenfalls einen Hund (den Fo-Hund, einen buddhistischen Löwen) auf dem Deckel. Die Figuren sind allerdings weiß. Wahrscheinlich wurden sie erst später bemalt. Sie stellen die »acht Unsterblichen« dar, die einem taoistischen Mythos zufolge ihr Leben so gut führten, dass sie unsterblich wurden. Sie leben in den Bergen und helfen den Menschen. In fünf von sechs Fällen, in denen Kalf dieses Gefäß malte, stellte er diese beiden Figuren in den Vordergrund: einen Mann in goldenem Gewand mit rotem Gürtel und einem schwarzen Kopfschmuck, der einen breiten Gegenstand in der Hand hält, und eine zweite Figur in rotem Gewand mit schwarzem Gürtel, die einen goldenen Stab trägt, der in einer Raute endet. Ob Kalf damit etwas aussagen wollte, ist nicht bekannt, aber die Kuratoren Jan van Campen und Ching-Ling Wang vom Rijksmuseum haben mit mir einen Blick darauf geworfen und wissen, um wen es sich hier handelt: Der Mann links ist Zhongli Quan, der Anführer der Unsterblichen, der das Elixier des ewigen Lebens kennt, er trägt einen Fächer in der Hand. Rechts steht He Xiangu, die einzige Frau unter den Unsterblichen, die sich in eine Elfe verwandelte, nachdem sie einen verzauberten Pfirsich gegessen hatte.

Das Gefäß wurde als Dose für den Zucker verwendet, mit dem man den Wein süßte, aber ursprünglich war es wahrscheinlich ein Opfergefäß, das bei Ritualen verwendet wurde. Die einzigen anderen Porzellanobjekte mit solchen Hochrelieffiguren sind Weihrauchgefäße, die ebenfalls bei Opferritualen eingesetzt wurden. Kalf wusste das wahrscheinlich nicht, aber ich finde die Vorstellung eines taoistischen Gefäßes aus einem chinesischen Opferritual in einem holländischen Stillleben wunderbar.

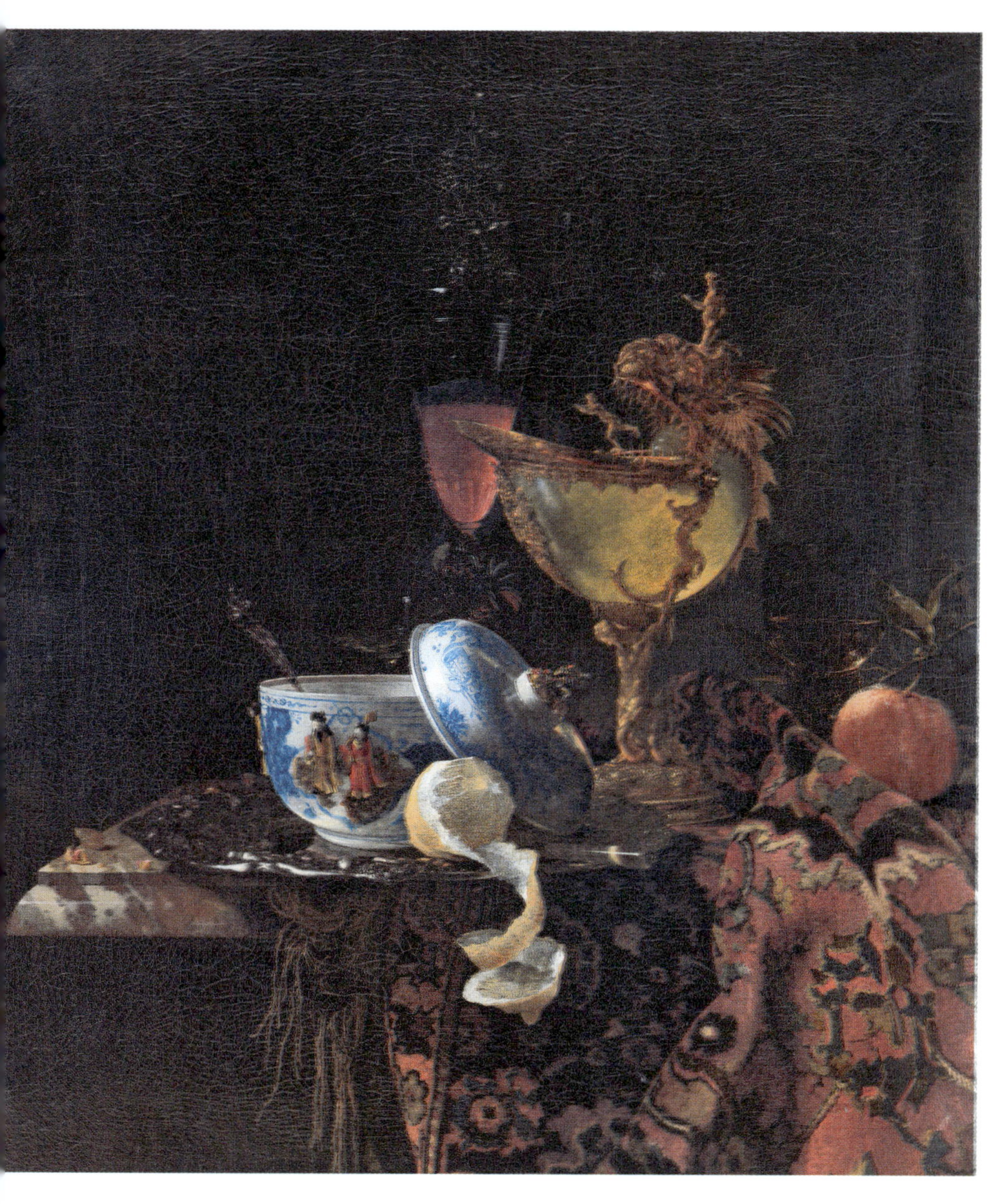

WILLEM KALF, PRUNKSTILLLEBEN MIT CHINESISCHER PORZELLANDOSE UND NAUTILUSPOKAL, 1662, ÖL AUF LEINWAND, 79,4 X 67,3 CM, MUSEO THYSSEN-BORNEMISZA, MADRID

GENAU WIE IM WIRKLICHEN LEBEN

Vor Kurzem fand im Rijksmuseum in Amsterdam eine Sklaverei-Ausstellung statt, in die dieses Gemälde aus Kopenhagen gut als Leihgabe hineingepasst hätte. Es ist nämlich eines der wenigen Gemälde aus der Zeit des Kolonialismus, auf dem Schwarze Menschen nicht stereotyp abgebildet sind. Und es ist ein Gemälde, das die Sklaven in ihrem sozialen Miteinander zeigt.

Diese Frau hier, mit ihrem vielleicht schwangeren Bauch und dem weißen BH, ihrem Glasperlenschmuck um Arm und Hals und dem roten, um den Kopf gebundenen Tuch, hat einen so autonomen, freundlichen Blick, dass man spontan das Gefühl hat, neben ihr zu stehen. Das vermag dieses Werk: Es stellt einen an die Seite der Sklaven aus dem Jahr 1707 auf der Zuckerplantage Palmeneribo in Surinam. Direkt vor eine Frau, die gerade ihrer Freiheit beraubt und aus Afrika verschifft worden ist. Was man an den rituellen Ritzungen an Bauch und Unterarm erkennt. (Im Ausstellungskatalog *Black is Beautiful*, 2008, las ich, dass es sich um Tätowierungen handelt, aber meiner Meinung nach handelt es sich eher um Schnitte.) Das machte sie zur damaligen Zeit als sogenannte »Salzwassersklavin« kenntlich, als geborene Afrikanerin. Sie ist eine Vorfahrin unserer surinamischen Niederländer, direkt aus Afrika. Mit einem eigenen Gesicht. Da es einen dokumentierten Aufstand auf dieser Plantage gab, kennen wir einige Namen der Sklaven, die dort lebten: unter anderem Charles, Wally, Claas, Mingiuel. Vielleicht ist sie eine Schwester einer dieser Männer.

Durch dieses Gemälde kann man flanieren wie durch ein Gartenfest oder einen Tanzabend (darauf komme ich gleich noch einmal zurück). Betrachtet man die Gruppen einzeln, hört man fast das Plaudern, Trommeln und Tanzen. Die Männer sind stark und individuell unterschiedlich, die Gruppen gleichen Schnappschüssen von Treffen im Freundeskreis, wie man sie vielleicht auch auf Instagram oder Twitter findet. Das Kind, das im Tragetuch auf dem Rücken hängt, schlummert gemütlich mit zurückgelegtem Köpfchen.

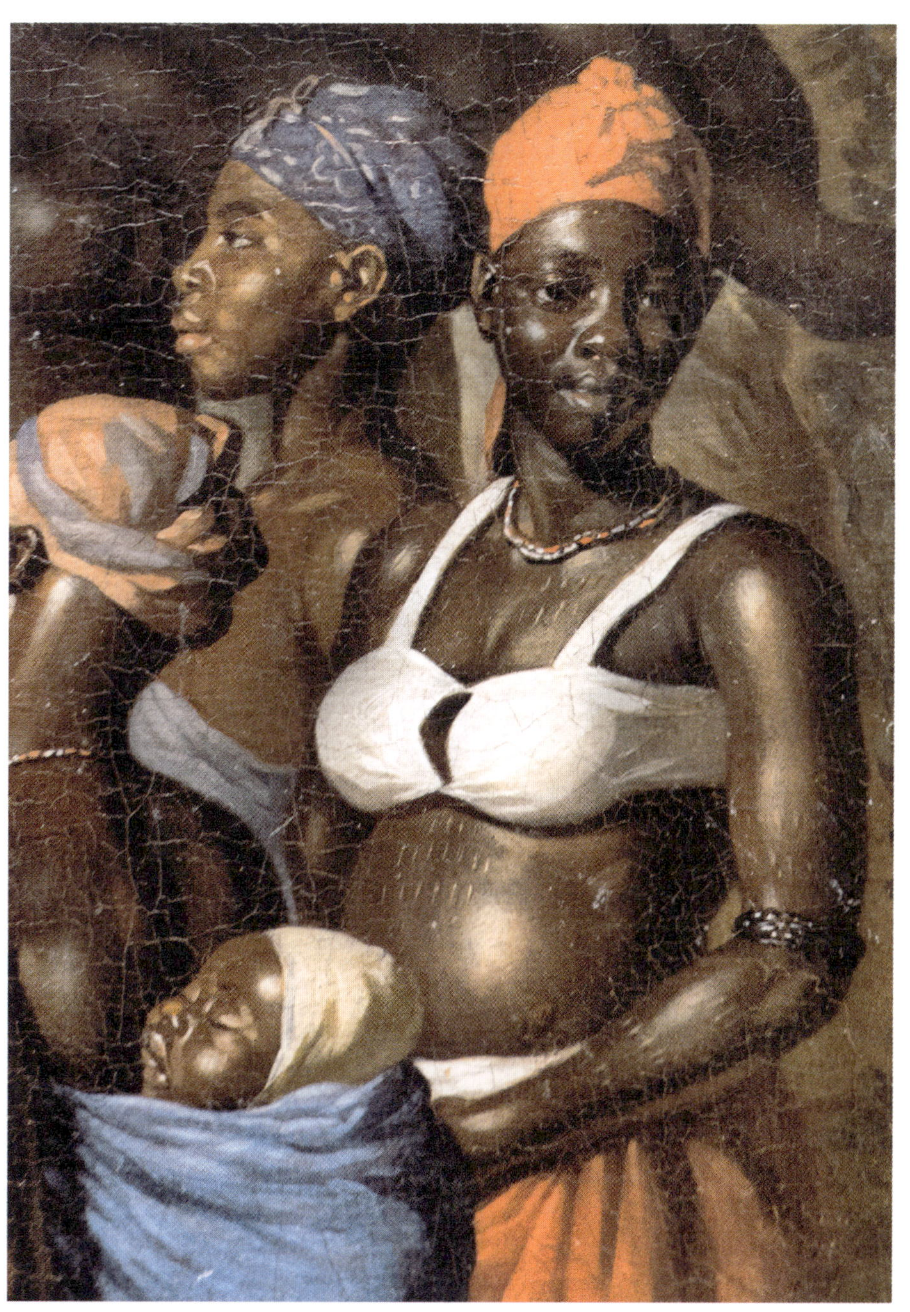

Das Ganze wirkt sehr real und daher umso eindringlicher.

Denn ja, die Gesichter sind tatsächlich ausdrucksvoll, und durch die unterschiedlichen Hauttöne und arglosen Bewegungen wird jeder Person eine individuelle Identität verliehen. Aber NEIN, SO WAR ES NATÜRLICH NICHT. Das weiß doch jeder.

Denn selbst wenn Sklaven tatsächlich solche gemeinsamen Zusammenkünfte wie diese hatten, machte sie das nicht weniger zum Eigentum anderer Menschen. Etwa zum Eigentum des Mannes, der diesen Maler beauftragt hat, sie zu porträtieren. Dirk Valkenburg wurde von dem Plantagenbesitzer Jonas Witsen nach Surinam geholt. Er war in dieser Zeit einer der wenigen Künstler, der ein Auge für die Gesichter von Sklaven hatte. Das macht diese Darstellung zu einem scheinbar lebensechten, aber falschen Einblick.

Sollten wir uns das ansehen wollen: ein geselliges Beisammensein wahnsinnig muskulöser, gesunder und schöner Sklaven auf einer Plantage?

Im Jahr 2014 traf die Filmgesellschaft Warner Brothers eine Entscheidung zum Umgang mit Zeichentrickfilmen, die heute befremdlich wirken können. In *Tom und Jerry* zum Beispiel (vormals MGM, später von WB aufgekauft) ist die Haushälterin Mammy Two-Shoes eine böse, ziemlich stereotype, dicke, Schwarze Frau. Andere Unternehmen hatten solche Szenen aus den Zeichentrickfilmen entfernt. Doch Warner Bros. stellte 2014 den Filmen einen Text voran: »Einige der Cartoons, die Sie gleich sehen werden, sind Produkte ihrer Zeit. Sie können ethnische und rassistische Vorurteile zeigen, die damals in der amerikanischen Gesellschaft normal waren. Diese Darstellungen waren damals falsch und sind es auch heute noch. Und obwohl diese Szenen der Sichtweise von Warner Bros. nicht entsprechen, werden sie so gezeigt, wie sie ursprünglich geschaffen wurden. Denn sie wegzulassen, hieße, so zu tun, als ob es diese Vorurteile nie gegeben hätte.« Als ein befreundeter Künstler diesen Text kürzlich verbreitete, dachte ich: Was für ein wunderbarer Weg, Stellung zu beziehen und sich gleichzeitig deutlich von dem Gedankengut zu distanzieren, auf dessen Grundlage die Bilder entstanden sind. So können wir beginnen, die Geschichte zu verstehen.

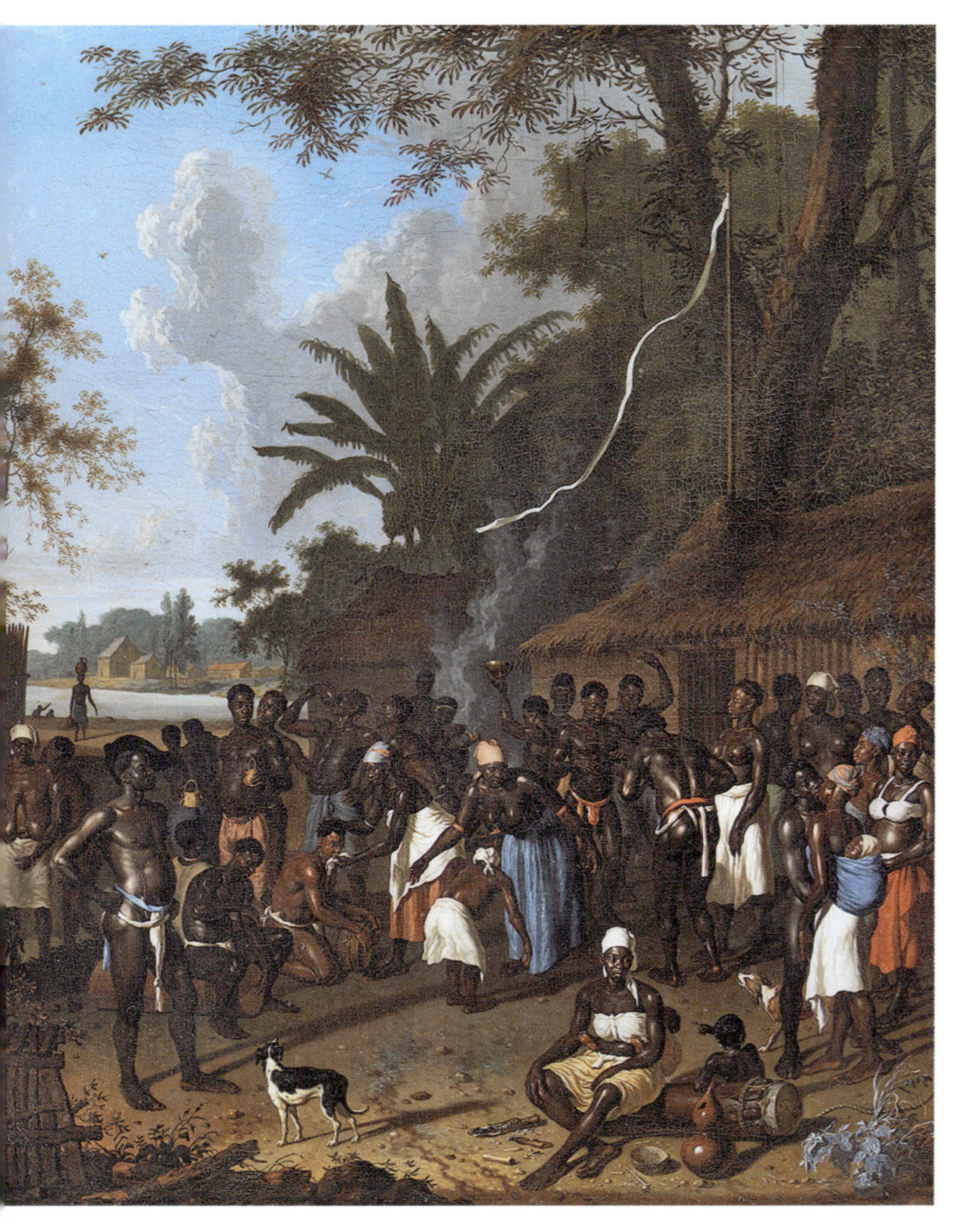

DIRK VALKENBURG, SKLAVENTANZ AUF EINER ZUCKERPLANTAGE IN SURINAM, 1706–08, ÖL AUF LEINWAND, 58 X 46,5 CM, STATENS MUSEUM FOR KUNST, KOPENHAGEN

WUNDERTIER

Das Schöne an diesen sehr alten Andachtsbildern, mit ihrem Gold, den punzierten Mustern in den Aureolen und den kleinen Engelsköpfen in den Rändern, ist, dass sie einen plötzlich mit etwas sehr Realem überraschen können. Als ob man auf einmal neben ihnen stünde oder sagen wollte: Hey, den Gürtel habe ich auch! Bei Jesu kleiner Schwalbe hier, die vor 630 Jahren gemalt wurde, hätte ich fast gemurmelt: Drück sie nicht so fest, Junge. Das arme Tier. Wenn Jesus einen kleinen Vogel, meist einen Stieglitz oder eine Schwalbe hält, drückt er ihn für gewöhnlich ebenso erbarmungslos, wie es jeder andere Knirps tun würde, der den Wellensittich der Familie zu fassen bekommt.

Das gilt auch für diese Schwalbe. Es scheint fast so, als wolle sich die Schwalbe mit ihrem halb geöffneten Schnabel aus seinen Fingern winden. Darüber hat sich der Maler sicherlich Gedanken gemacht, ebenso wie über die Tatsache, dass dieses Jesuskind nicht einfach auf Marias Schoß sitzt, sondern mit beiden Füßen in ihren Händen steht, wie bei einem Spiel, das zwar Spaß macht, aber auch ein bisschen gefährlich ist. Und das finde ich dann wieder sehr witzig, denn dadurch kann ich mir diesen Meister aus dem 14. Jahrhundert in seinem kleinen Atelier in Florenz, wahrscheinlich irgendwo zwischen dem Ponte Vecchio und dem Bargello, sofort vorstellen. Vielleicht hat er Boccaccio noch gekannt, auf jeden Fall muss das *Decamerone* in seiner Jugend der Hit gewesen sein. Und wer weiß, vielleicht hat er mit Filippo Brunelleschi ein Bier getrunken, nachdem der mit seinem Tagewerk an den Bronzetüren des Baptisteriums fertig war. Donatello und Fra Angelico waren damals noch Kinder, vielleicht stöberten sie manchmal in seiner Werkstatt herum. Ob er dort wohl eine Schwalbe gehalten hat? Oder lag da eine tote Schwalbe auf dem Tisch, damit er sie gut malen konnte?

Die Schwalbe steht für die Auferstehung, denn im Winter war sie verschwunden und um Ostern, wenn Christus auferstand, war sie plötzlich wieder da. Früher dachte man, sie würde im Schlamm oder in einer Höhle Winterschlaf halten.

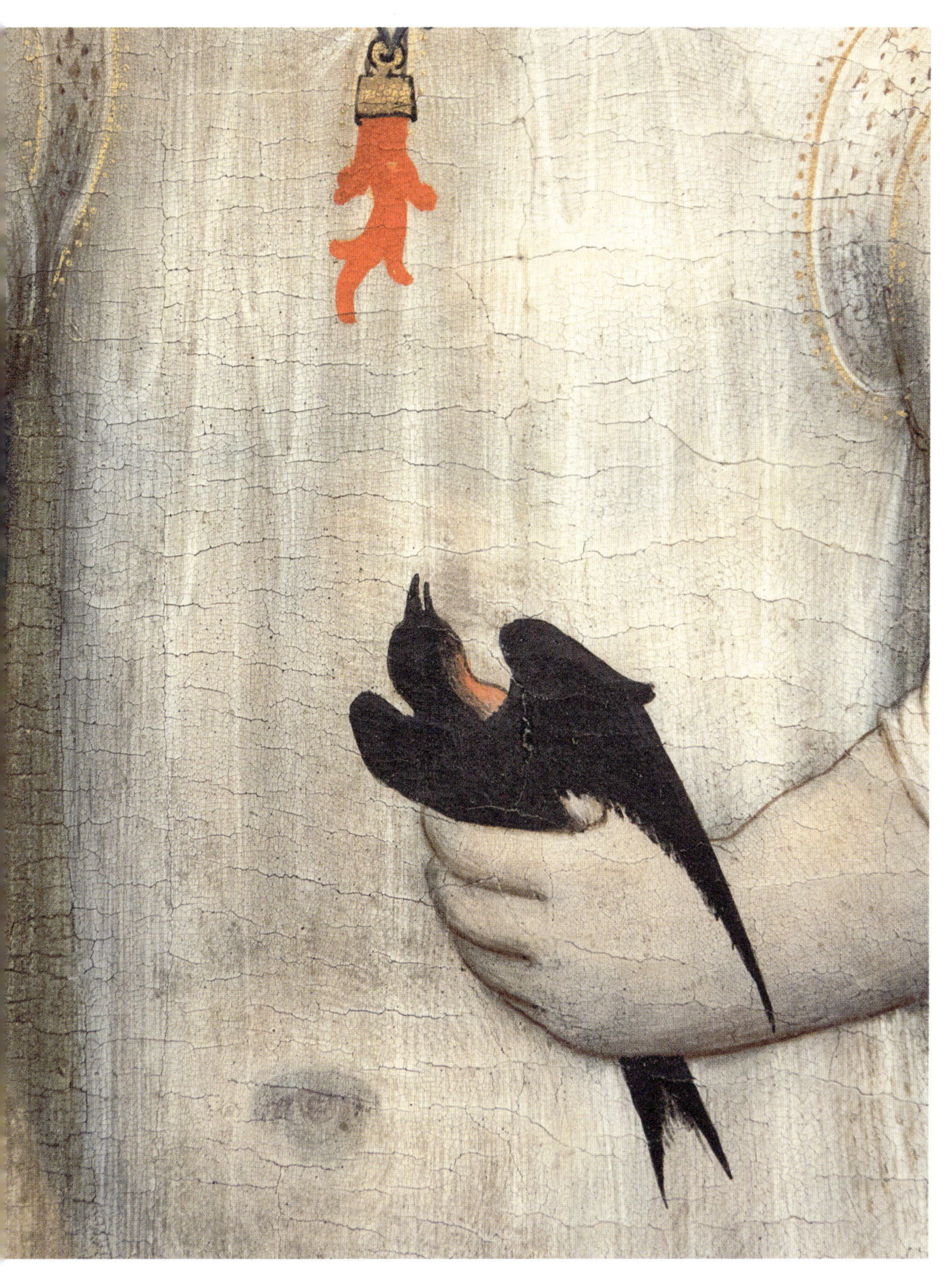

Ob man das zu dieser Zeit noch dachte, weiß ich nicht. Im Islam sind Schwalben ebenfalls bedeutsame Tiere, weil sie einmal im Jahr plötzlich in Mekka auftauchten. Wenn man sich rein an das hält, was die Natur einem zeigt, erscheint es mir durchaus vorstellbar, an Wunder zu glauben.

Es gibt noch ein paar andere Legenden über Schwalben. Es heißt, eine Schwalbe habe sich bei Maria niedergelassen, die untröstlich am Fuß des Kreuzes saß, als ihr Sohn gerade gestorben war; ihre Tränen hätten dabei die Flügel des Vogels gefärbt. Eine andere Legende besagt, Schwalben, deren gespannte Flügel eine Kreuzform bilden, wären von Golgatha aus zu Hunderten in die Welt geflogen, um die traurige, aber frohe Botschaft zu verkünden. Diese Leidenssymbolik, die die Schwalben mit Jesus in Verbindung bringt, weil ihre Form der eines Kreuzes gleicht, finde ich schön. Vielleicht war das ein Trost für Menschen in großem Leid, wenn eine Schwalbe über sie hinwegflog.

In diesem Detail mit dem wunderschönen, transparenten weißen Hemd des Jesuskindes (durch das man den Nabel sieht, der wie ein Auge wirkt, das einen anstarrt) tritt das Rot auf der Brust der Schwalbe »in Kontakt« zu der kleinen Blutkoralle an seiner Kette. Sie ist hundertprozentig eine Anspielung auf seinen Leidensweg, aber auch typisches Kinderschmuckstück in dieser Zeit.

Das Bonnefantenmuseum in Maastricht besitzt noch mehr dieser schönen altitalienischen Werke; es ist einer der wenigen Orte in den Niederlanden, an dem man solche Kunst sehen kann. Wenn man darin herumflaniert, fühlt man sich manchmal wie im Florenz des 14. Jahrhunderts.

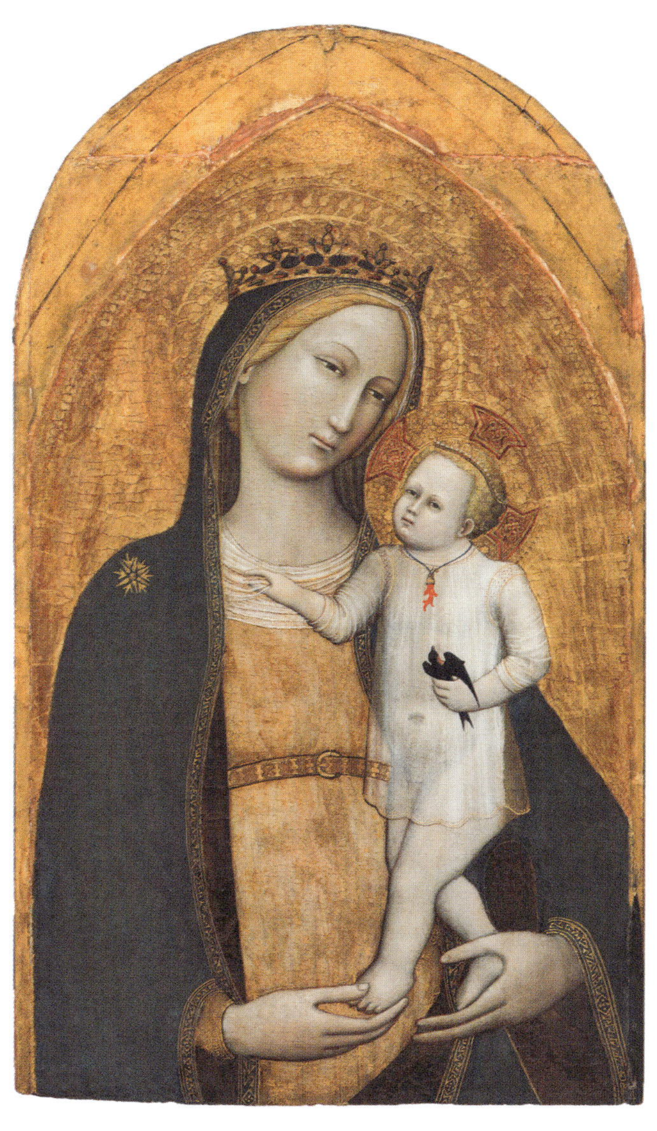

MEISTER DER MADONNA STRAUS, MADONNA MIT KIND UND SCHWALBE, UM 1385–90, TEMPERA UND GOLD AUF HOLZ, 100 X 57,5 CM, BONNEFANTENMUSEUM, MAASTRICHT, LEIHGABE DES RIJKSDIENST VOOR HET CULTUREEL ERFGOED

LOCKMITTEL

Gäbe es eine Liste berühmter Details, dann stünde dieses wohl ganz oben auf der Liste. Schon in dem Buch *One Hundred Details* (1938) des damaligen Direktors der National Gallery Kenneth Clark ist dieses schöne Detail ganzseitig abgebildet. Denn es wirkt in diesem Gemälde ziemlich dissonant: Das gesamte Gemälde von Piero della Francesca ist eine Ode an rationale Formen und Geometrie. Jesus, der getauft wird, steht genau in der Mitte des Bildes, und alles steht im Gleichgewicht mit den vertikalen und horizontalen Linien. Es herrscht eine enorme Ruhe, die sich so sehr über alles legt, dass der Fluss, in dem die Figuren stehen, der Jordan, zu einem glatten Spiegel wird. Alle Figuren sind Teil eines andächtigen Rituals: Ein gewöhnlicher Mensch tauft den Messias. Und dann steht hinter alldem auf einmal jemand, der so gar nicht Teil dieses feierlichen und ästhetischen Geschehens ist. Logisch eigentlich, denn schließlich ist es ziemlich schwierig, sich das Hemd über den Kopf zu ziehen. Er beugt sich vor wie eine Katze, die sich aus einer Schachtel herauszuwinden versucht; er stellt ein Bein vor das andere, um nicht das Gleichgewicht zu verlieren, und kneift vor Anspannung seine Pobacken zusammen. Hier zieht sich jemand aus, aber nicht wie zu dem Lied *You Can Leave Your Hat On,* sondern einfach so, wie ein Mensch sich für gewöhnlich auszieht, ohne Publikum. Diese läppische weiße Unterhose ist sicherlich das Letzte, das man beim Gedanken an das Jahr 1450 im Kopf hätte.

Das ist das Großartige an diesem Detail: Es gibt einen unerwarteten Einblick in eine alltägliche Verrichtung. Man schaut für einen Moment einem Mann aus dem 15. Jahrhundert zu, wie er dasteht und unbeholfen hantiert, weil Piero della Francesca entschieden hat, dass sich auch das überzeugend malen lässt. Und dass es sich tatsächlich in eine ach so ausgewogene Komposition einpassen lässt, denn die Bogenform seines Kopfes und Rückens kehrt an anderen Stellen mehrmals wieder und von seinen ausgestreckten Unterarmen kann man eine Linie ziehen, die über den Gürtel von Johannes dem Täufer zu den geduldig wartenden

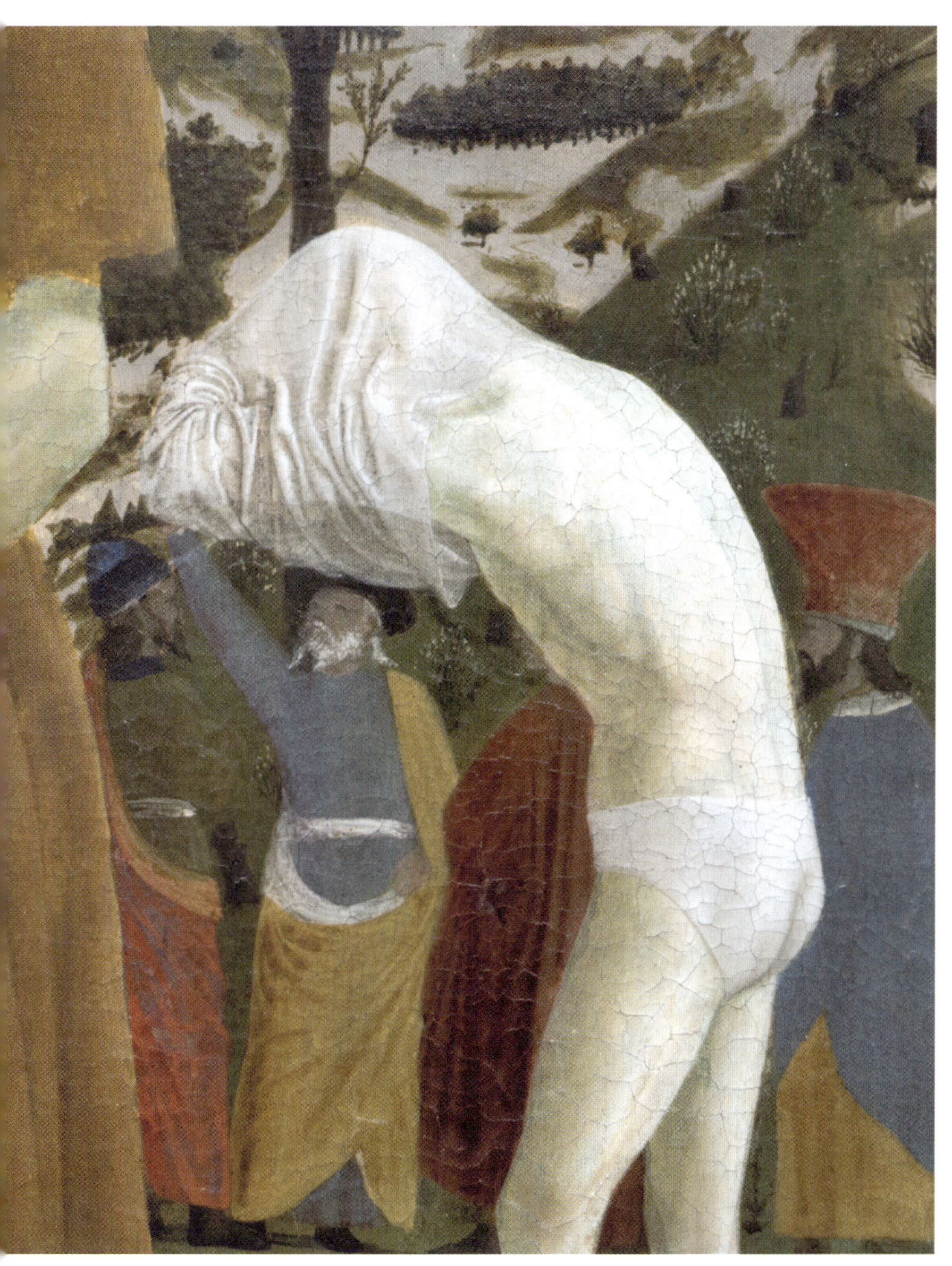

Engeln am Ufer reicht. Die Falten seines Hemdes werden in den ebenso achtlosen Falten in der Taille eines Engels aufgenommen.

Das ist alles sehr feinsinnig gestaltet und doch durchbricht das Detail in seiner Beiläufigkeit die Magie der Darstellung. Ein Mann, der »noch nicht bereit für das Foto« ist. Wartet einen Moment, ich ziehe mal kurz mein Hemd aus. Und nicht meinen Hintern! Die Pobacken sind nicht rund, wenn man so dasteht: Es sind schlaffe Brötchen, die, wenn man sie zusammenkneift, auch noch peinliche Falten bekommen. Dieser Körper ist aus der idealen Position gefallen, die auch schon vor Instagram die Bildkultur dominierte und die hier von Jesu perfektem Kontrapost repräsentiert wird.

Später bekamen Künstler und Künstlerinnen einen Blick für solche unbedeutenden, aber menschlichen Handlungen; für das Dienstmädchen, das im Hintergrund von Tizians *Venus von Urbino* in einer Kleiderkiste wühlt, über den kleinen Mann hinten in der *Nachtwache*, der wütend an seiner Muskete zerrt, bis hin zu einem Ballettmädchen von Degas, das das Bein seitlich anhebt, um kurz die Bänder an seinen Spitzenschuhen zu kontrollieren, und gerade noch das Gleichgewicht hält. Sie sind das geheime Lockmittel jeder Darstellung: Um sie geht es nicht, aber dank ihrer unwiderstehlichen Ungezwungenheit wird alles andere gleich umso glaubhafter.

Das hat den gleichen Charme wie der Blick auf ein Mädchen in der Straßenbahn, das gedankenlos seine Strumpfhose hochzieht, oder auf einen Mann im Anzug, der sich mit seiner Krawatte herumplagt. Sie fallen aus der Rolle und werden menschlich. Werden wie wir. Wäre ich eine Berühmtheit mit einem Instagram-Account, wüsste ich Bescheid: Erst das – scheinbar – unbedachte Detail macht ein Bild wirklich unvergesslich.

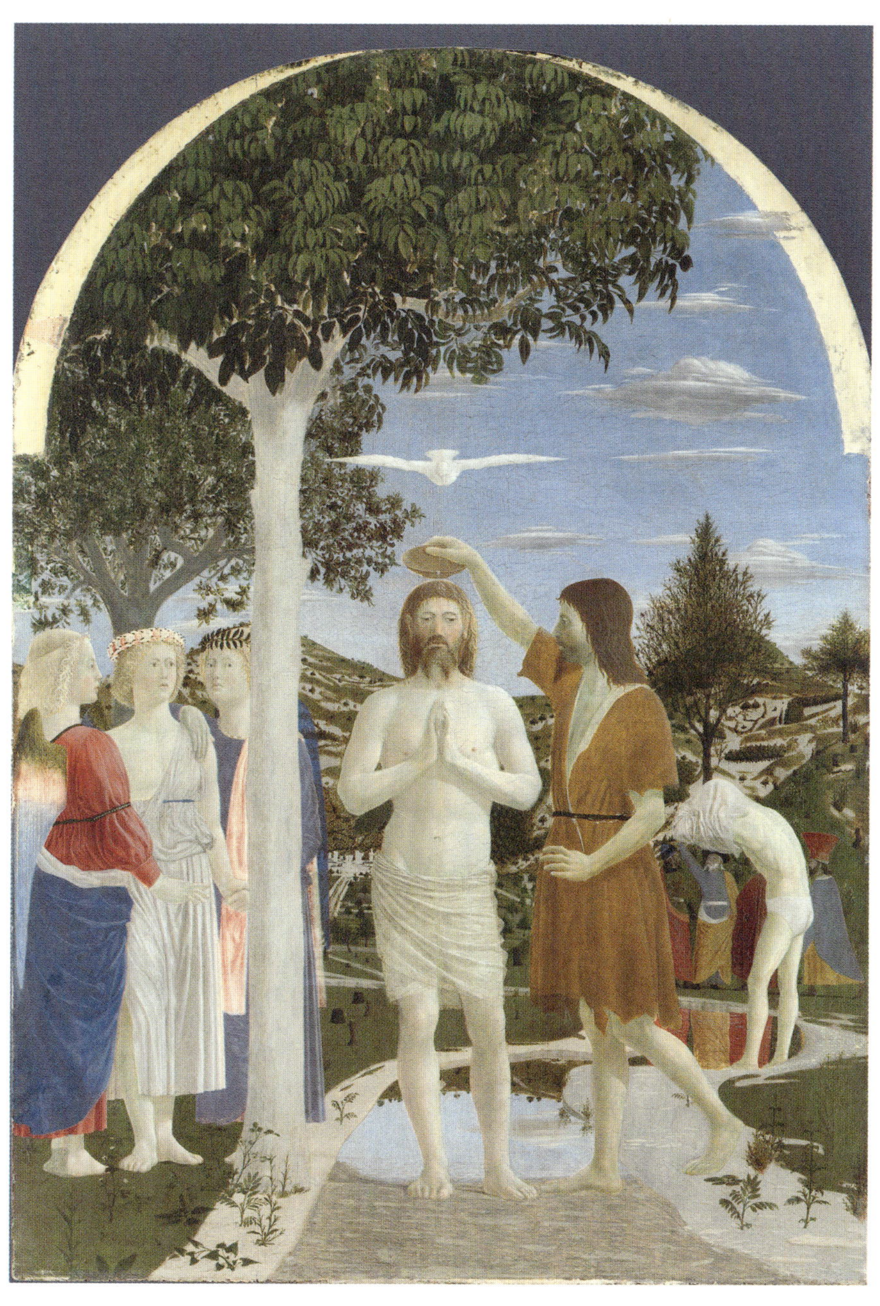

PIERO DELLA FRANCESCA, DIE TAUFE CHRISTI, UM 1450–60, TEMPERA AUF HOLZ, 167 X 116 CM, NATIONAL GALLERY, LONDON

AUF REISEN

Bis vor Kurzem war es mir wirklich noch nie aufgefallen: Ein gutes Mahlzeitenstillleben ist eigentlich immer eine Reise. Wie sich am Einkaufskorb eines Menschen im Supermarkt seine Vorlieben, Wünsche und Gewohnheiten ablesen lassen, so nimmt uns ein Stillleben zu den Vorlieben, Wünschen und Gewohnheiten der Zeit mit, in der es geschaffen wurde. Gemalt oder fotografiert, im Museum oder auf Instagram.

In diesem Gemälde begibt sich das Auge auch auf eine Reise: nach Spanien, wo die Datteln und Mandeln herkommen; nach China, wo die Porzellanschale produziert wurde; nach Deutschland, wo der »Bartmannskrug« aus Steingut und Metall hergestellt wurde; und nach Venedig, denn das Glas wurde zumindest *à la façon de Venise* gefertigt, war also von venezianischem Glas inspiriert. Und schließlich nach Holland für die beiden dicken Käse. Ja, speziell nach Holland, denn hier handelt sich um ein flämisches Werk aus einer Zeit, in der Flandern und Holland einander überhaupt nicht mochten: aus der Zeit um 1615.

In dem großen gelben Käse befindet sich ein Bohrloch, das den Käse von oben bis zur Mitte durchzieht: Ein Bauer stach ein Stück heraus, um zu sehen, ob der Käse reif ist. Er aß einen Bissen und steckte das restliche Käsestück wie einen Korken wieder hinein. Mehr als in anderen Stillleben bröckelt dieser Käse; man fühlt instinktiv, dass er fett ist. Der grüne und der gelbe Käse weisen Messerspuren auf und die Randschichten sind zäh. Eine gute Stilllebenmalerin zaubert mit unserem Auge. Am oberen Rand des Gemäldes schaut uns Clara Peeters, die Schöpferin, selbst an: Im Metalldeckel des Kruges findet sich in einer winzigen Spiegelung ein klitzekleines Selbstporträt der Malerin bei der Arbeit. Wie sie es auf mindestens sieben Gemälden eingefügt hat.

Der grüne Käse soll tatsächlich grün sein, anders als ich vermutete – denn Farben in Gemälden neigen recht häufig dazu, sich mit der Alterung zu verändern. Vor einiger Zeit wurde ich vom Fernsehsender Canvas gebeten,

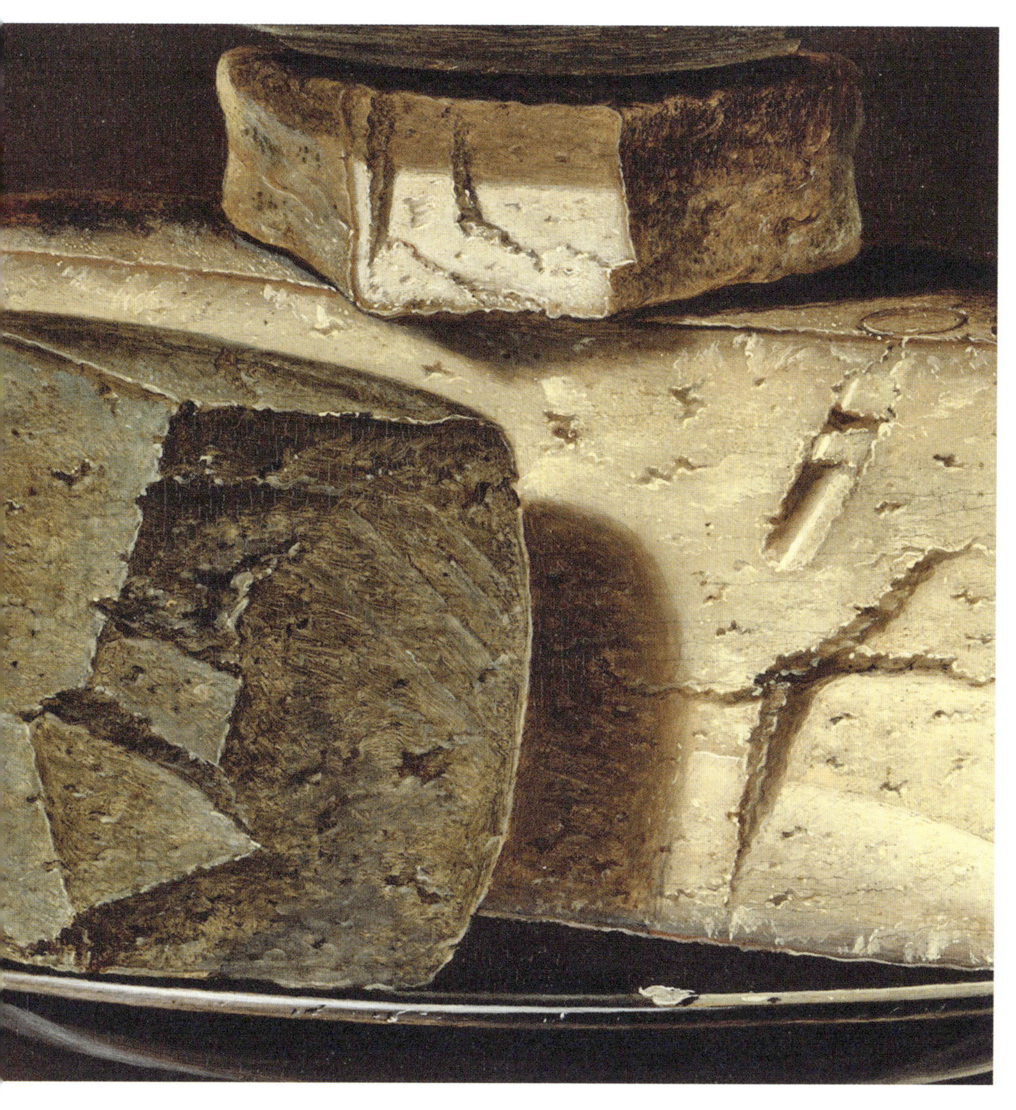

über Clara Peeters zu sprechen – damals war gerade eine Ausstellung ihrer Werke im Prado in Madrid zu sehen.

Zur Vorbereitung nahm ich die Abbildung dieses Gemäldes mit in den Käseladen um die Ecke. Zum Glück ist Kef, der beste Käseladen Amsterdams, bei mir in der Nähe. Ich war gespannt, ob sie in der Lage wären, die Käsesorten zu erkennen. Natürlich waren sie das. Ein Mitarbeiter zählte sie sofort auf: ein Gouda-Käse (der große), ein kleiner Schafskäse (der obere) und ein kleiner Kugelkäse beziehungsweise Edamer. Nur in Edam werden solche runden Käselaibe hergestellt, die in der Regel mit einer wächsernen roten Schicht überzogen sind, wie jeder weiß, der Willem Elsschots Roman *Käse* (1933) gelesen hat.

Nun ja, ... nicht nur in Edam. Gerade bei diesem Käse geriet unser Käseexperte offenbar ins Grübeln. Während mir Häppchen von reifem Kinderdijk-Käse gereicht wurden, erklärte er mir, dass es sich auch um einen französischen Käse handeln könne: einen *Mimolette*. Das war ein Edamer-Imitat, das man herzustellen begann, als der Import aus Holland aufgrund von Unruhen und hohen Importsteuern im 17. Jahrhundert erschwert war. Das hatte ich nicht gewusst. Vielleicht war es für Peeters in Antwerpen damals einfacher, an Mimolette zu kommen als an einen Edamer aus Holland. Beide haben eine grüne Farbe: was sich einfach darauf zurückführen lässt, dass der Käse mit grünen Kräutern hergestellt wurde. Und so landen wir in diesem Gemälde vielleicht auch in Frankreich.

Clara Peeters hat verstanden, dass es beim Essen um Träume geht, und dass man durch Essen überall hinkommt.

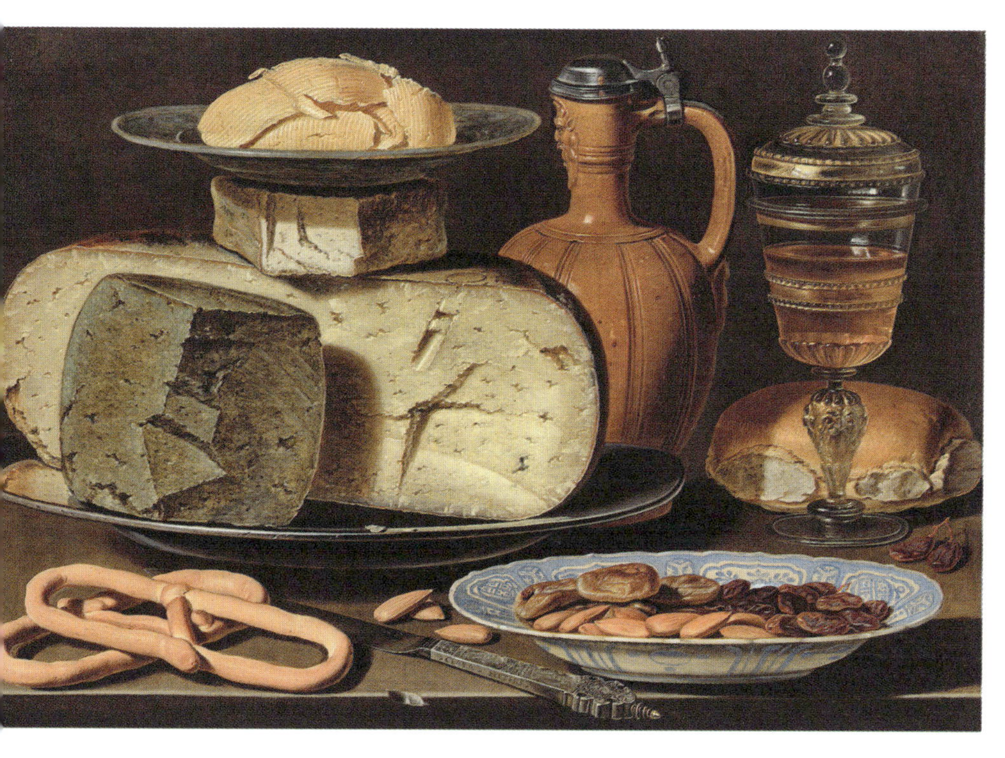

CLARA PEETERS, STILLLEBEN MIT KÄSEN, MANDELN UND BRETZELN, UM 1615, ÖL AUF HOLZ, 34,5 X 49,5 CM, MAURITSHUIS, DEN HAAG

FÜR DEN, DER SEINER WÜRDIG IST

Wie stellt man dar, was nicht sichtbar ist? Regen und Schnee, Sonnenstrahlen und Hagel kann man darstellen, aber wie stellt man den Wind dar? Dieses unsichtbare Naturphänomen?

Wind benötigt immer etwas anderes, um gesehen zu werden. Ein flatterndes Kleid beispielsweise, oder einen Hut, der durch die Luft fliegt. Einen schwankenden Ast oder zur Not Gänsehaut auf einem Kinderarm. Der Wind ist nur durch Stellvertreter sichtbar; andere Dinge verleihen ihm seine Sichtbarkeit.

Zum Glück gibt es Kunst. In ihr kann eine Eigenschaft einfach zu einer Person, zu einer Figur werden. Eine Tugend wie die Caritas ist dann beispielsweise eine Frau, die Kinder an ihrer Brust nährt.

Alessandro Nova hat über den Wind in der Kunst *Das Buch des Windes* (2007) geschrieben, mit vielen schönen Beispielen, von Botticellis *Geburt der Venus* bis zu Pontormos *Heimsuchung* und Anish Kapoors Installation *Ascension* (»Himmelfahrt«). Und so wusste ich: Wenn man irgendwo ein pustendes Figürchen sieht, heißt es aufpassen. Blasende Figürchen personifizieren den Wind. Einen der vier Windgötter oder *Anemoi*, die aus dem Norden, Süden, Westen und Osten kommen. Welcher hier dargestellt ist, weiß ich nicht. In jeder Einbuchtung des Salzfasses befindet sich einer. Dieser gefiel mir am besten wegen seiner Guck-in-die-Luft-Haltung, in Kombination mit den Dizzy-Gillespie-Bäckchen. In Wien musste ich die Taschenlampenfunktion meines Smartphones verwenden, um dieses winzige Detail fotografieren zu können.

Dieses Salzfass ist eines der bedeutendsten Kunstwerke der italienischen Renaissance. Schon verrückt, ausgerechnet ein Salzfass, aber das liegt an der Handwerkskunst, die Benvenuto Cellini in die Goldarbeit gesteckt hat. Ein Glanzstück, das obendrein 2003 gestohlen wurde und drei Jahre lang verschollen war. Ein Mann mittleren Alters, der Besitzer einer Alarmanlagenfirma, der Kunst liebte (aber nicht wusste, dass es sich um ein solches Meisterwerk handelte), hatte es

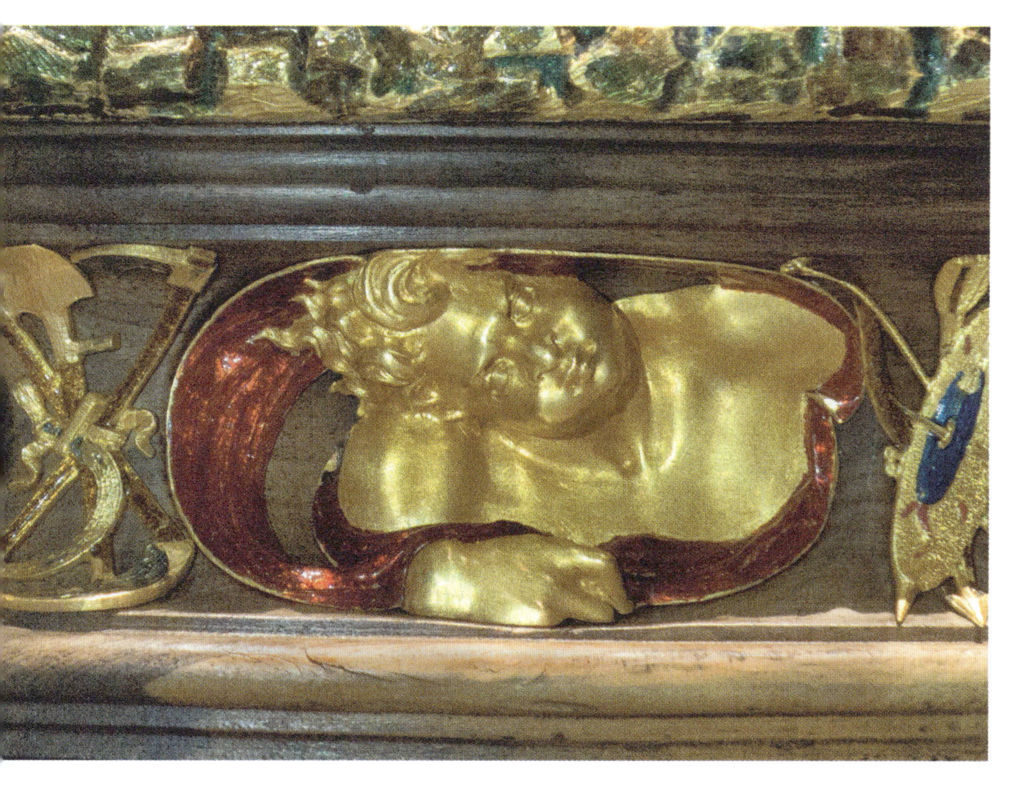

aus dem Kunsthistorischen Museum in Wien gestohlen. Im Jahr 2006 wurde er gefasst. Zur allgemeinen Erleichterung war das Werk nicht eingeschmolzen worden, es wurde unversehrt aufgefunden. Ich erinnere mich noch, wie einer der Chefs in der Redaktion sagte: »Oh ja, Wieteke, in Österreich hat man ein Salzfass wiedergefunden, aber das ist wohl keine Nachricht wert, nicht wahr?« Doch, es war eine Topnachricht. Auch wenn ich das Werk letzte Woche nun zum ersten Mal sah.

Welche große Sensation die *Saliera* an sich schon war, hat Benvenuto Cellini in seiner herrlich prahlerischen Autobiografie beschrieben. Benvenuto war von seinen Eltern so ersehnt, so beginnt er seine Lebensgeschichte, dass sein Vater, als er das Baby sah, immer wieder »Benvenuto! Benvenúto!« rief: Willkommen, willkommen! Und so gab man ihm diesen Namen. Also wirklich, wenn es um Angeberei geht, kann Cellini kein Biggie, Kanye oder Lil' Wayne das Wasser reichen. Ursprünglich hatte er sein Salzfass für den Kardinal Ippolito d'Este von Ferrara entworfen, doch dieser hielt es für unausführbar, woraufhin Cellini höhnte: »Sehr geehrter Monseigneur und meine Herren Gelehrten, ich hoffe, dieses Werk für den anzufertigen, der seiner würdig ist.« Einige Jahre später zeigte er das Modell in Paris dem französischen König Franz I., der Cellinis Autobiographie zufolge im Beisein des opponierenden Kardinals d'Este vor Begeisterung jubelte: »Dieser Entwurf ist hundertmal göttlicher, als ich es mir je hätte vorstellen können!« Leutselig wiederholte Benvenuto, was er zuvor schon gesagt hatte, dass er das Werk für den anfertigen werde, der seiner würdig sei. Das Kunstwerk stellt die Welt dar: die Götter der Erde und des Meeres, mit einem Schiff für das Salz und einem Tempel für den Pfeffer, Personifikationen des Abends, der Nacht, des Morgens und des Tages sowie der Winde. Auf Elfenbeinkugeln kann es rollen, so dass der König, wenn er das Gefäß seinen Gästen darbot, »die ganze Welt in Bewegung setzte«.

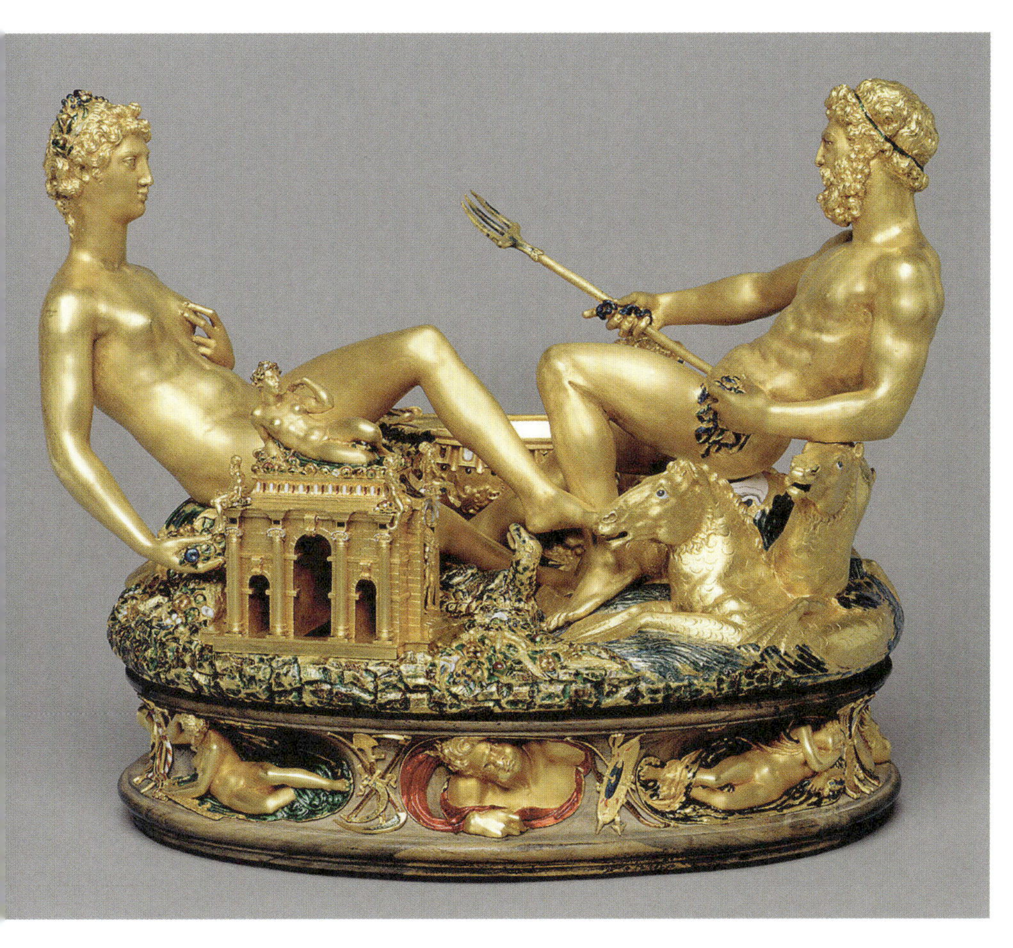

BENVENUTO CELLINI, SALZFASS (»SALIERA«), 1540–43, GOLD, EBENHOLZ, EMAILLE, ELFENBEIN, 28,5 X 21,5 X 26,3 CM, KUNSTHISTORISCHES MUSEUM WIEN

BILDERRÄTSEL

Das lässt sich sicherlich berechnen: wie hoch die Wahrscheinlichkeit ist, dass man als Autorin gerade über eine Rechenaufgabe auf einem Porträt aus dem 16. Jahrhundert staunt, während ein Kolumnistenkollege anmerkt, dass meiner Serie »Ein Auge für Details« mehr mathematische Details guttäten. In Wien sah ich diese frühe Form der Tischtucharithmetik, mit Kreide auf eine hölzerne Tischplatte geschrieben. Danach las ich die schöne Kolumne von Ionică Smeets über versteckte mathematische Details in der Kunst; sie schrieb über das Porträt eines Goldwägers, der mit einer Geste seiner Hand die Berechnung nachverfolgt. Also mache ich mich auf die Suche nach mehr, Herausforderung angenommen. Auch wenn ich mich dafür zunächst ein wenig einlesen muss, denn versteckte Details werden nicht umsonst als versteckt bezeichnet; man sieht sie erst, wenn man etwas über sie weiß. Dafür gibt es zum Glück Bücher, wie das kürzlich erschienene Buch *Visual Culture and Mathematics in the Early Modern Period* (2019) von Ingrid Alexander-Skipnes.

Nun zu dem Mann. Das Erste, was mir auffiel, war sein Blick; selten sieht man einen Porträtierten, der einen so direkt und aufmerksam ansieht. Clever ist auch, dass er, während er einen wie der Badezimmer-Ritter aus der Old-Spice-Werbung anschaut, gleichzeitig eine Matheaufgabe löst. Wie er das tut? Dazu gibt das Bild keine schlüssigen Hinweise; Kopf und Hände erzählen Unterschiedliches. Der schwarze Wollmantel dazwischen erinnert in seiner Asymmetrie an die Kleidung eines Architekten, der etwa zur gleichen Zeit von Ludger tom Ring porträtiert wurde. Handelt es sich hier um einen Architekten?

Das ist die Rechenaufgabe:
2 4
S62
66S 4 81

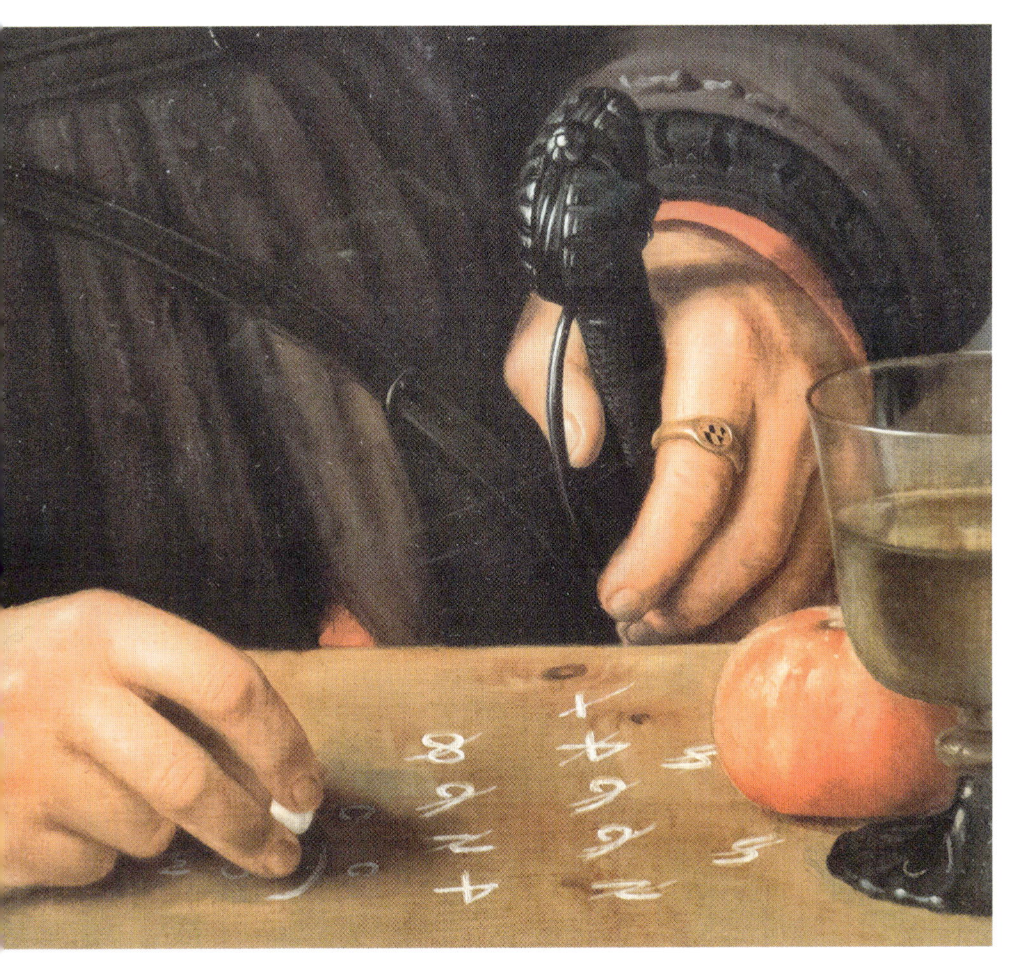

Ob wir angehalten sind mitzurechnen, ist fraglich. Einige haben das nämlich versucht, das hat aber zu nichts geführt. Die bisherige Schlussfolgerung aus alledem lautet: Das ist keine Rechenaufgabe. Das sind einfach nur Zahlen und zwei Buchstaben. Das Ganze hat allerdings Ähnlichkeiten damit, wie man damals dividierte, man rechnete »nach oben«. Was tut unser Mann hier also? Das Museum geht davon aus, dass er den Spielstand eines Ball- oder eines Bogenspiels notiert. Auf meine Frage nach den Gründen erhielt ich nicht rechtzeitig eine Antwort. Schade.

Eines weiß ich jedoch: Ein solches Detail sagt immer etwas über den Porträtierten aus. Eine deutsche Wissenschaftlerin, Jessica Buskirk, hat sich intensiv mit diesem Bilderrätsel befasst; sie kommt zu dem Schluss, dass es sich um keine Berechnung handelt. Seine Bedeutung müssen wir also anderswo suchen, darin, in welcher Verbindung der Mann zu den Zahlen steht.

Hier sind Zahlen aus dem arabischen System zu sehen. Obgleich dieses System, das in dem Italiener Leonardo da Pisa, genannt Fibonacci, seinen wichtigsten Übermittler fand, in Europa spätestens seit dem 12. Jahrhundert bekannt war und seither mehr und mehr in Gebrauch kam – man denke nur an die Jahreszahlen auf Gemälden –, war die Verwendung des Systems laut Buskirk zu Beginn des 16. Jahrhunderts in höheren Kreisen noch ungewöhnlich. Dort wurden in der Regel lateinische Ziffern oder die antike Abakus-Methode verwendet: Man zählte mit Hilfe von Strichen, Steinen, einem Rechenschieber oder anderen Elementen, die buchstäblich Anzahlen anzeigten. Das arabische System hingegen ist symbolisch – die Sechs besteht aus dem Zeichen 6 – und damit im Wesentlichen eine Sprache. Zu Beginn des 16. Jahrhunderts war es vor allem im kommerziellen Bereich üblich, mit diesem System zu arbeiten, weil es wenig Platz beansprucht. Aber dieser Mann ist kein Kaufmann; sein schwarzer »Faltenrock« gehört unter eine Rüstung und verrät, dass er zum höheren deutschen Bürgertum gehört.

Buskirk weist darauf hin, dass der Handel zu dieser Zeit langsam an Terrain gewann; an den Universitäten gab es Widerstände, aber zwei Jahrzehnte später war das arabische Zahlensystem allgemein verbreitet. Dieser Mann ist möglicherweise ein Förderer der Wissenschaft und zeigt, dass er für Veränderung eintritt, indem er sich mit diesem System präsentiert.

Wir sehen hier einen modernen Mann, der sich als Denker ausweisen will. Platon schrieb, dass kein Mann weise genannt zu werden verdient, der nicht über Kenntnisse in Arithmetik, Musik und Geometrie verfügt. Dass der Künstler sich nicht die Mühe gemacht hat, eine echte Rechenaufgabe zu malen, zeigt, dass er davon ausging, dass die Betrachter darüber nicht stolpern würden; so verbreitet war das arabische System nun auch wieder nicht. Was wir hier sehen, sagt also etwas über die Entwicklung der Rechenkunst im Deutschland des 16. Jahrhunderts aus.

Die hingekritzelte »Rechenaufgabe« ist also bedeutungsvoll, gleichwohl nicht lösbar.

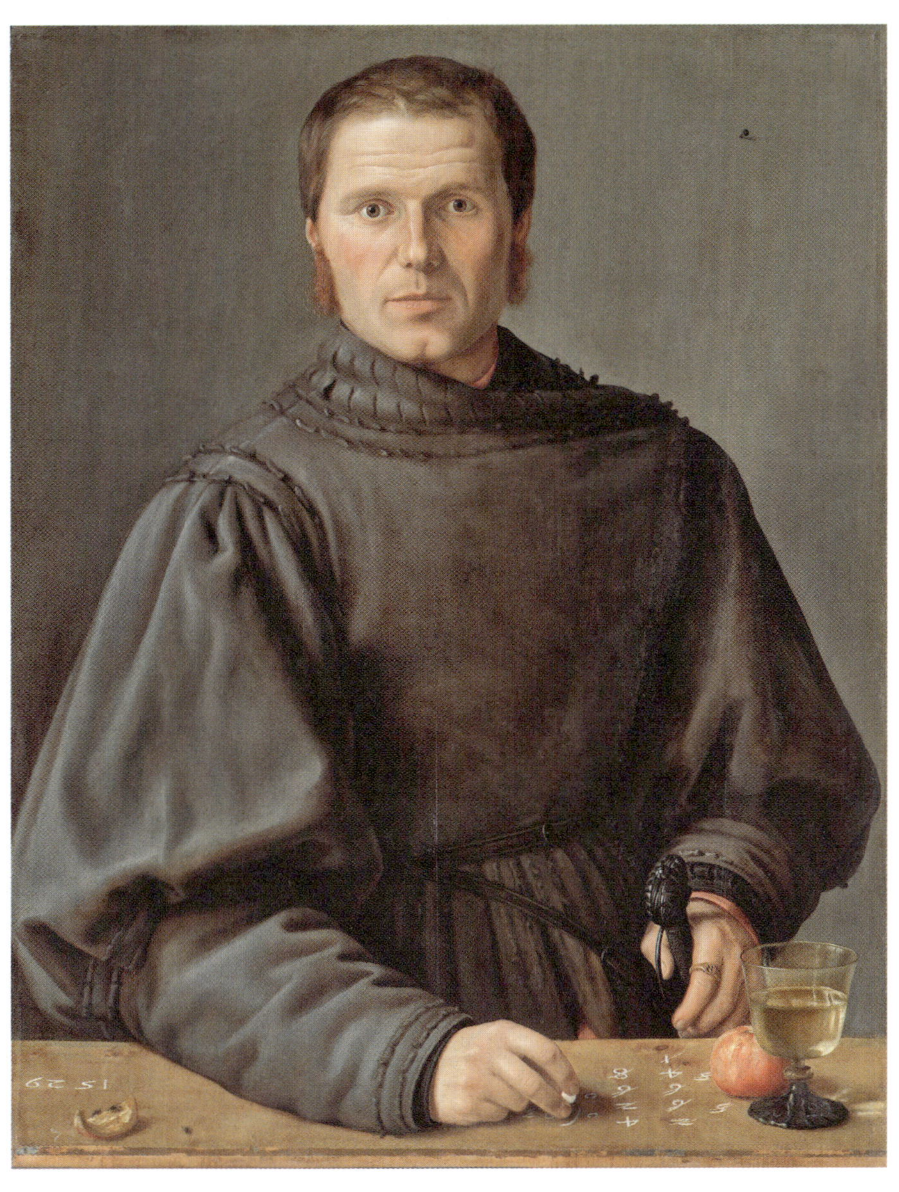

BARTHEL BEHAM, BILDNIS EINES SCHIEDSRICHTERS ODER RECHENMEISTERS, 1529, ÖL AUF LINDENHOLZ, 66,1 X 48,8 CM, KUNSTHISTORISCHES MUSEUM WIEN

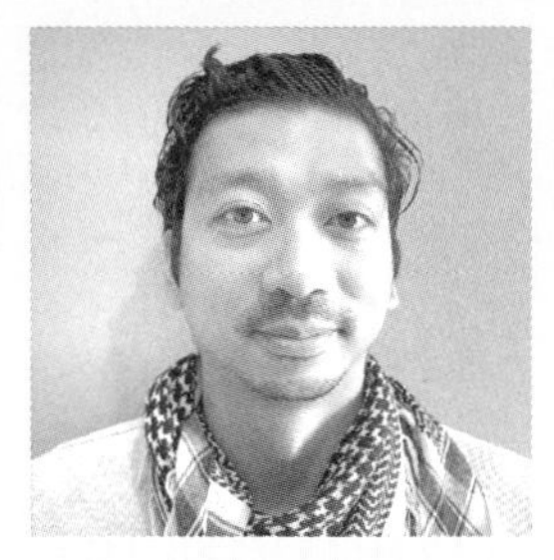

»ES GIBT EINIGE FAKTOREN: HÖHE, GESCHWINDIGKEIT UND FLUGRICHTUNG. ÄNDERT SICH AUCH NUR EINER VON IHNEN, WIRFT DAS DAS GANZE BILD ÜBER DEN HAUFEN.«

ROYCE DARMIN, FLUGLOTSE FÜR DIE ALLGEMEINE LUFTFAHRT AM FLUGHAFEN SCHIPHOL

Manche Menschen müssen aus beruflichen Gründen viel schauen – das bedeutet in der Regel, dass sie ihre Augen brauchen, um Dinge zu verstehen, sie zu untersuchen, in einen Kontext zu stellen und zu einem Urteil zu gelangen. Die Menschen, mit denen ich für dieses Buch gesprochen habe, schauen alle viel auf die Dinge und Geschehnisse in der realen Welt. Royce Darmin hat einen Filter zwischen sich und der Welt: Er blickt auf einen Bildschirm. Auf kleine Quadrate und Kreuze, die sich bewegen. Er ist der Einzige, der beim Hinsehen weiß, dass er eigentlich nach etwas anderem schaut – er sieht mehr, als er wahrnimmt. Er schaut den ganzen Tag, dabei ist seine Arbeit so intensiv, dass er nur zweieinhalb Stunden am Stück arbeiten darf und dann eine 40-minütige Pause einlegen muss. Um mal im Ruheraum Tischfußball zu spielen oder eine Runde zu laufen. Darmin befindet sich in der Endphase seiner Ausbildung zum Fluglotsen für die allgemeine Luftfahrt beim Flight Information Center (FIC) des Flughafens Schiphol: Er überwacht Hubschrauber, Sportflugzeuge, kleine Militärflugzeuge und den gesamten Tiefflugverkehr im Luftraum über der Nordsee und einem Teil der Niederlande. Er sieht alle Hubschrauber, die Personal von und zu den Bohrinseln in der Nordsee bringen, er sieht die Rettungshubschrauber und Polizeihubschrauber über den Städten, und an einem warmen Tag kann sich auf seinem Radarschirm ein fröhliches Chaos von nichtgewerblichen Flugzeugen tummeln. Nun ja, sehen tut er sie eigentlich nicht, vom Schiphol-Tower aus. Er sieht die kleinen Quadrate. Sie fliegen niedrig: bis zu 1500 Fuß über dem Boden. Das sind 457 Meter. Die Kreuze und Dreiecke stehen für die großen Flugzeuge oberhalb dieser Höhe. Darmin beobachtet und scannt alle fünf bis zehn Sekunden das Radar aufs Neue. Wenn er einen kurzen »Call« mit einem Piloten hat, weil der sich beispielsweise einem Sperrgebiet nähert, können sich während dieses Gesprächs zwei andere Quadrate viel zu nahe kommen und zu einem Quadrat werden. Wenn sie auf der gleichen Höhe fliegen, gilt es dann keine Zeit zu verlieren. Was er tut, ist eigentlich eine höhere Form von *Gaming*. Genau hinsehen, abschätzen, eingreifen.

Er wollte Pilot werden. Aber dafür waren seine Augen nicht gut genug, das wusste er schon, als er sechzehn war. Arzt zu werden, klappte auch nicht, beim Losentscheid wurde er zweimal nicht gezogen. Er hatte noch einen langen Weg vor sich: Er begann eine Ausbildung zum Fluglotsenanwärter in Schiphol-Ost, eine Ausbildung, für die es jedes Jahr etwa 1000 Bewerber auf nur 30 Plätze gibt. Er wurde ausgewählt, schloss die Ausbildung aber nicht ab: Die Prüfungen sind schwer und nur etwa 30 Prozent der Studenten schaffen es über die Ziellinie. Er erhielt die Möglichkeit, Fluglotsen-Assistent zu werden, so konnte er dennoch »an Bord« bleiben. 2012 bewarb er sich erneut für den Kurs, aber seine Augen waren zu schwach und er bestand die medizinische Eignungsuntersuchung nicht. 2017 spielten ihm die europäischen Regeln in die Karten: Sie wurden gelockert, und er wurde doch noch zur FIC-Fluglotsenausbildung zugelassen. Er arbeitet in Schiphol-Ost im Schichtdienst zwischen den Fluglotsen, die – auch auf Radar –

für die »Area Control« für die Charter- und Linienflugzeuge zuständig sind, und den Fluglotsen, die den Anflug kontrollieren. Letztere schauen als einzige tatsächlich nach draußen auf die großen »Kisten« unten auf den Roll-, Lande- und Startbahnen. Die Fluglotsen sind die wachsamen Eulen über dem Luftraum, die Tag und Nacht für einen scharfen Blick garantieren.

Wann hast Du gemerkt, dass Du anders hinsiehst als andere Menschen? Das habe ich während meiner Ausbildung erkannt. Ich achte auf die kleinsten Dinge und bin mir meines Umfelds bewusst; das ist meine Aufgabe. Dadurch bekommt man einen »scannenden Blick«. Mir fallen kleine Veränderungen auf; meine Arbeit ist eine Art intensives Computerspiel. Ständig scanne ich das Radarbild, das mir Informationen über die Luftfahrt liefert, die ich überwache. Aus dem zweidimensionalen Bild erstelle ich in meinem Kopf ein 3D-Bild davon, wie es im Luftraum tatsächlich aussieht.

Welchen Anteil hat das Sehen an Deiner Arbeit? Der Anteil beträgt etwa 90 Prozent; ich gewinne meine ganzen Informationen aus dem Radarbild. Darüber hinaus spreche ich mit den Piloten, um sie zu beraten; im Gegensatz zu den Fluglotsen für den Charter- und Linienverkehr nehmen wir eine beratende Rolle ein, wir treffen keine Entscheidungen. Was wir sagen, ist also kein Befehl; die Piloten sind letztendlich selbst verantwortlich. Meine Aufgabe besteht darin, den Luftraum zu überwachen und die Piloten über die Situation auf dem Laufenden zu halten. Aber auch während eines solchen Gesprächs muss ich weiter das Radarbild scannen, um die Risiken beispielsweise eines Zusammenstoßes abzuschätzen. Im Verlaufe eines einzigen Gesprächs kann sich ein Punkt einem anderen schon wieder viel mehr angenähert haben.

Was fällt Dir auf, was anderen entgeht? Wenn ich auf das Radar schaue, sehe ich Flugzeuge, Geschwindigkeiten und Höhen, wo andere nur grüne Kreuze und Punkte sehen, die sich wie beim Computerspiel Pong hin- und herschieben. Für mich bedeutet jedes Quadrat etwas anderes. Es ist wichtig, darauf zu achten, ob es sich um einen Hubschrauber, ein Flugzeug oder beispielsweise um einen Ballon handelt. Jeder Flugzeugtyp hat seine speziellen Eigenschaften. Ein Sportflugzeug unterscheidet sich in Geschwindigkeit und Manövrierfähigkeit von einer F16.

Kann man sehen lernen? Man kann lernen bewusster hinzuschauen, und man kann lernen, das zu sehen, was für einen wichtig ist.

Wie unterscheidet sich Dein anfängliches von Deinem jetzigen Sehen? Man wird als Fluglotse anhand von Kompetenzen wie Konzentrationsfähigkeit, Antizipationsvermögen, Genauigkeit und räumlichem Vorstellungsvermögen ausgewählt. Während der Ausbildung übt man viel im Simulator. Diese Simulationen sind so aufgebaut, dass der Verkehr zunimmt und die Arbeitsbelastung erhöht wird. Was nun anders ist: vor allem, dass ich vorausschaue, auf das, was passieren könnte. Dass ich strategischer und mehr in möglichen Szenarien denke. Auch außerhalb meines Berufs, im Auto und auf der Straße. Ich bin mir der sicherheitsrelevanten Situationen bewusster, und ja, ich schaue oft nach oben, in den Luftraum.

Kannst Du ein Beispiel für ein Detail nennen, das Deine Sichtweise auf eine Situation oder Deine Arbeit verändert hat? Es gibt mehrere Beispiele, die mir gezeigt haben, dass man nie davon ausgehen kann, dass ein Pilot weiß, was erlaubt ist und was nicht. Im niederländischen Luftraum gibt es einige Bereiche, in denen das Fliegen untersagt ist, sogenannte Gefahrengebiete oder Flugverbotszonen, wie militärische Übungsgebiete oder beispielsweise der Luftraum im Umkreis des schwer bewachten Gefängnisses des Internationalen Strafgerichtshofs in Den Haag. Ich habe mal ein kleines Flugzeug gesehen, das sich auf ein Sperrgebiet zubewegte, ich warnte den Piloten, sah, dass er umdrehte, hatte ein anderes Gespräch, und als ich wieder hinschaute, flog er doch wieder in dieses Sperrgebiet. Dann muss ich dem Piloten sehr streng deutlich machen, dass er da raus muss, ja, in einem anderen Ton. In diesem Beruf darf man nichts für selbstverständlich halten – schon gar nicht bei Freizeitpiloten.

Wie wichtig sind Details? Sehr wichtig. Es gibt einige Faktoren: Höhe, Geschwindigkeit und Flugrichtung. Ändert sich auch nur einer von ihnen, wirft das das ganze Bild über den Haufen. Und an einem verkehrsreichen Tag kann es sein, dass sich 30 grüne Quadrate gleichzeitig auf meinem Radar bewegen. Wenn ich sie darauf hinweise, dass sie sich einander zu sehr nähern, können die Piloten nach draußen sehen und darauf achten, wo sich der andere befindet, um sich nicht in die Quere zu kommen.

Wie kann man lernen mehr zu sehen? Man nimmt mehr wahr, wenn man weiß, worauf man achten muss und was wichtig ist. Und wenn man nichts als selbstverständlich ansieht.

HANDWERKSKUNST

Selten habe ich die Expertise zu einem Detail so in meiner Nähe gefunden wie bei diesem Kunstwerk, und selten habe ich mich dabei so dumm gefühlt. Denn hier geht es um Handwerkskunst, und meine praktischen Kenntnisse beschränken sich auf das Nähen von Kleidern, was ich aus Zeitmangel schon lange nicht mehr getan habe. Handwerkskunst stirbt aus, vermelden die Zeitungen. In einer schönen Kolumne im niederländischen Radio 1 skizzierte der Kabarettist Pieter Derks kürzlich die Situation in den Niederlanden: zwei Millionen Kommunikationswissenschaftler und niemand, der einen Wasserhahn reparieren kann. Etwas zu wissen ist für uns mehr wert, als etwas zu tun.

Diesen Schuster aus dem 16. Jahrhundert habe ich in Venedig auf einem wandfüllenden Gemälde gesehen, auf dem der Heilige Markus – der Schutzpatron der Stadt – auf wundersame Weise den Schuster Anianus heilt. Dieser sitzt da wie ein Aussätziger, während der in vornehme Gewänder gekleidete Markus steht, ähnlich wie Jesus, als er den Lahmen heilte; und das schafft sofort eine Hierarchie. Im Hintergrund sind ein imposantes venezianisches Gebäude und edle Herren zu sehen, von denen einige Turbane tragen, um den internationalen Handelscharakter der Stadt zu unterstreichen. Eine noble Gesellschaft, doch ich wollte wissen, womit der Schuster da zugange war. Warum hatte er ein Gummiband um sein Bein gespannt und was waren das alles für Gerätschaften in seiner Kiste?

Vor Jahren habe ich den Sohn eines Schuhmachers geheiratet. Nicht, dass er etwa wüsste, was das für Sachen sind, er ist nämlich selbst – tatsächlich – in der Kommunikationsbranche tätig.

Mein Schwiegervater Henri du Crocq – Harry – ist der Fachmann. Er versteht, wie alles funktioniert, indem er es sich genau ansieht, und in den 13 Jahren, die ich ihn kenne, habe ich nicht einmal gefragt, wie seine Werkzeuge heißen oder was er mit ihnen macht. Dazu bedurfte es dieses Details. Er hielt mir am Telefon

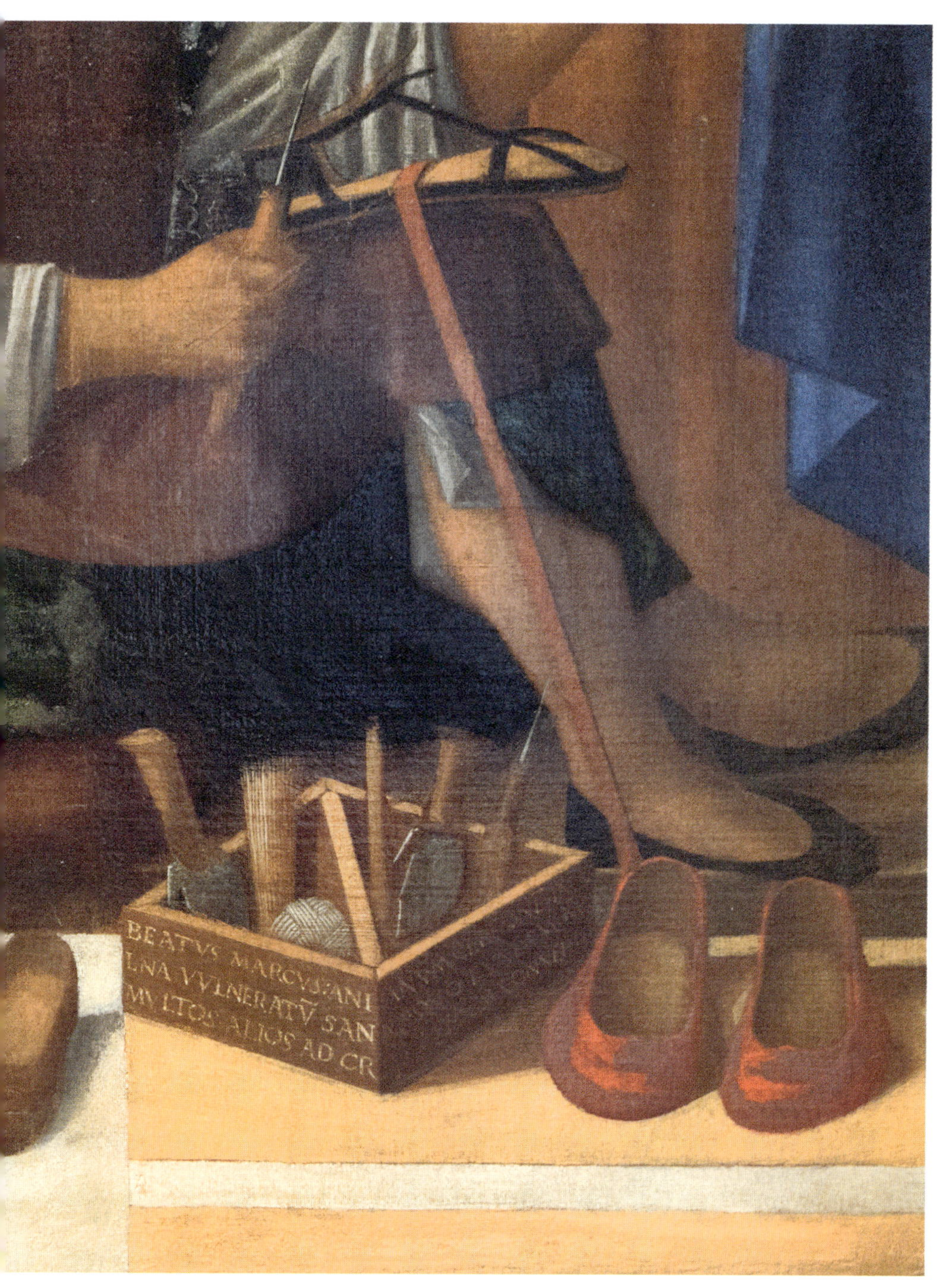
BEATVS MARCVS ANI
LNA VVLNERATV̄ SAN
MVLTOS ALIOS AD CR

einen fröhlichen Vortrag über Plattahlen, Putzhölzer und Hinterkappen, und ich spürte, wie ich von Minute zu Minute kleiner wurde – es gab so viel, was ich nicht wusste.

Zunächst zu dem Gummiband, das natürlich gar kein Gummiband ist, denn so etwas gab es damals noch nicht. Das wird als Spannriemen bezeichnet. Jeder Schuhmacher fertigt (noch immer) einen Spannriemen nach Maß aus Leder an, um einen Schuh an seinem Bein festzuklemmen; dann hat er die Hände frei, um zum Beispiel die Sohlen zu formen oder, wie in diesem Fall, den Schaft zu nähen.

In der Schachtel liegt, links und rechts, ein Messer, das die meisten Schuhmacher nicht mehr verwenden, außer einigen Italienern und Japanern, die alles von Hand machen: ein Schuhmachermesser mit einer kleinen Zusatzklinge, einem spitzen Minimesser. Das setzt man ein, wenn man die Sohle mit der Hand in Form feilt und ein Grat (ein abstehendes Stück Leder) entsteht. Mit dem kleinen Messer schneidet man diesen Grat schräg ab, sodass man an der Sohle eine glatte Kante erhält.

Das Bündel »Satee-Spieße« sind Nadeln, sie werden Borsten genannt und sind aus Schweineborsten gefertigt. Solche Borsten haben eine flache Seite, die man spalten kann, um einen Faden durchzuziehen. Die davor liegende Rolle besteht aus Hanf (für die Innennähte) oder aus feinerem Flachs für die Außennaht. Was wie das Holzstäbchen eines Stieleises aussieht, heißt im Niederländischen passenderweise *likstok* (»Leckstab«), im Deutschen »Putzholz«, und ist aus weichem Lindenholz gefertigt. Wenn der Rand der Sohle ausgeschnitten ist, kann man damit die Kante abreiben, bis sie glänzt. All diese Gerätschaften sind Veredelungsmaterial, sagt Harry beiläufig. Rechts ist eine Ahle zu sehen, genau wie in der Hand des Schuhmachers.

Harry erzählt von Hinterkappen (Fersenstücken, die immer vom Hals der Kuh stammen), vom Doppeln und davon, wie man den Schaft in einem Zug von innen nach außen mit Pech und Wachs nähen muss. Es muss schnell gehen und wasserdicht sein, diese Jungs machen das in 20 Minuten. Das erste Mal, als Harry es mit 12 oder 13 Jahren in der Berufsschule machte, brauchte er drei Wochen dafür. Als er anfängt, über die Plattahle zu sprechen und wie schön man damit das Leder mit einer Biegung entlang der Kante an die Innensohle nähen kann, wird mir schwindelig. »Wenn ich es dir kurz zeigen könnte, wäre es leichter zu verstehen«, sagt er sanft, und ich verspreche, ihn bald zu besuchen. Mit meinem Mann.

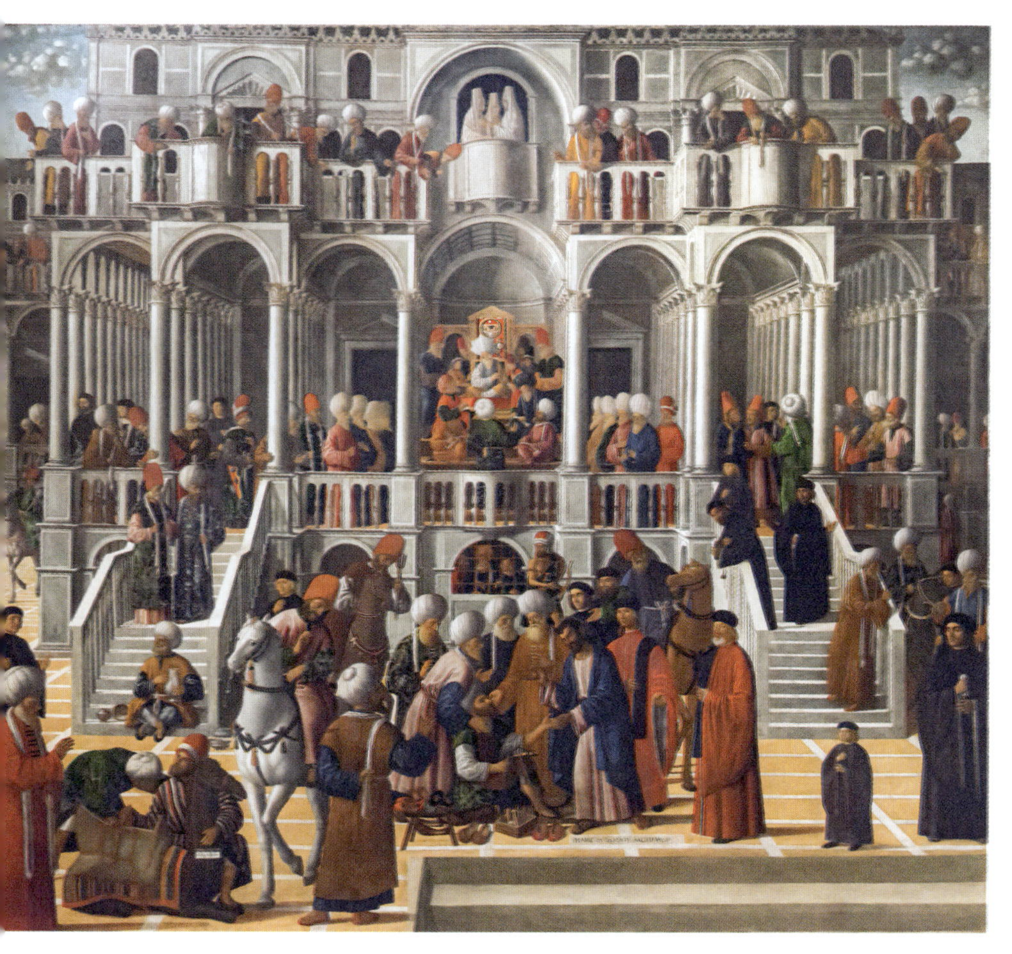

GIOVANNI MANSUETI, DIE HEILUNG DES ANIANUS DURCH DEN HEILIGEN MARKUS, ANFANG 16. JAHRHUNDERT, ÖL AUF LEINWAND, 376 X 399 CM, GALLERIA DELL'ACCADEMIA, VENEDIG

EIN POSTHUMES WUNDER

In der Liste der beneidenswerten Tiere dürfte der Axolotl ganz oben stehen. Von allen Dingen in der Natur, die unbegreiflich sind, ist er wirklich eines, an dem man sich die Zähne ausbeißen kann: Warum kann der Axolotl seine Beine und sogar seine Kiemen – die außen farnartig sprießen – verlieren und sich dann einfach neue wachsen lassen? Während wir anderen Lebewesen mit unseren Verlusten leben müssen. Wie praktisch wäre es, wenn bei uns eine abgeschnittene Hand einfach nachwachsen würde. Wenn zurückkäme, was wir verloren haben. Wenn es keine Narben gäbe, sondern sich die Gliedmaßen regenerierten und wie kleine Phönixe am Körper wiederauferstünden.

Im Museum Catharijneconvent in Utrecht musste ich bei diesem Gemälde des Marienbegräbnisses daran denken. Maria steht, kurz zusammengefasst, für Trost. Kein Heiliger oder sonstiges Rollenmodell hat größere Bedeutung bei der Linderung der Trauer um einen Verstorbenen. Maria und ihre Vorgängerinnen wie Demeter, Kybele, Fortuna oder Isis sind natürlich Göttinnen; sie schenken Leben, so wie jede Frau sich göttlich fühlen darf, wenn sie eine Geburt überstanden hat. Das kann man nüchtern betrachten, aber ich habe für die Verehrung einer Urgöttin durchaus Verständnis. Aber Maria hat – mit dem Tod ihres Sohnes – dieses Leben verloren, steht deshalb für alle Mütter, die ein Kind verloren haben, und alle Menschen, die einen geliebten Menschen verlieren. Die es ertragen müssen, von diesem Menschen abgeschnitten zu sein. Maria leidet mit. Darum steht sie für Trost.

In diesem Gemälde stieß ich auf etwas mir Unbekanntes: drei kleine Hände, die zu schweben scheinen. Sie schweben nicht wirklich, sondern klammern sich an das Tuch, aber sie sind mit keinem Körper verbunden. Auf dem Boden liegt ein Mann ohne Hände und ein anderer, dem eine Hand fehlt (dort, wo das Blut heraussickert). Ich hatte keine Ahnung, was das nun wieder für eine Geschichte war. Die Informationen, die das Museum zu dem Gemälde lieferte, machten es

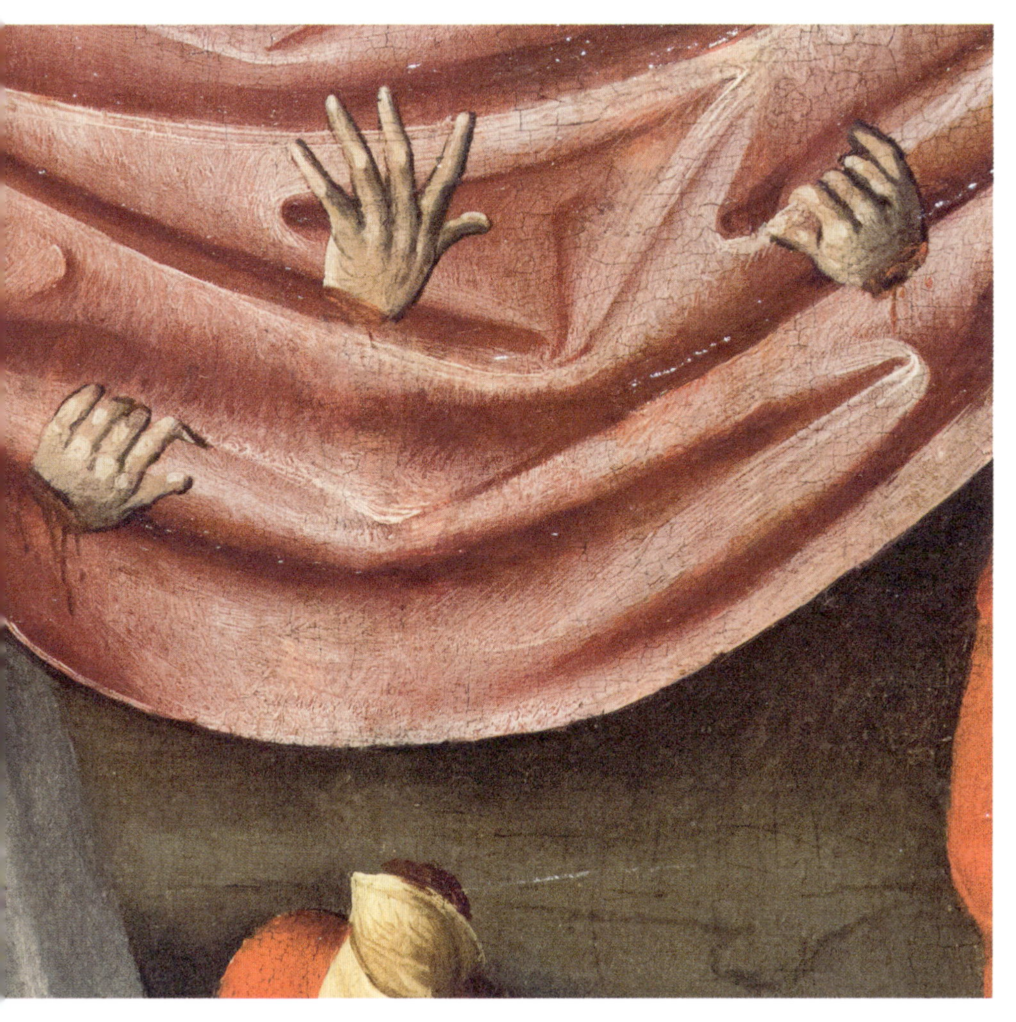

schon um einiges klarer: Marias Begräbnis wurde von Widersachern gestört, die die Bahre herunterreißen wollten. Aber Maria war heilig, deshalb war das nicht so einfach.

Die Szene wird in den Heiligenlegenden, der *Legenda Aurea* des Jacobus de Voragine aus dem 12. Jahrhundert und in einer apokryphen Legende über Maria aus dem 4. Jahrhundert beschrieben. Bei dem Begräbnis waren Engel anwesend, schreibt de Voragine, sie begleiteten die untröstlichen Apostel und erfüllten die Erde mit ihrem süßen Gesang. Aber es gab auch Widerstand. Einer der anwesenden jüdischen Priester konnte seine Wut auf die Apostel nicht unterdrücken und griff nach der Bahre, »da dorreten seine Hände beide und blieben an der Bahre hangen, also dass er nicht von der Bahre mochte kommen, und schrie in großen Schmerzen gar jämmerlich; das andere Volk aber ward von den Engeln, die in der Wolke waren, mit Blindheit geschlagen.« Von den Engeln also, die eben noch lieblich gesungen hatten.

Der jüdische Priester bat Petrus um Hilfe, der aber mehr oder weniger sagte: »Sorry, wir sind gerade beschäftigt und können dich jetzt nicht heilen. Aber wenn du an Jesus glaubst, hoffe ich das Beste für dich.« Der Mann rief schnell, dass er das tue, und seine Hände ließen los – was wohl nicht weniger schmerzhaft war. Dann küsste er die Bahre und wurde geheilt.

Wie die Heilung vonstattenging, wird in der Geschichte aus dem 12. Jahrhundert nicht erwähnt, wohl aber im Museum, das sich auf einen Text aus dem 4. Jahrhundert beruft: Der Priester genas wie ein Axolotl. Seine Hände wuchsen auf wundersame Weise wieder nach, und Maria hatte ihr erstes posthumes Wunder vollbracht. Weiße Lilien – als Symbol der Reinheit – wuchsen entlang des Weges, und darin lag das Versprechen, dass Dinge, die zerbrochen sind, wieder repariert werden können. Die Göttin der Mutterschaft und des Trostes ersetzt, was verloren gegangen ist.

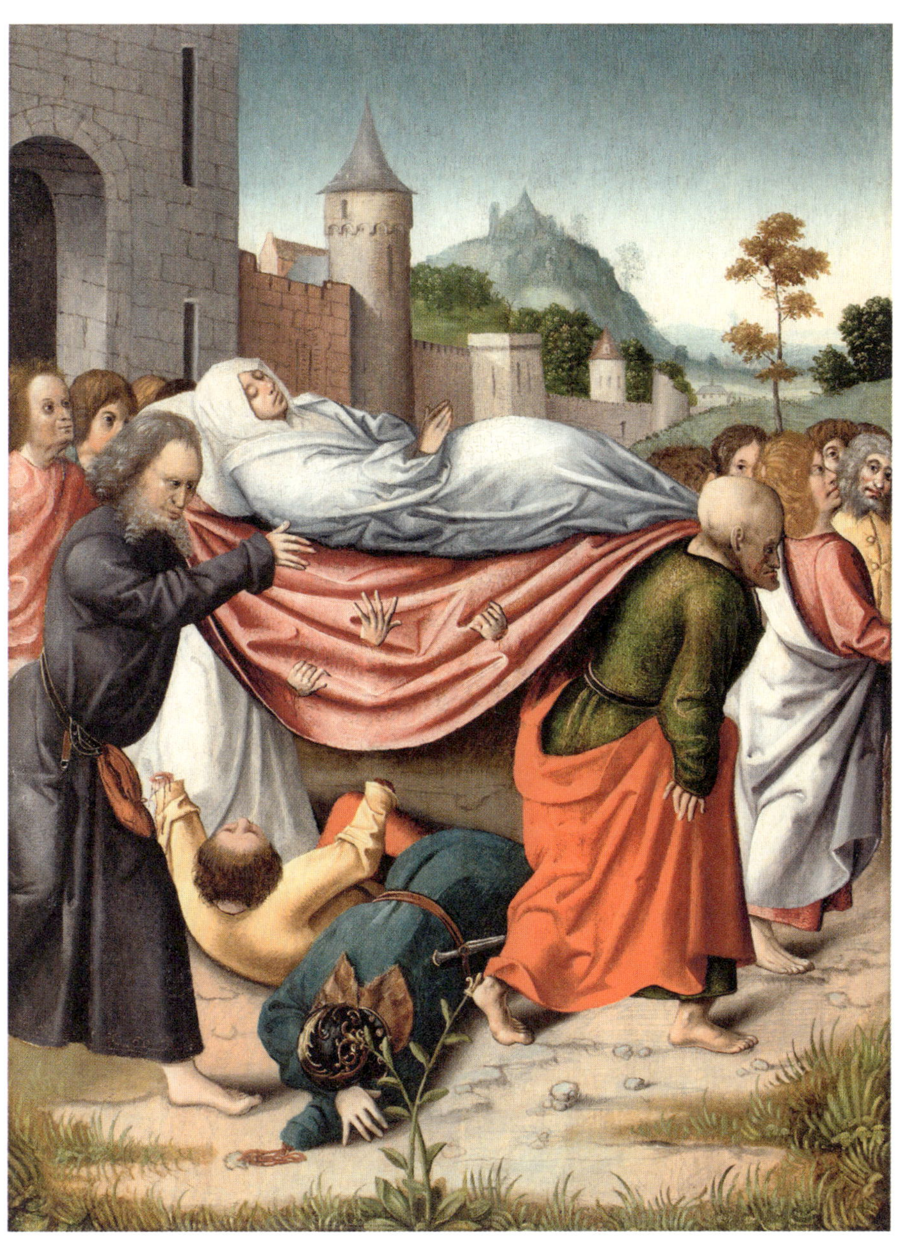

UNBEKANNTER MALER AUS DEM NORDEN DER NIEDERLANDE, DAS BEGRÄBNIS MARIÄ DURCH DIE APOSTEL, 1495, ÖL AUF HOLZ, 68,5 X 51 CM, MUSEUM CATHARIJNECONVENT, UTRECHT

TATARISCH

Diese Vögel auf Marias Mantel stammen nicht aus Italien, sondern aus Asien. Aus dem tiefsten Asien, dem Mongolenreich jenseits des Schwarzen Meeres. Als dieses Bild gemalt wurde, imitierten die Italiener bereits seit fast einem Jahrhundert die Stoffmuster und -techniken der »Tataren«, unter anderem Stoffmuster von ihren Tieren, ob diese mythisch waren oder nicht, und so auch von diesem Fenghuang, der chinesischen Variante des Phönix. Agnolo Gaddi verwendete diese Variante wiederum in seinen Gemälden, in prachtvollem echtem Gold, worauf ich gleich noch einmal zurückkomme. Der Phönix symbolisiert die Wiedergeburt, daher passte er perfekt unter die baumelnden Zehen des kleinen Heilands. Der chinesische Phönix, erkennbar an seinen Klauen, seinem Schopf und seinem in dünnen Strähnen herabhängenden Schwanz, ist auch ein Symbol für Tugend und Anmut sowie für die Himmelskörper. Fenghuang, so sagt man, sei aus der Sonne entstanden.

Ich sah dieses Gemälde in Parma, einer Stadt zum Verlieben, und später verstand ich mehr davon. Die National Gallery of Art in Washington besitzt ebenfalls Werke von Agnolo Gaddi und liefert auf ihrer Website umfassende Informationen über die Herkunft seiner Stoffe, eines der Dinge, die er so glänzend malte. Gaddis Vorbilder kamen also aus dem Osten. Die Italiener hatten zu seiner Zeit bereits jahrhundertelang mit Syrien und Ägypten Handel getrieben, doch durch ein päpstliches Verbot des Handels mit Muslimen im Jahr 1291 verlagerte sich der Handel in das mongolische Reich, das die kostbaren Stoffe und Teppiche über die Seidenstraße nach Europa brachte. Um 1330 begannen italienische Textilweber, diese Muster zu kopieren. In den Gemälden lässt sich leicht erkennen, dass islamische geometrische Muster kopiert wurden, nun aber in dreidimensionaler Interpretation; so ist der orientalische mythische Vogel auf Marias Mantel gelandet.

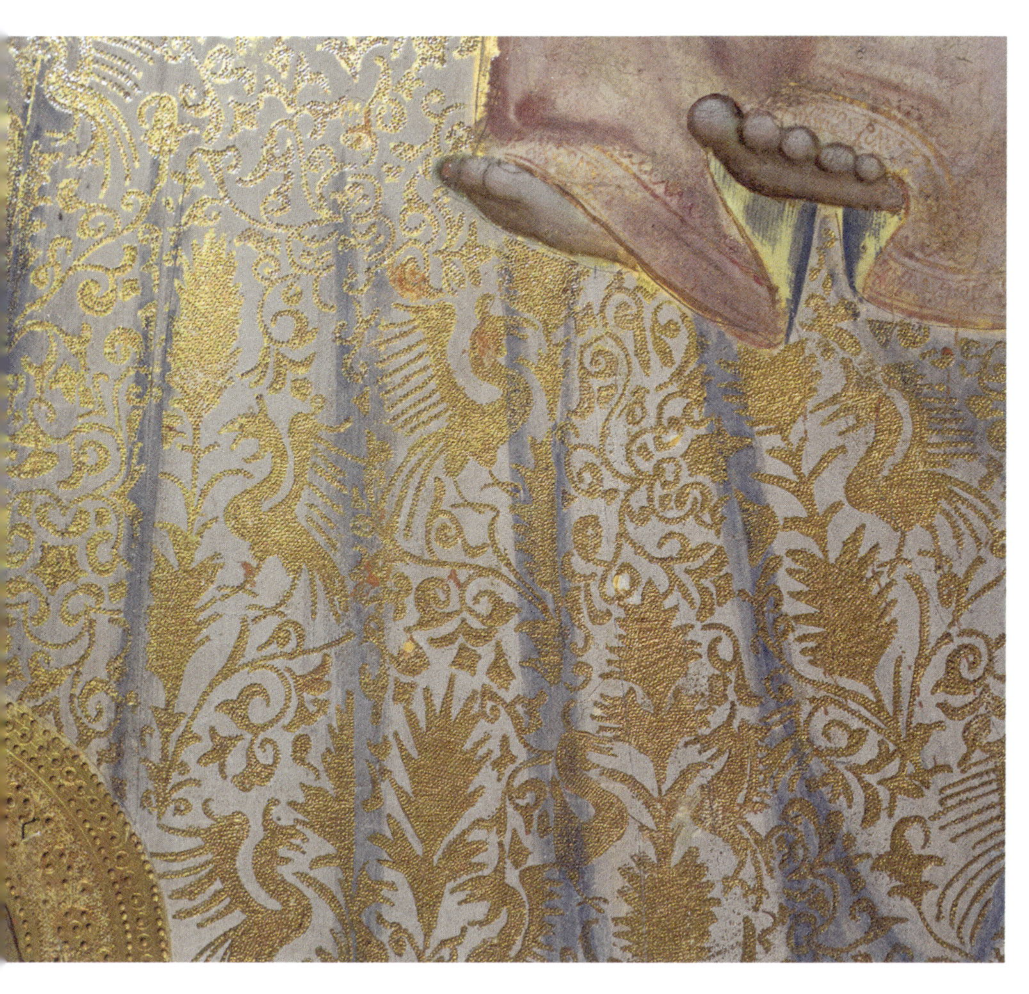

Als das Mongolenreich 1360 zusammenbrach, übernahmen die Italiener die Führungsrolle in der Textilindustrie und exportierten ihre prunkvollen Stoffe in islamische Länder.

Ich habe mich gefragt, wie das Blattgold in diesem Gemälde bearbeitet wurde. Man sieht Aureolen der Heiligen mit schönen Prägemustern, einige der Mäntel sind mit Blattgold bearbeitet. Weil ich immer vergesse, wie das gemacht wird, rief ich den italienischen Kunstkenner und Restaurator René Hoppenbrouwers von der Stiftung Restauratie Atelier Limburg an, der für das Gespräch mit mir »erst einmal von dem 30 Meter hohen Gerüst herunterklettern musste« – seinem seinerzeitigen Arbeitsplatz im Bürgersaal des Königlichen Palastes am Dam in Amsterdam. Näher kann man der jahrhundertealten Realität des Künstlerberufes wohl kaum kommen.

»Das ist in diesem Altargemälde ganz offensichtlich«, sagt er mit der Gelassenheit eines Bäckers, der gefragt wird, ob er ein Croissant erkennt. »Gaddi verwendet in dem Altar mehrere Techniken, aber hier ist es das Sgraffito; eine Möglichkeit, Gold sichtbar zu machen, nachdem man es zunächst übermalt hat.« Auf eine Grundierung aus rotem Ton (die hier in einigen kleinen Lücken sichtbar ist) werden Blattgoldblätter gelegt. Um die Grenzen für die teuren Blätter zu markieren, wird dort, wo der Maler sie abschneiden muss, in die Malerei geritzt. »Das sieht man hier an Jesu Füßen. Dafür brauchte man schließlich kein Gold.« Das Blattgold wurde mit einem Achatstein oder manchmal mit einem Hundezahn poliert, bis es wie reines Gold glänzte. Dann wurde es farbig übermalt, in diesem Fall mit dem Weiß und Ultramarinblau von Marias Mantel. Mit einem Stab aus Holz – nicht aus Metall, damit hätte man das Gold beschädigt – entfernte man anschließend die Übermalungen an den Stellen, die golden erscheinen sollten: die Blätter, Vögel und Zweige. »Danach hat der Künstler mit einem Metallstift Punkte in das Gold punziert, damit sich das Licht diffuser streut«, sagt der Restaurator. Man muss sich den Altar natürlich vor allem bei Kerzenlicht vorstellen. Die vielen kleinen Punzierungen sollen auch dazu beitragen, die von Gaddi intendierte Illusion eines gewebten Goldfadens entstehen zu lassen. Sein Vorbild war der Luxus aus dem Osten.

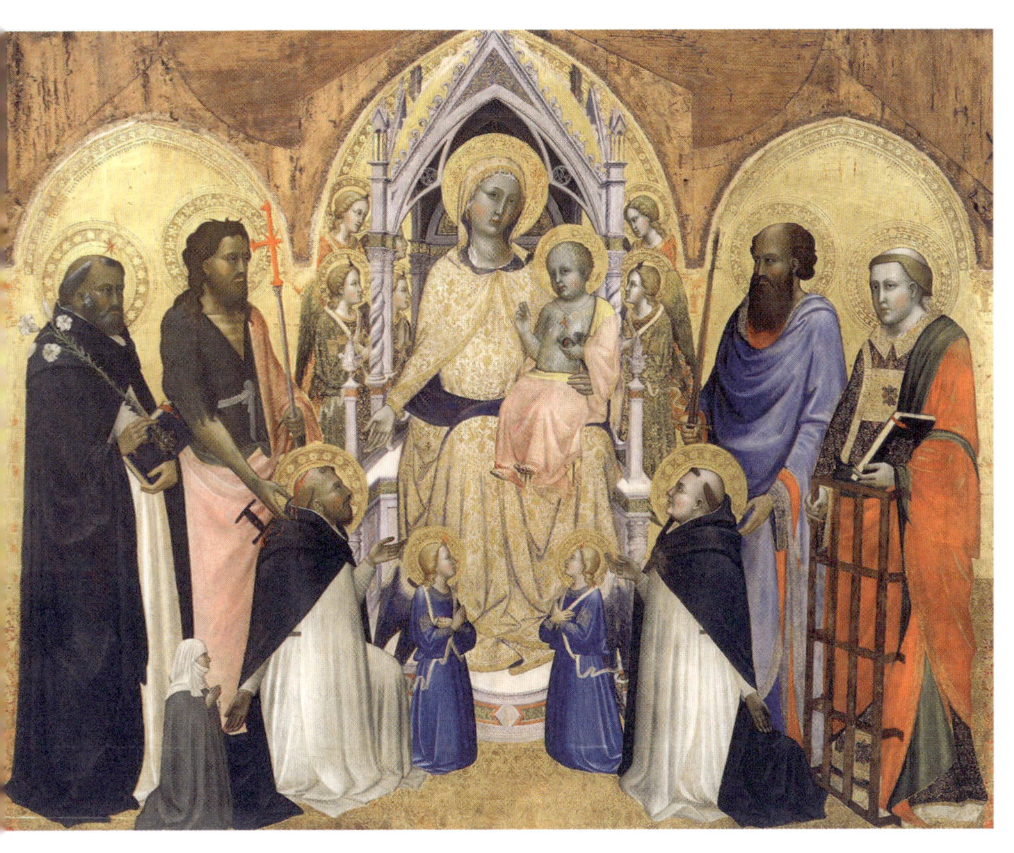

AGNOLO GADDI, THRONENDE MADONNA MIT KIND (ALTAR URSPRÜNGLICH AUS DER KIRCHE SANTA MARIA NOVELLA IN FLORENZ), 1375, 159 x 198 CM, TEMPERA UND GOLD AUF HOLZ, GALLERIA NAZIONALE DI PARMA

ÜBERMÄCHTIG

Einige Dinge, die früher Statusobjekte waren, sind heute völlig verschwunden. Die Kutschen – nun ja, bis auf eine Zeremonie zum niederländischen Prinzentag einmal jährlich im September. Monokel und Türklopfer. Kandelaber – wer lässt die heute noch aus Gold anfertigen, wo es doch LED-Licht gibt? Hier sehen wir ein Statussymbol, ein Schmuckstück und einen nützlichen Gegenstand im päpstlichen Haushalt: die Tischglocke. Bis vor nicht allzu langer Zeit besaß jeder Haushalt der Oberschicht, der über Personal verfügte, eine Tischglocke; die Familien ließen oft personalisierte Glocken mit Familienwappen und Namen anfertigen.

So eine Glocke kann aus einfachem Metall sein, aber nicht diese. Dies ist die höchste Glocke des höchsten geistlichen Würdenträgers. Aus Gold und Silber, mit einer Schnur aus rotem und goldenem Garn. Die Glocke des Papstes. Sein Mittel, mit minimalem Aufwand das zu bekommen, was er will: Ohne sich von seinem Platz zu bewegen, kommt die Welt zu ihm. Die Glocke symbolisiert in diesem Gemälde die Stellung, die Leo X. in der sozialen Hierarchie Italiens einnahm: die höchste.

Leo X. ist der erste Medici-Papst, und er ist es, der gesagt haben soll: »Gott hat uns das Papsttum gegeben, lasst es uns genießen.« Leo war auch der Papst, gegen den sich Martin Luther mit seinen 95 Thesen wandte, die er am 31. Oktober 1517 – vor nun mehr als 500 Jahren – an die Kirchentür in Wittenberg geschlagen hat. Leo war der Teufel; er gab zu viel aus, übte zu viel Macht aus, und nach Auffassung einiger herrschte während seiner Regentschaft im Vatikan ein sexuelles Gomorra.

Die Ordnung und die Ruhe, die dieses Porträt von Raffael ausstrahlt, entsprechen nur zum Teil der ansonsten unruhigen Realität: dem Teil, in dem er seine Macht und seinen Luxus zur Schau stellt. Auf dem Tisch liegt die Hamilton-Bibel, ein irreführender Name, denn sie ist nicht englisch, sondern wurde 1350 in Neapel hergestellt und war damals im Besitz von Papst Leo X., der eigentlich

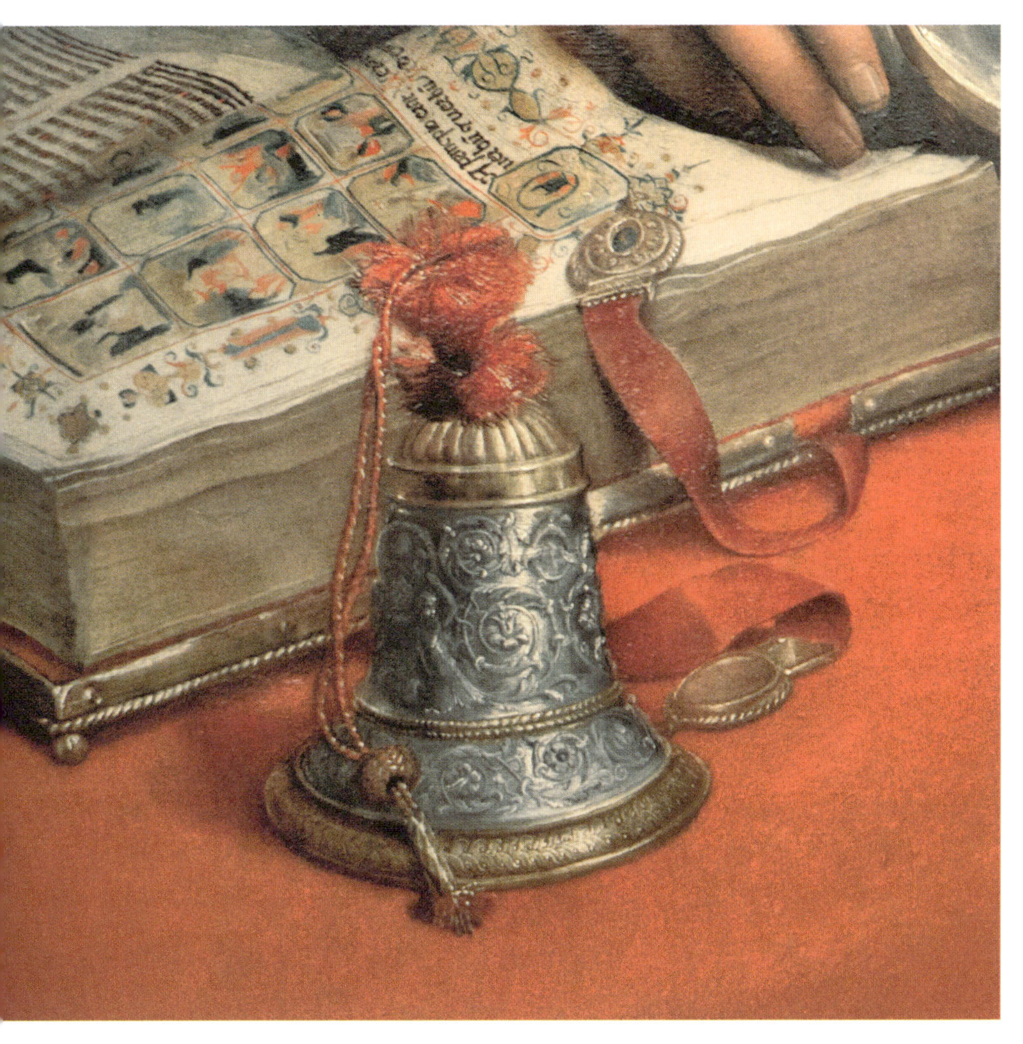

Giovanni de' Medici hieß. Er blättert die Seite zum Johannes-Evangelium, dem Evangelium seines Namensvetters, um. Dort heißt es: »Es ward ein Mensch von Gott gesandt, der hieß Johannes. Dieser kam zum Zeugnis, dass er von dem Licht zeugte, auf dass sie alle durch ihn glaubten.« (Johannes 1, 6-7). Glauben, indem man auf Giovanni hörte; nach manchen Interpretationen eine radikale Antwort auf Luther, der schließlich gesagt hatte, die Menschen sollten allein auf Gott hören.

Die Glocke sagt alles. Es geht um Autorität, und auch um das Hören. In einem schönen Beitrag der Kunsthistorikerin Flora Dennis im Buch *Everyday Objects – Medieval and Early Modern Material Culture and Its Meanings* (2010) schreibt sie, dass die Glocke soziale Überlegenheit symbolisiere. Die Glocke nimmt dem gesprochenen Wort im Umgang seine Intimität. Das Objekt beeinflusst die Beziehungen; es verbindet die sozialen Klassen und bestätigt ihre jeweiligen Unterschiede. Die Glocke ist auch eines der wenigen Instrumente, die ihren Klang bewahren. Wenn man heute in einem Museum eine Tischglocke läuten könnte, klänge sie noch genauso wie in der Renaissance.

Diese Tischglocke ist übersät mit den Symbolen der Medici: Federn und Diamantringen, dem Lorbeerzweig *(il broncone)* und den *palle dei medici,* den sechs Kugeln aus dem Familienwappen, hier nur in einem floralen Motiv versteckt. In Florenz, wo die Familie während der Renaissance herrschte, waren diese *palle* einst so allgegenwärtig, dass das Wappen sogar Jesus am Kreuz ersetzte, heißt es. Wofür die Kugeln genau stehen, weiß man nicht genau; es könnte sich um Pillen handeln, die auf den Namen Medici (»Ärzte«) verweisen, oder um Münzen, die auf den Ruhm der Bankiersfamilie hindeuten. So oder so landeten sie auf der Glocke des Papstes, seinem Instrument, um der Welt zu zeigen, dass sie auf ihn und niemanden sonst zu hören hatte.

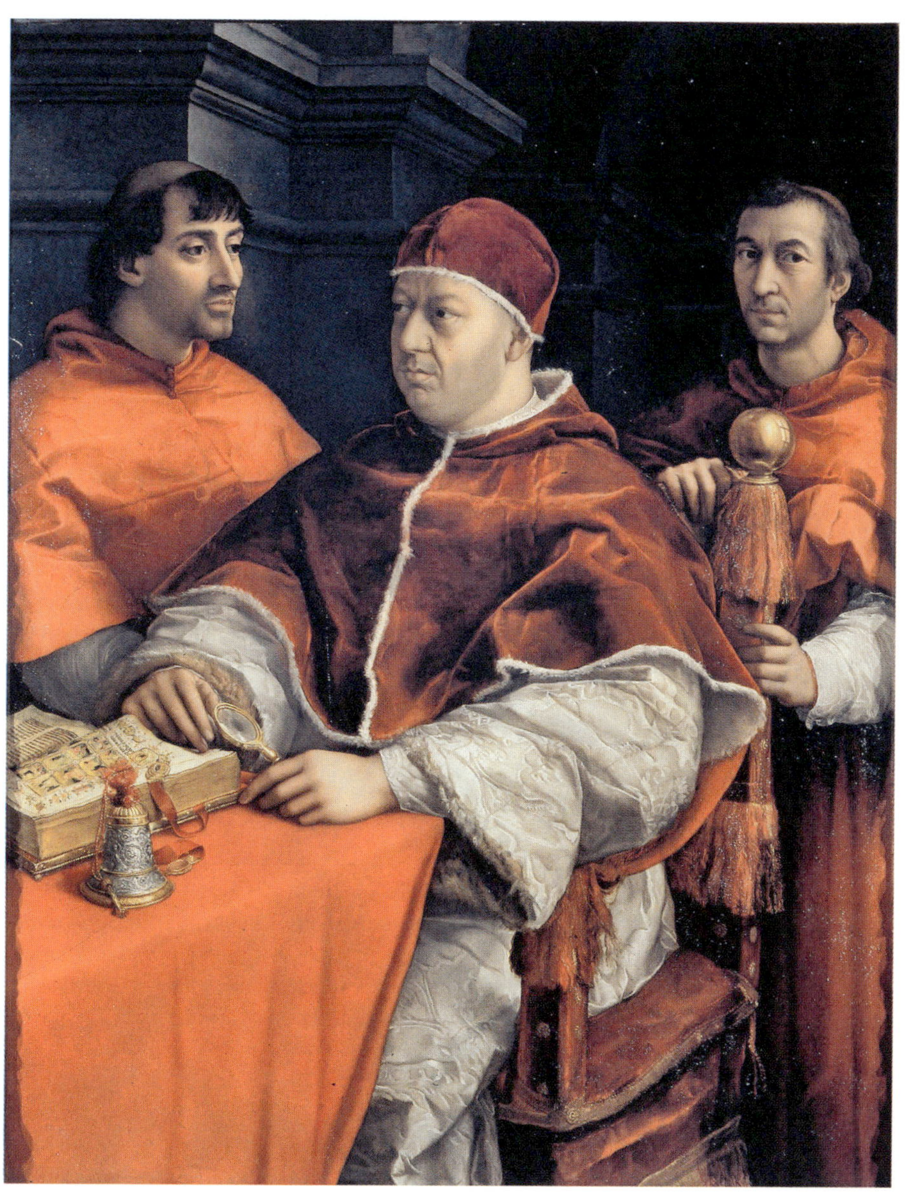

RAFFAEL, PORTRÄT VON PAPST LEO X. MIT DEN KARDINÄLEN GIULIO DE' MEDICI UND LUIGI DE' ROSSI, UM 1518–19, ÖL AUF HOLZ, 155,2 × 119 CM, GALLERIE DEGLI UFFIZI, FLORENZ

IHRE REISELUST

Die Kunstgeschichte ist als Fach noch gar nicht so alt und wer glaubt, dass es eine Reihe von in Stein gemeißelten Wahrheiten und Stilen gäbe, irrt sich gewaltig. Das Fach ändert ständig seine Perspektive. Mitte des letzten Jahrhunderts wurden historische Gemälde sehr formal betrachtet (Farben, Linien, Komposition), in den 1970er Jahren widmete man seine Aufmerksamkeit den sozialen Unterschieden, und erst in jüngster Zeit interessiert man sich speziell für die dargestellte Kleidung. Und gegen Ende des 19. Jahrhunderts konnte man noch einen Kunsthistoriker finden, der in Rembrandt einen echten »holländischen« oder »arischen« Geist erkannte. Eine Variante der Identitätsperspektive ist heute erneut in der Diskussion und liefert zweifellos neue Erkenntnisse.

Neu ist daran vor allem, dass der Blick global wird. Endlich, würden manche wohl sagen. Ein paar Hinweise darauf: So sprach Thijs Weststijn in seiner Antrittsvorlesung als Professor für Kunstgeschichte in Utrecht über die westliche Kunstgeschichte aus globaler Perspektive. Im Frans Hals Museum fand 2017 die Stillleben-Ausstellung *A Global Table* statt, bei der sich das Museum – soweit ich weiß als erstes Museum überhaupt – ganz auf die Herkunft der unzähligen Luxusgüter (aus Amerika, Asien, Afrika und so weiter) in niederländischen Stillleben konzentrierte. Und das Rijksmuseum erforscht mittlerweile seine eigene Sammlung auf ihre Herkunft hin. Das waren und sind wichtige Schritte, die das Fach und unseren Blick verändern.

Die frühere Kunstgeschichte hätte dieses Gemälde, das ich in Wien gesehen habe, als Symbol für die britischen Erfolge gedeutet; der Graf und die Gräfin von Arundel sind in ihren schönsten Gewändern neben einem Globus abgebildet. Graf Thomas Howard zeigt genau auf Madagaskar. Auch der Zirkel, den seine Frau in der Hand hält, weist in diese Richtung. Die Welt, das schaffen wir schon, scheint die Botschaft zu sein. Howard wollte, aus einer Mischung aus Reisesucht und politischer Enttäuschung im eigenen Land heraus, Madagaskar kolonisieren, was

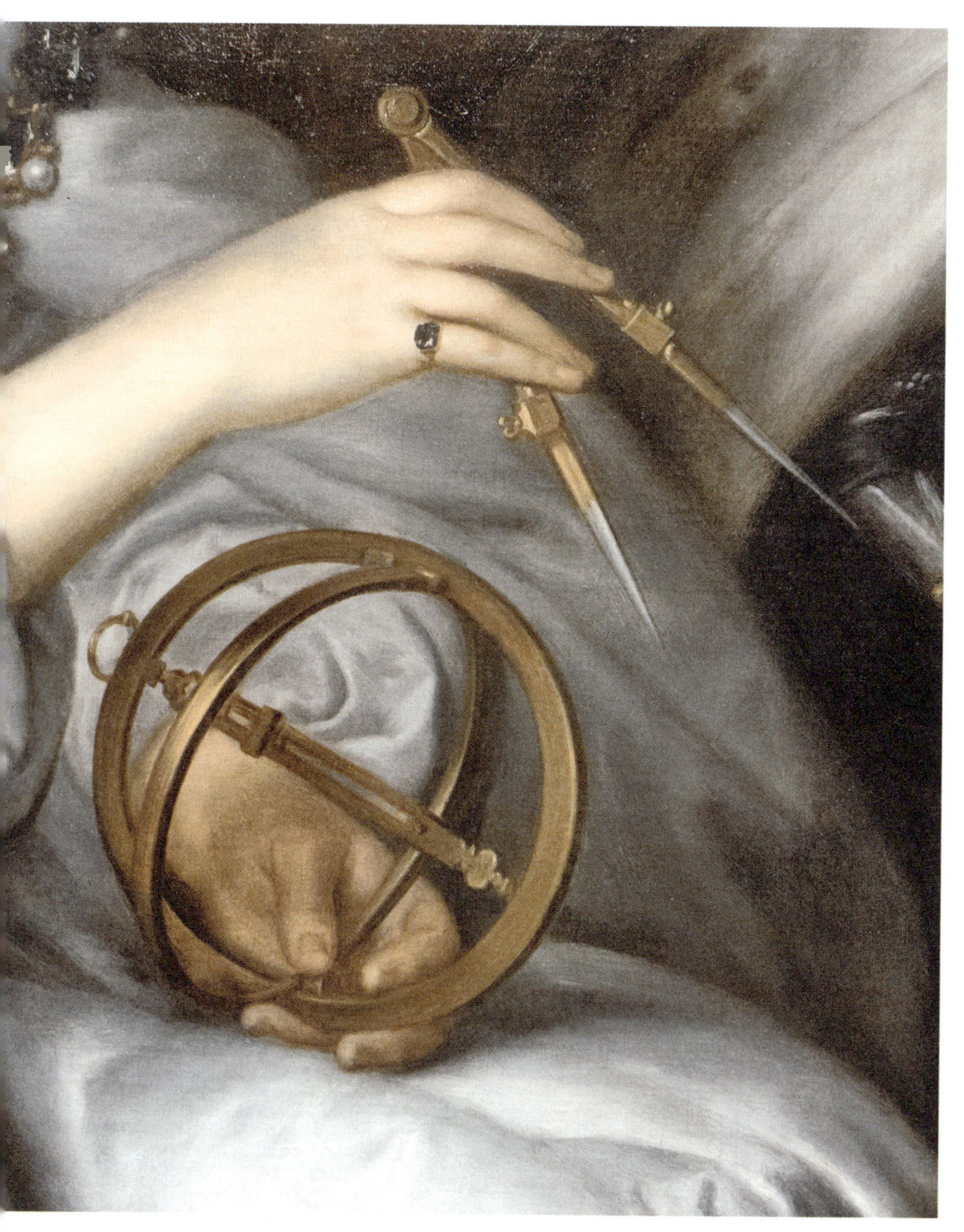

ihm übrigens nicht gelingen sollte. Dieses Bild ist die PR dafür.

Aber was stellt diese Kugel auf ihrem Schoß dar? Eine Armillarsphäre? Ein Messinstrument? Mein Kollege Maarten chattete mit dem Kurator Bart Grob vom Museum Boerhaave in Leiden und schickte ihm dieses Detail mit Fragezeichen und Chatkürzeln, die unsere Unkenntnis unterstrichen. Mit der Entspanntheit, die einen wahren Gelehrten kennzeichnet, antwortete Grob: »einen Sonnenring«. Grob und der Kurator Tiemen Cocquyt erklärten mir dann, wie der tragbare Sonnenring funktioniert: Der äußere Ring zeigt die Breitengrade an, also die Positionen auf dem Globus. Auf einem Exemplar aus ihrer eigenen Sammlung, das sie mir zeigten, waren auch Städte angegeben: Amsterdam, Bologna usw. Der mittlere Ring bezeichnet Stunden, die in römischen Ziffern vermerkt sind (auf dem Gemälde nicht zu sehen). Der kleine Stab gibt die Monate an, der mittlere Teil lässt sich verschieben. Das ist so genial gemacht, dass man das Ganze zu einem flachen Kreis zusammenfalten und auf Reisen mitnehmen kann.

Das ist ein GPS und eine Weltzeituhr in einem. So etwas wie die Übersicht in Ihrem Smartphone, die die Zeit von Tokio, New York und Singapur anzeigt. Denn bei richtiger Aufhängung und Einstellung kann man an ihm überall auf der Welt die Zeit ablesen: Ein Sonnenstrahl fällt durch das kleine Loch in der Mitte genau zur richtigen Zeit in den inneren Ring. Frisius – ein Mann aus Friesland also – hatte bereits 1534 ein Instrument erfunden, das die Zeit mit einer Ortsangabe kombinierte, aber die hier abgebildete Kugel ist wahrscheinlich eine englische Erfindung von William Oughtred, womit das Gemälde auch die schöpferische Kunst der Briten feiert.

Warum hält Alethea den Sonnenring in der Hand? Vielleicht um die Ambitionen ihres Mannes, also den Drang zur Kolonisation, zu unterstreichen. Doch sie selbst war auch schon eine gestandene Frau, bevor sie ihn heiratete, und hatte zudem eigenes Vermögen. Alethea war eine der reiselustigsten Persönlichkeiten der britischen Geschichte: Sie verweilte in Rom, Padua, Antwerpen, Mantua, Madrid, Alkmaar, Heidelberg, Utrecht, Dublin und noch einigen anderen Weltgegenden, sie sammelte klassische Skulpturen und besaß Werke von Tizian, da Vinci, Raffael und Veronese. 1654 starb sie in Amsterdam. Wer sagt eigentlich, dass Anthonis van Dyck mit diesem GPS-Instrument nicht ihren neugierigen und ruhelosen Charakter dargestellt hat?

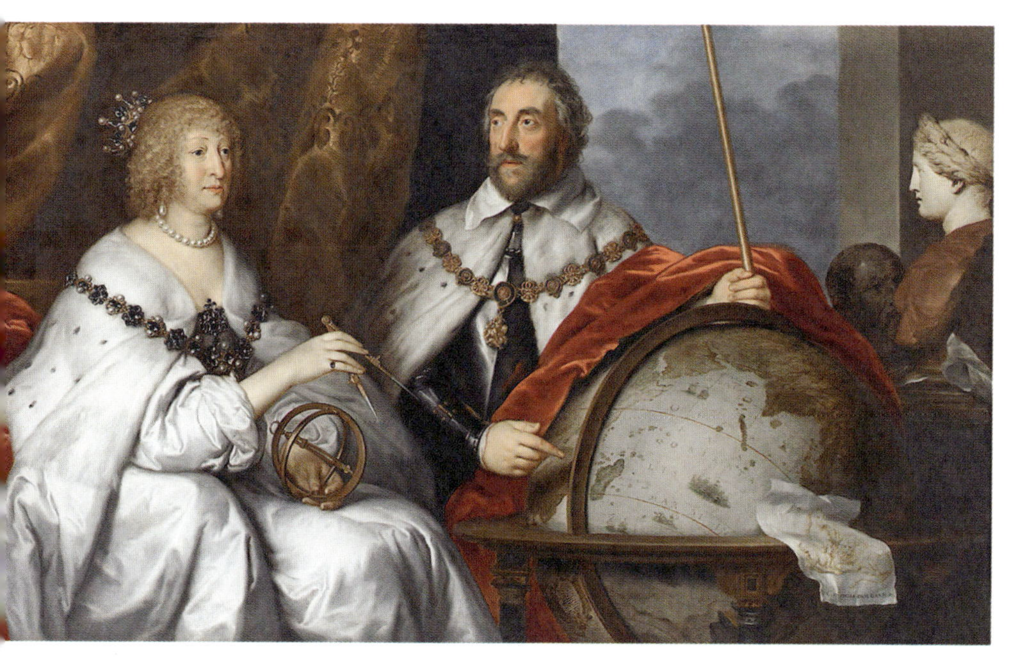

ANTHONIS VAN DYCK, THOMAS HOWARD GRAF ARUNDEL UND SEINE GATTIN ALETHEA TALBOT, UM 1639–40, ÖL AUF LEINWAND, 124 X 202 CM, KUNSTHISTORISCHES MUSEUM WIEN

ZEITREISEN

In manchen Kunstwerken kann man geradezu buchstäblich in der Zeit reisen. Hier ein schönes Beispiel dafür. Schauen Sie sich, wenn Sie das Werk nicht kennen, bei den Angaben zu dem Gemälde zunächst einmal dessen Abmessungen an. Es ist ein Gemälde wie ein Film in einem Megakino, voller Haupt- und Nebenfiguren, Passanten, unterschiedlichen Szenen und Dekors, die zwar sehr realistisch wirken, aber dennoch künstlerisch gestaltet sind, wie man es eben von Filmen kennt. Ein Gemälde, das so groß ist, dass man es nur sehen kann, wenn man sich bewegt; hin und her gehend, sich von ihm entfernt und sich ihm wieder nähert. Die Details sind Dinge, die direkt vor der eigenen Nase liegen. Die Figuren wirken wie echte Menschen, die einen aus dem Gemälde heraus ansehen. Man wird zum Zeitzeugen dieser Stadt Alexandria des 1. und des frühen 16. Jahrhunderts. Was die Zeitreise angeht, so findet diese nämlich innerhalb der Darstellung statt.

Der Heilige Markus predigt darin in Alexandria. Er lebte im 1. Jahrhundert, aber hier steht er auf einem Platz, und zwar vor einem Gebäude, das ihm zu Ehren im 12. Jahrhundert erbaut wurde, ein schlappes Jahrtausend später also, unter Menschen, die nach der Mode des 16. Jahrhunderts gekleidet sind. Und zwar der venezianischen und nicht der ägyptischen Mode. Also reisen wir hier nicht nur in der Zeit, sondern vermischen auch noch Orte miteinander.

Gentile Bellini malte hier drei Orte, beschreibt der Kunsthistoriker David Carrier in einem schönen Artikel in der Zeitschrift *Source. Notes in the History of Art* (2008): Alexandria, durch die Kamele, Minarette und den Obelisken angedeutet. Das war der Ort des Geschehens. Venedig, worauf die berühmte Basilika San Marco verweist, die noch immer dort steht – wenngleich im Gemälde durch einen Rundbogen leicht verändert und ihrer christlichen Symbolik entledigt. Und schließlich muss man sich fragen, wo diese Berge eigentlich herkommen. Im wasserreichen Venedig und auch in der Umgebung von Alexandria ist von Bergen keine Spur. Diese Berge erinnern eher an das Veneto.

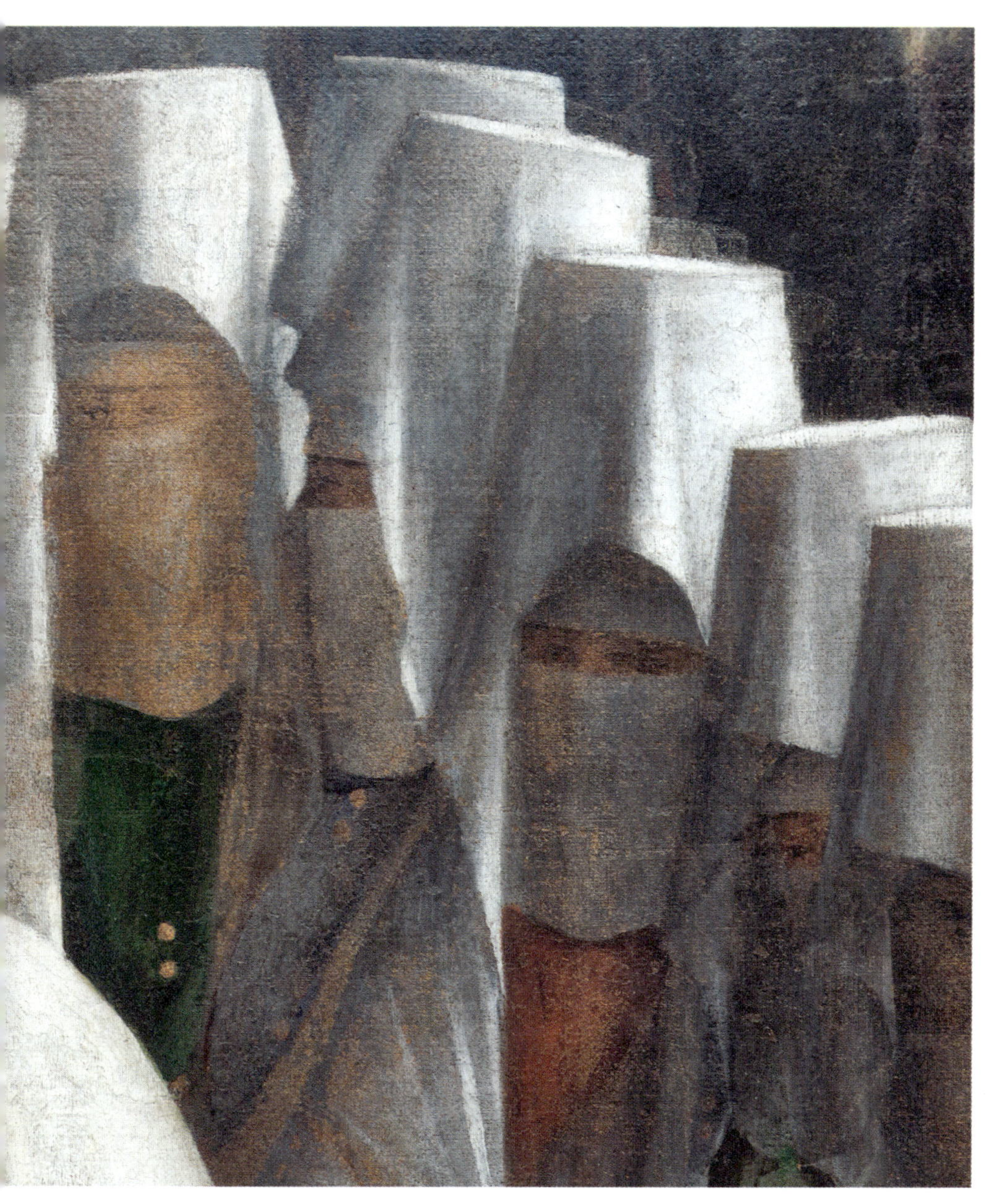

Nach Gentiles Tod im Jahr 1507 vollendete sein Bruder Giovanni Bellini das Gemälde. Das Witzigste daran ist noch, dass Markus den Muslimen predigt, die es im 1. Jahrhundert nach Christus noch gar nicht gab. Denn wie allgemein bekannt, wurde Mohammed erst sechs Jahrhunderte später geboren! Es handelt sich also um eine Art Bekehrung im Rückwärtsgang. Für die Venezianer der damaligen Zeit war das ein zeitgenössisches Thema, es ging schließlich um die Rolle des Heiligen Markus bei der Gründung Venedigs und um den Wunsch, die »Heiden« aus Ländern wie etwa Ägypten, mit denen man Handel trieb, zu bekehren.

Nun aber zu diesem Detail mit den prächtigen, mit Schleiern bedeckten, Hüten der Frauengruppe in der Mitte. Zusammengenommen bilden sie ein architektonisches Ensemble, ähnlich einem weißen Stufengiebel, das in einem schönen Kontrast zu den Gebäuden und den Bergen steht. So stellte sich Gentile Bellini die muslimischen Frauen von Alexandria vor. Aber jetzt kommt das Bemerkenswerteste. Es ist eine scharfe Beobachtung und eine Fantasie zugleich, und hier kommt offenbar noch ein anderer Ort ins Spiel. Bellini wusste weder etwas über Ägypten noch über die dortige Kleidungstradition. Aber er kannte die Türkei. Dort war er 1479 in einer besonderen diplomatischen Mission zur Bekräftigung von Handelsinteressen gewesen und hatte unter anderem ein Porträt von Sultan Mehmet II. dem Eroberer angefertigt. Bellini hatte die osmanischen Traditionen gesehen und ausgiebig gezeichnet, und er verarbeitet sie sein ganzes Leben lang in seiner Kunst. Auch wenn hier eigentlich ägyptische Frauen porträtiert werden sollten, tragen sie daher osmanische Kleidung.

Die Frauen tragen einen konischen Hut, einen *arakçin*, mit einem Schleier darüber für Kopf und Gesicht, der die Augen frei lässt und in der Türkei *yasmak* genannt wird. Der Arakçin war im 16. und 17. Jahrhundert in Mode; in einer Quelle habe ich gelesen, dass er vornehmen Frauen vorbehalten war. Exemplare aus Seide befinden sich in der Sammlung des Topkapi-Museums in Istanbul. Wie Sie sehen können, zeigen die Farben in diesem Detail Spuren von Abreibung, aber wenn man genau hinschaut, kann man durch die transparenten Schleier die Gesichter der Frauen erkennen. Unter ihrem Kopfputz tragen sie Farbe.

Bellini mischt Orte und Jahrhunderte miteinander, und in Zeiten der Migration und der Kultur- und Identitätspolitik ist ein Gemälde wie dieses auch ein Jahrtausend später noch aktuell.

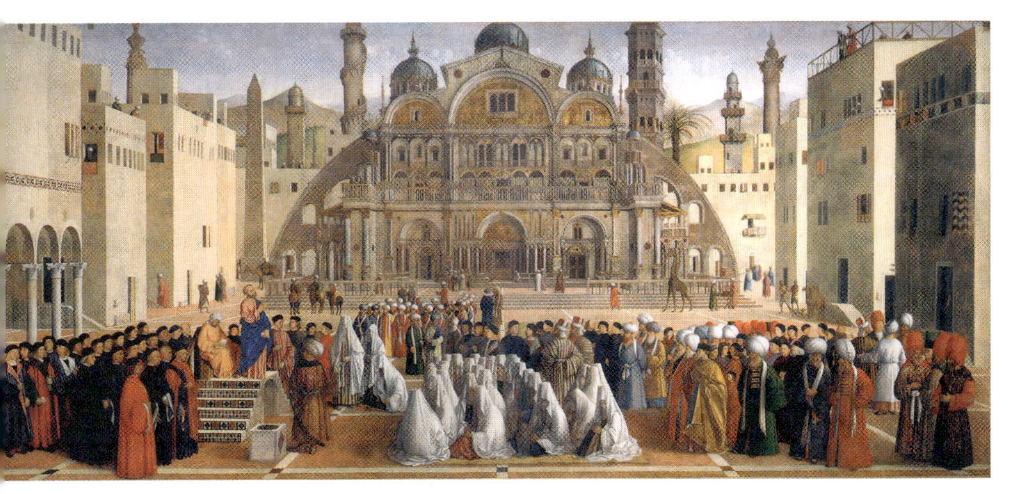

GENTILE UND GIOVANNI BELLINI, DER HEILIGE MARKUS PREDIGT IN ALEXANDRIA, 1504–07, ÖL AUF LEINWAND, 347 X 770 CM, PINACOTECA DI BRERA, MAILAND

EIN ÄFFCHEN

Wir sehen hier eine sehr kleine Kaiserin. Ein kleines Mädchen aus der Gonzaga-Dynastie, das dazu bestimmt war, hochherrschaftlich zu heiraten, was es 20 Jahre später auch tat: Sie wurde Kaiserin des Heiligen Römischen Reiches, Königin von Deutschland, Böhmen und Ungarn. Eleonora liebte Musik und brachte den Barock nach Wien, wo sie mit ihrem Mann Ferdinand II. lebte. Weil sie das Ballett liebte, machte sie eine Tradition daraus und ließ einen lang gezogenen Tanzsaal an die Hofburg anbauen – das Wiener Ballett war geboren. Aber hier ist Eleonora erst zwei Jahre alt. Wirklich noch ein kleines Kind, ihrer Kleidung nach zu urteilen, auch wenn wir vielleicht eher sagen möchten: Zieht dem Kind Spielklamotten an und lasst es zwischen seinen Legos herumkrabbeln. Damals dachte man anders darüber.

Bei Porträts macht die Kleidung oft 60 bis 75 Prozent der gesamten Bildfläche aus; dennoch liest man in Museen sehr wenig über Mode und Kostüme. Das ist eigentlich schade, denn sie verraten viel über die Person, die sie trägt.

Schauen wir uns Eleonoras Äffchen an. Eine Brosche, groß wie ihr Unterarm, mit einem emaillierten Äffchen mit Diamanten und Rubinen – sie ist bekannt, denn die Brosche ist im Inventar der Gonzaga verzeichnet. Mehr Hinweise erhalten wir nicht. Affen kommen schon im Mittelalter in der Kunst vor, zunächst als Drolerien in den Randbereichen von Handschriften. Aber im 17. Jahrhundert gab es auch schon echte Affen in Europa. Dürer hatte damals bereits eine schöne Meerkatze gezeichnet, worum es sich vielleicht auch hier handelt. Was kann ein Affe auf dem Porträt eines Kindes bedeuten?

Genau wie Hunde sind auch Affen symbolisch »formbar«. Sie haben schließlich Ähnlichkeit mit dem Menschen, entsprechend können sie den Menschen in der Kunst widerspiegeln. Im Jahr 1952 schrieb der berühmte Kunsthistoriker Horst Janson ein ganzes Buch über den Affen in der Kunst. Darin wird deutlich: Der Affe kann für Vanitas (Eitelkeit) oder den Teufel, für Verführung (mit Flügeln)

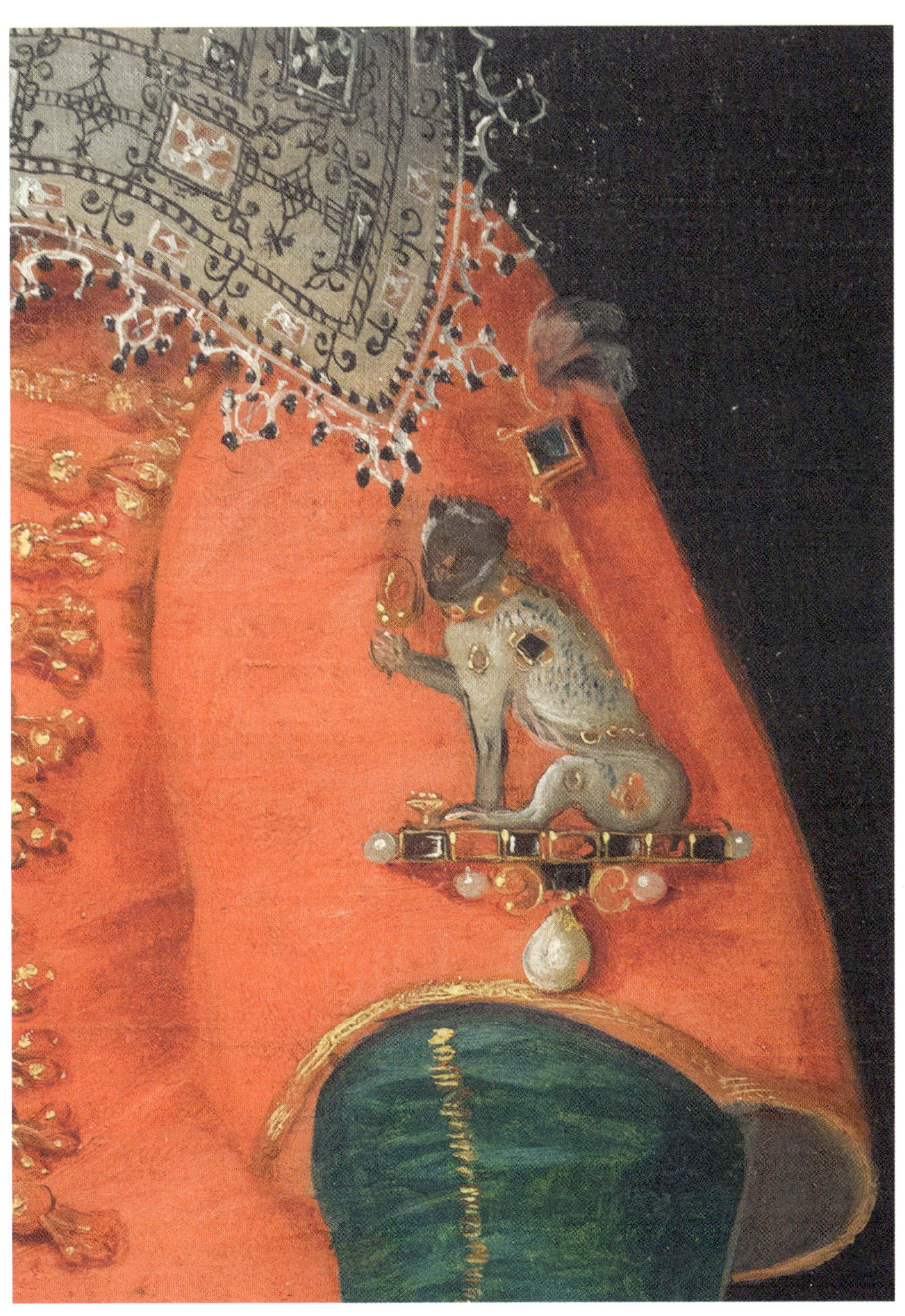

oder Sünde stehen, er kann ein Symbol für Lust und gesellschaftlichen Status sein, kurzum, der Affe ist ein Spiegelbild jeglichen menschlichen Verhaltens, ob gut oder schlecht. Was uns zu dem Gegenstand führt, den er in der Hand hält. Laut dem Familieninventar handelt es sich um eine kleine Pfeife, aber ich sehe hier keine Pfeife. Ich sehe einen Spiegel. Denn Spiegel sahen damals so aus und Affen mit Spiegeln waren Janson zufolge in der Kunst üblich, besonders im deutschen Raum.

Bei einem Spiegel geht es um Nachahmung, und Nachahmen ist das, was ein Kind tut. Erziehung ist Nachahmung; einem guten Beispiel folgen gute Taten. Darin könnte man die Bedeutung suchen. Was jedoch vor allem zählt, ist das, was wir sehen. Der steife Kragen und das enge Kleid sorgen dafür, dass Eleonora aufrecht steht – auch das ist ein Teil der Erziehung zur Würde. Die Farben entsprechen ihrem Alter: ein fröhliches Rot und ein leuchtendes Grün – teure und schwierig herzustellende Pigmente. Ihre Jacke ist mit Goldfaden bestickt, und sie trägt eine Halskette mit exorbitanten Steinen. Dieses Kind trägt Kleidung, die (damals) vielleicht gut zehn Rubens-Porträts wert war. Die Botschaft lautet: Dies ist ihr Rang, dies ist ihr Schicksal. Eleonora verbrachte ihre letzten Lebensjahre in einem Kloster, einem der vielen, die sie gegründet hat, unter anderem zur Förderung der Armenfürsorge. Einen großen Teil ihres Vermögens hinterließ sie für wohltätige Zwecke. Immerhin.

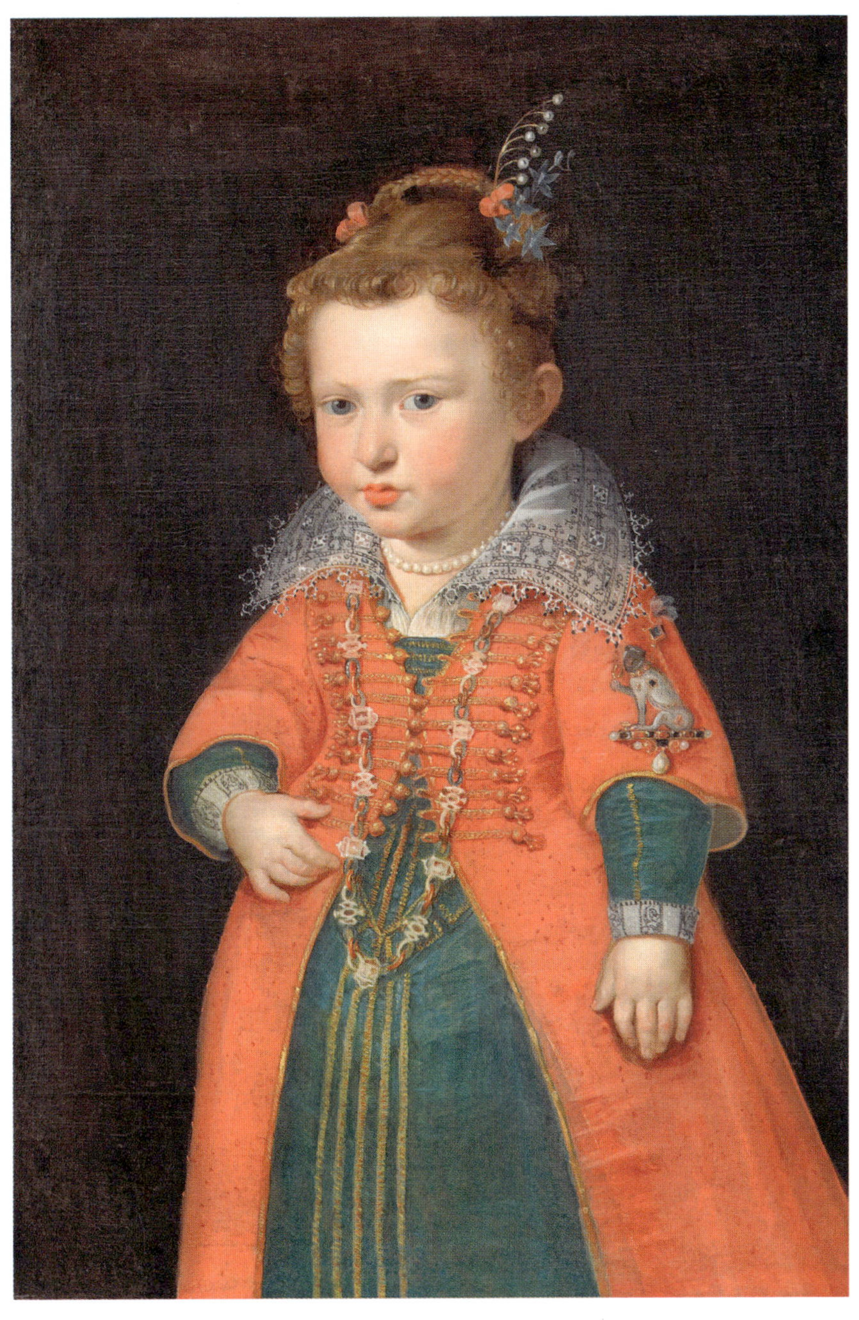

PETER PAUL RUBENS (WERKSTATT), ELEONORA GONZAGA IM ALTER VON 2 JAHREN, 1600–01, ÖL AUF LEINWAND, 76 X 49,5 CM, KUNSTHISTORISCHES MUSEUM WIEN

EIN HEIMLICHES GESCHENK

In Amsterdam leben 276 641 ledige Frauen, das sind etwa 65 Prozent aller Frauen in der Stadt. 72 925 von ihnen sind Mädchen unter 18 Jahren, so die städtische Statistik von 2016. Etwa 5 600 Frauen arbeiten jährlich als Prostituierte. Was das mit diesem Detail zu tun hat, werden wir gleich sehen.

Dieses Detail stammt vom Heiligen Nikolaus, dem Schutzpatron von Amsterdam. Der Heilige Nikolaus beschützt die Kinder und das feiern wir, wie man auf den Gemälden von Jan Steen sehen kann, seit Jahrhunderten mit Geschenken. Aber wie viele andere Heilige schützt Nikolaus noch mehr Gruppen als diese. Das ist auch ein Grund dafür, dass die Nikolauskirchen vielerorts, auch in Amsterdam, am Wasser stehen. Dort halten sich nämlich die Seeleute und die Prostituierten auf, deren Schutzpatron er ebenfalls ist, wie auch der der unverheirateten Frauen. Bei den beiden Letztgenannten lässt sich das auf die goldenen Kugeln zurückführen, die ich in Italien in der Hand des Heiligen Nikolaus gesehen habe – in diesem Gemälde von Cima da Conegliano, einem Künstler, der Licht, Luft und Farbe großartig malen konnte. Das erklärt auch die Art, wie wir heute noch den Nikolausabend feiern.

Es ist ein farbenprächtiges Detail, diese Hand vor dem goldbestickten Bischofsmantel, der zudem mit bildlichen Darstellungen geschmückt ist; hier mit einem Kirchengebäude und einem Heiligen mit einer Lilie in der Hand, bei dem es sich vielleicht um Joseph handelt. Diese Kugeln und die dazu gehörende Legende haben etwas Spielerisches an sich. Das Ganze sieht schon ein bisschen so aus, als ob ein ehrwürdiger alter Geistlicher im Begriff wäre, Mauerball oder Boule zu spielen. Er wirkt um Einiges geselliger als zum Beispiel der Heilige Petrus, der Märtyrer, der hier neben dem Heiligen Nikolaus mit einem Schwert im Kopf steht. Unser Heiliger ist fröhlich ins Bild gesetzt worden, während die meisten Heiligen dazu verdammt sind, die Folterinstrumente, mit denen sie getötet wurden, in Händen zu halten – der Heilige Laurentius trägt einen Rost,

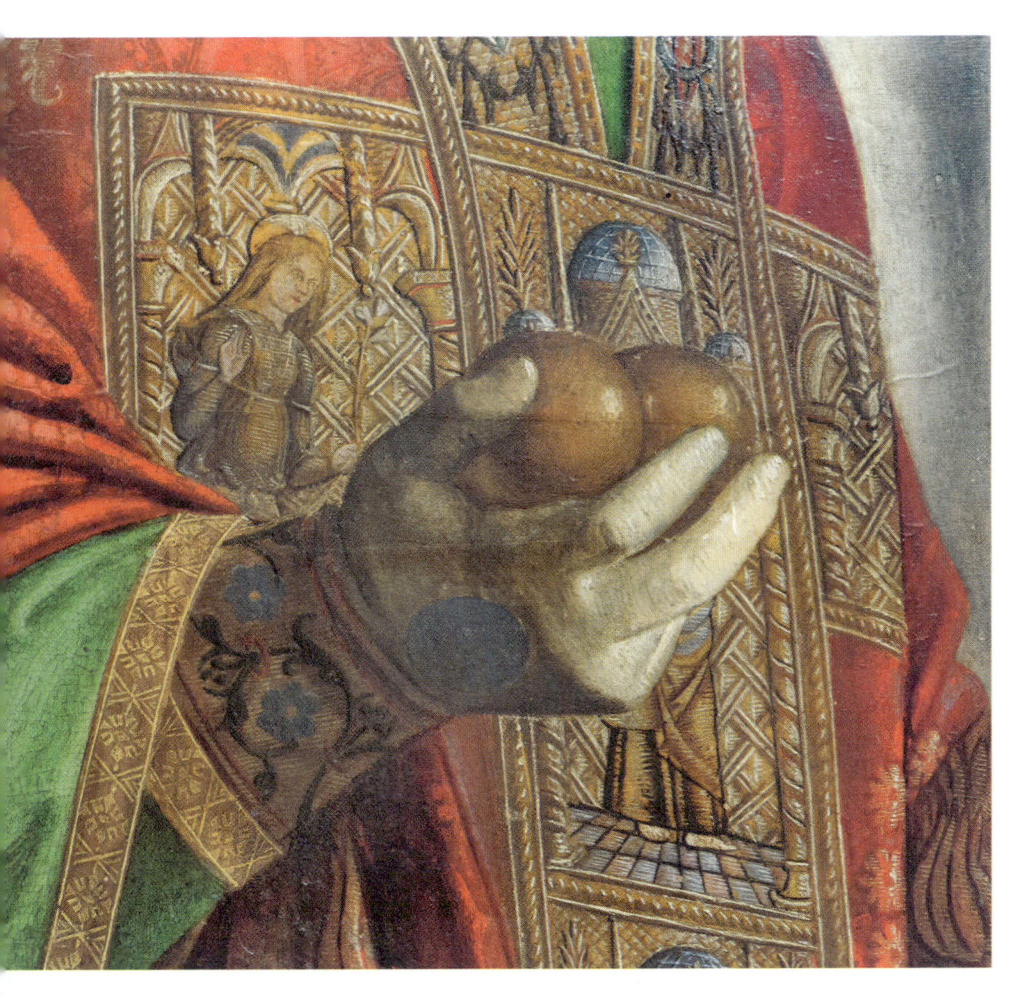

der Heilige Bartholomäus ein Häutungsmesser, und den göttlich schönen Körper von Sebastian durchbohren für gewöhnlich Pfeile. Und Nikolaus hat Kugeln.

Die Legende von den goldenen Kugeln ist Nikolaus' erste bekannte gute Tat, wenn man nicht das Wunder mitzählt, dass er schon als Baby aufrecht in seiner Wanne stand, um Gott zu preisen. Die Legende geht folgendermaßen: Es war einmal ein armer Mann, der hatte drei Töchter, für die er keine Mitgift besaß. Er war so verzweifelt, dass er seine Töchter der Prostitution anheimgeben wollte, um ihr Überleben zu sichern. Das hörte Nikolaus, ein Priester mit reichen Eltern, und wollte etwas dagegen unternehmen. Er ging nachts zum Haus des Mannes und warf – Sie ahnen es wohl schon – die goldenen Kugeln oder Münzen (das variiert je nach Bild und Beschreibung) durch das Fenster. Der Vater war natürlich starr vor Staunen, und überglücklich. Nikolaus tat das noch einige Male, bis er erwischt wurde und der Mann sich bei ihm bedanken konnte.

Die Tradition, heimlich Geschenke in ein Haus zu werfen – ob Piet sie nun in die Schuhe steckt oder Nikolaus sie mit einem Sack bringt –, hat hier ihren Ursprung. Prostituierte und ledige Frauen hatten damit ihren Schutzpatron gefunden, jemanden, den sie »anrufen« können, wenn sie sich in einer schwierigen Lage befinden. Auch die goldenen Schokoladenmünzen und die weiblichen Taitaipuppen (eine Art kleine Lebkuchenpuppen), die zum niederländischen Nikolausfest dazugehören, erinnern an dieses erste »Wunder«.

Doch dass Nikolaus die Geschenke durch das Fenster warf, hatte auch einen guten Grund; so vermied er, dass die verarmte Familie ihr Gesicht verlor. Der Vater und die Töchter mussten sich nicht demütigen, indem sie dem Spender ihre Dankbarkeit erwiesen und ihre Armut damit öffentlich sichtbar machten. Das ist meiner Meinung nach das Schönste daran, und deshalb ist eine Initiative wie die Sinterklaasbank.nl, bei der Menschen spenden können, damit bedürftige Kinder Geschenke erhalten, so rührend – sie führt zu den Wurzeln zurück. Jedem Kind ein heimliches Geschenk.

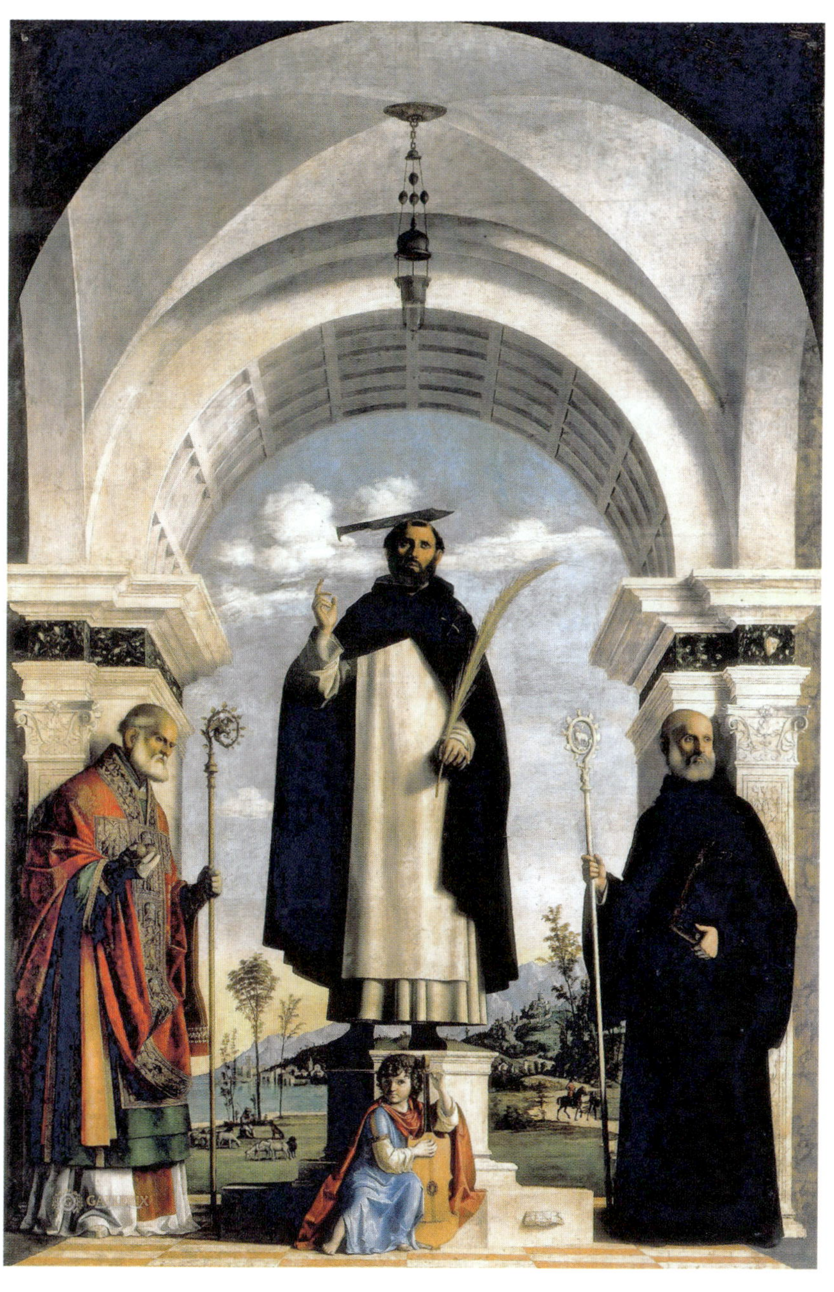

CIMA DA CONEGLIANO, DER HEILIGE PETRUS MARTYR MIT DEN HEILIGEN NIKOLAUS UND BENEDIKT, 1505–06, ÖL AUF HOLZ, 330 X 216 CM, PINACOTECA DI BRERA, MAILAND

KOMM NICHT NÄHER

Wie erzieht man Mädchen? Auch wenn man sich um Neutralität bemüht, werden sie schon von klein auf mit Klischees vollgestopft, die sie benachteiligen, und so muss man gegen Stereotype ankämpfen. Denn wenn man nichts unternimmt, besteht ein reelles Risiko, dass die Mädchen glauben, sich entschuldigen zu müssen, wenn man sich ihnen gegenüber einen sexuellen »Scherz« erlaubt. Dies wurde bei der Sängerin Maan deutlich, die von Radio 538 während einer (gefilmten) Sendung mit einem Nacktflitzer konfrontiert wurde, den die Moderatoren als Witz angeheuert hatten. Sie brach in Tränen aus.

Ob etwas lustig ist, lässt sich nicht immer leicht beurteilen, aber ich würde sagen: Wenn ein unerwünscht entblößtes Geschlechtsteil einem nahe kommt, ist die Wahrscheinlichkeit, dass eine Frau das lustig findet, alles andere als groß. Ich habe das auch selbst schon erlebt, genau wie viele andere Frauen. An einem einsamen Strand schlug mir ein Junge plötzlich sein nacktes Ding ins Gesicht. Ich war 16, sehr verängstigt und werde es nie vergessen. Als ich laut schimpfte und fluchte, ließ er mich in Ruhe, woraufhin ich zitternd nach Hause radelte. Der Junge tat so, als sei das ein Scherz gewesen. Was blieb, waren Schuldgefühle, weil ich mit ihm an den Strand gegangen war. Zum Glück war das nichts, was bleibenden Schaden hinterließ. Aber das Bewusstsein, dass kein Mann mit so etwas davonkommen darf, kam leider erst Jahre später.

Am liebsten gäbe ich meiner siebenjährigen Tochter und allen anderen Mädchen den Schild der Medusa: einen magischen Schild, der alle stoppt. Jeder, der bedrohlich oder einfach nur nervig ist, wird vor ihren Augen in Stein verwandelt. Medusa, die weibliche Gorgone mit einem Kopf voller Schlangen hat auch nach ihrer Enthauptung noch Macht über ihre Umgebung. Wer sie ansieht, wird zur Statue, starr und leblos. Die Kriegsgöttin Athene, die in der römischen Götterwelt Minerva heißt, trug daher Medusa auf ihrem Schild.

So sind in diesem Gemälde von Ferdinand Bol, in dem es um die Erziehung von

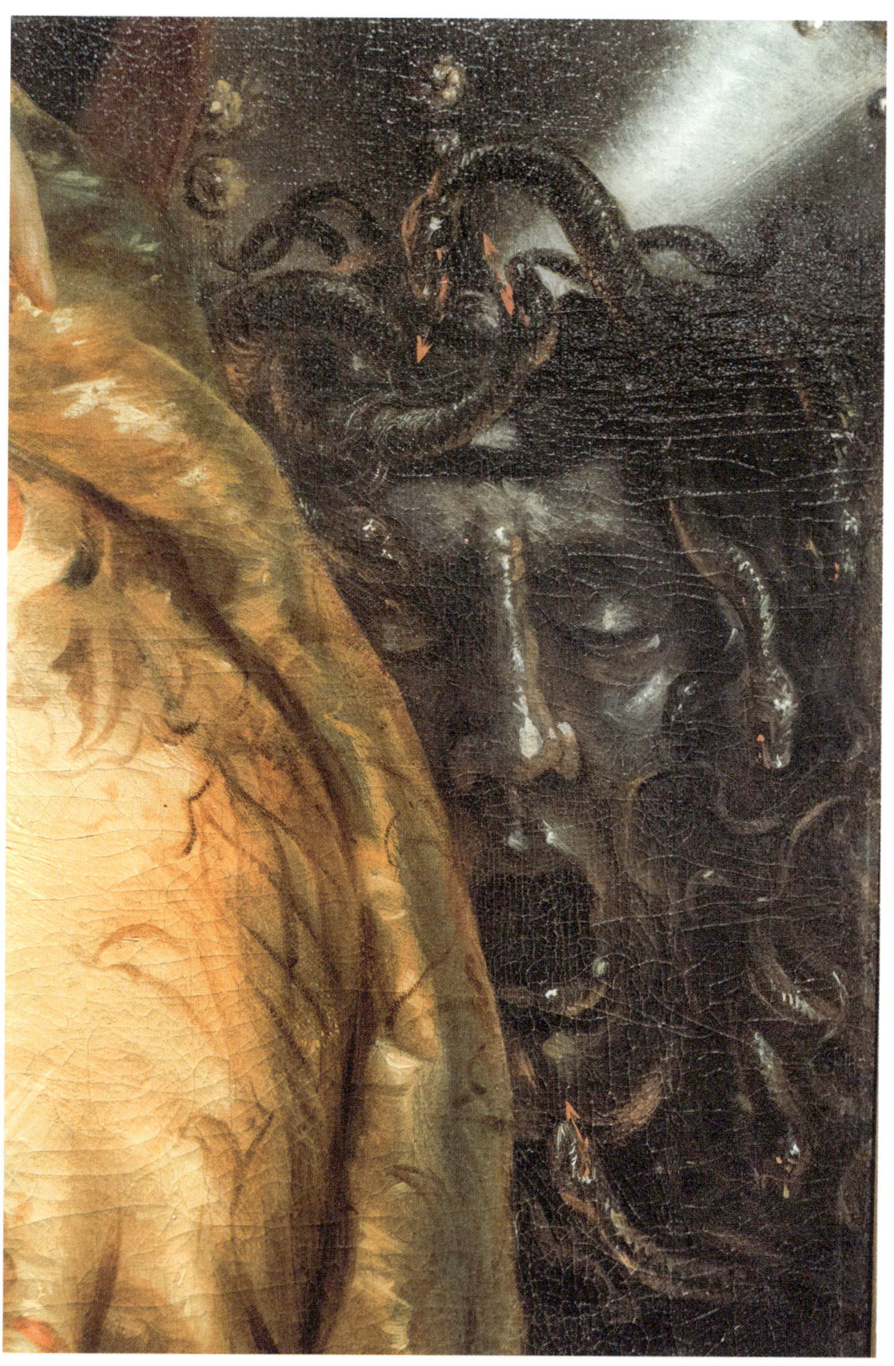

Mädchen geht, zwei große weibliche Kräfte dargestellt. Margarita Trip, Spross einer der mächtigsten und reichsten Familien des Goldenen Zeitalters, unterrichtet hier in der Rolle der Minerva ihre kleine Schwester Anna Maria. Anna Maria ist schön und jung, Margarita stark und unbesiegbar. Sie ist das Vorbild. Auf Margaritas beziehungsweise Minervas Rüstung, direkt neben dem puppenhaften Gesicht von Anna Maria, befindet sich zudem ein Medusenhaupt, schreiend wie immer und von Schlangen umgeben.

Der Schild der Minerva ist nicht gleich zu sehen – Anna Maria ist in diesem Gemälde eine lichtvolle Erscheinung, ihr Satinkleid und ihr cremeweißes Antlitz strahlen und ziehen alle Aufmerksamkeit auf sich. Doch hinter ihrem Rock steht dieser dunkle Schutzschild: der Schild der Kriegsgöttin. Man erschrickt einen Moment, wenn man ihn unvermutet sieht, so wie es sich beim Anblick der Medusa gehört; auch im übertragenen Sinne soll der Betrachter versteinert werden. Hände weg, keine Scherze. Komm nicht näher.

Das Bittere an dem ganzen Medusa-Mythos ist, dass sich in ihm ein gehöriges Maß an Frauenfeindlichkeit verbirgt. Medusa ist der Archetypus der bösen Frau. Aber wie gelangte sie auf diesen Schild? Wie wurde sie zu Minervas Abwehrwaffe? Durch den Hass der Göttin selbst. Medusa war im Tempel der Athene von Poseidon vergewaltigt worden. Und in diesem antiken Mythos geht es dann tatsächlich so fair zu, dass dafür nicht Poseidon bestraft wird, sondern die vergewaltigte Medusa den Kopf hinhalten muss.

Dem römischen Dichter Ovid zufolge verwandelte Minerva die bildschöne Medusa in ein Ungeheuer, dessen Haare aus Schlangen bestanden. Sie ist auch die treibende Kraft bei deren Enthauptung, die Perseus mit Hilfe von Minervas verspiegeltem Schild vornahm – dagegen kommt selbst kein Madeleine-Albright-Diktum mehr an (Sie wissen schon, das von einem Ort in der Hölle, der für Frauen reserviert ist, die anderen Frauen nicht helfen).

Dass Medusa anschließend auf den Schild gehoben und zu Minervas Stärke wurde, woraus sich dann eine Powerfrauengeschichte machen lässt, ist ja schön und gut. Aber Medusa würde darüber lauthals lachen – wenn sie könnte.

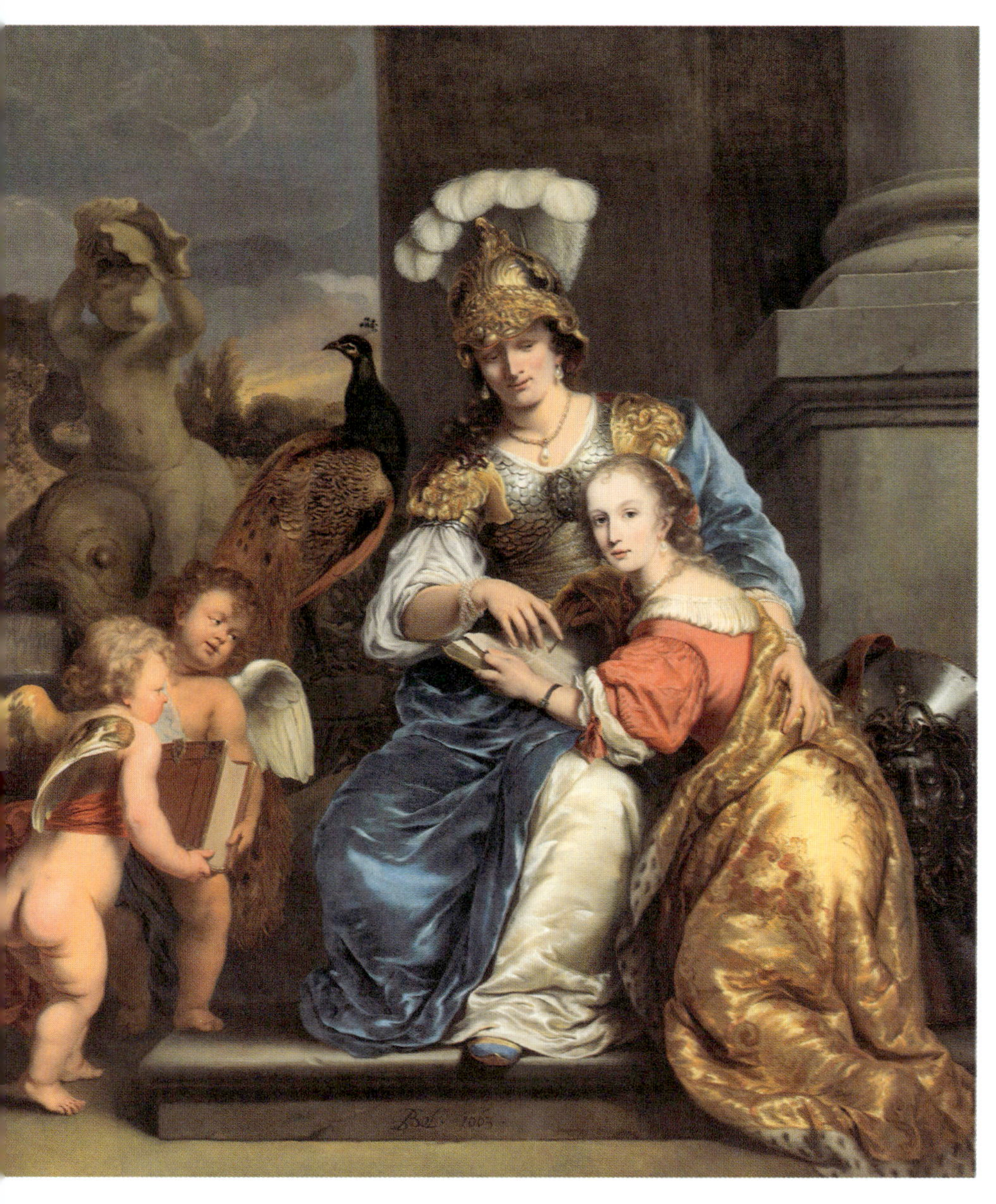

FERDINAND BOL, MARGARITA TRIP ALS MINERVA, DIE IHRE SCHWESTER ANNA MARIA TRIP UNTERRICHTET, 1663, ÖL AUF LEINWAND, 208 X 179 CM, TRIPPENHUIS AMSTERDAM (DAUERLEIHGABE DES RIJKSMUSEUMS, AMSTERDAM)

LICHTEMPFINDLICH

Es hat eine Weile gedauert, bis ich die Tasche zu würdigen begann. Vielleicht lag es an meiner Abneigung gegen Marken; genauso wie bei Kunstwerken großer Meister ruft man auch bei Taschen schon »oh« und »ah«, wenn der Name sichtbar wird, ohne auch nur im Geringsten auf Form, Material oder Ausführung zu achten. Der Name überschattet also völlig den Blick auf die Qualität. Vielleicht liegt es daran, dass ich, wie viele Niederländerinnen, nicht das Feingefühl habe, Jacke, Tasche und Schuhe immer so aufeinander abzustimmen, dass sich daraus ein visuell harmonisches Erscheinungsbild ergibt. Früher habe ich aus komischen Stoffen selbst Taschen genäht, sie waren weder harmonisch noch teuer, und dem holländischen Regen kaum gewachsen.

Mittlerweile hat sich meine Liebe für Taschen gesteigert und ich habe Geschmack daran gefunden, aber man muss kein Taschenfan sein, um sich an den Exponaten im Taschenmuseum Hendrikje in Amsterdam zu erfreuen. Wenn man einmal dort war, macht es noch mehr Spaß, auf die Exemplare in Gemälden zu achten.

James Tissot ist einer der Künstler, den ich Ihnen bei einem Besuch in Paris oder London nur sehr ans Herz legen kann. Er war ein Franzose, der seinen Vornamen Jacques anglisierte und eine Zeit lang in London lebte. Seine Gemälde wurden von den Herren Kunsthistorikern im vergangenen Jahrhundert wenig gewürdigt, aber ich sage: Es kommt darauf an, wie man sie betrachtet. Tissot war ein Society-Maler, ähnlich den Modefotografen, die sich heute mit dem jungen Kardashian-Jenner-Clan schmücken. Die von ihm Porträtierten waren reich, jung, und nicht von adliger Herkunft. Seine Gemälde zeigten neue Kleider in neuen Situationen. Tissots Muse war Kathleen Newton – was in Hinblick auf die Initialen des Vornamens gut zu Kylie, Kendall und Kim passt.

Viel Literatur gibt es über Tissot nicht, da sein Werk als »zu schön« galt und in einer Zeit entstand, in der eine ganz andere Malerei angesagt war.

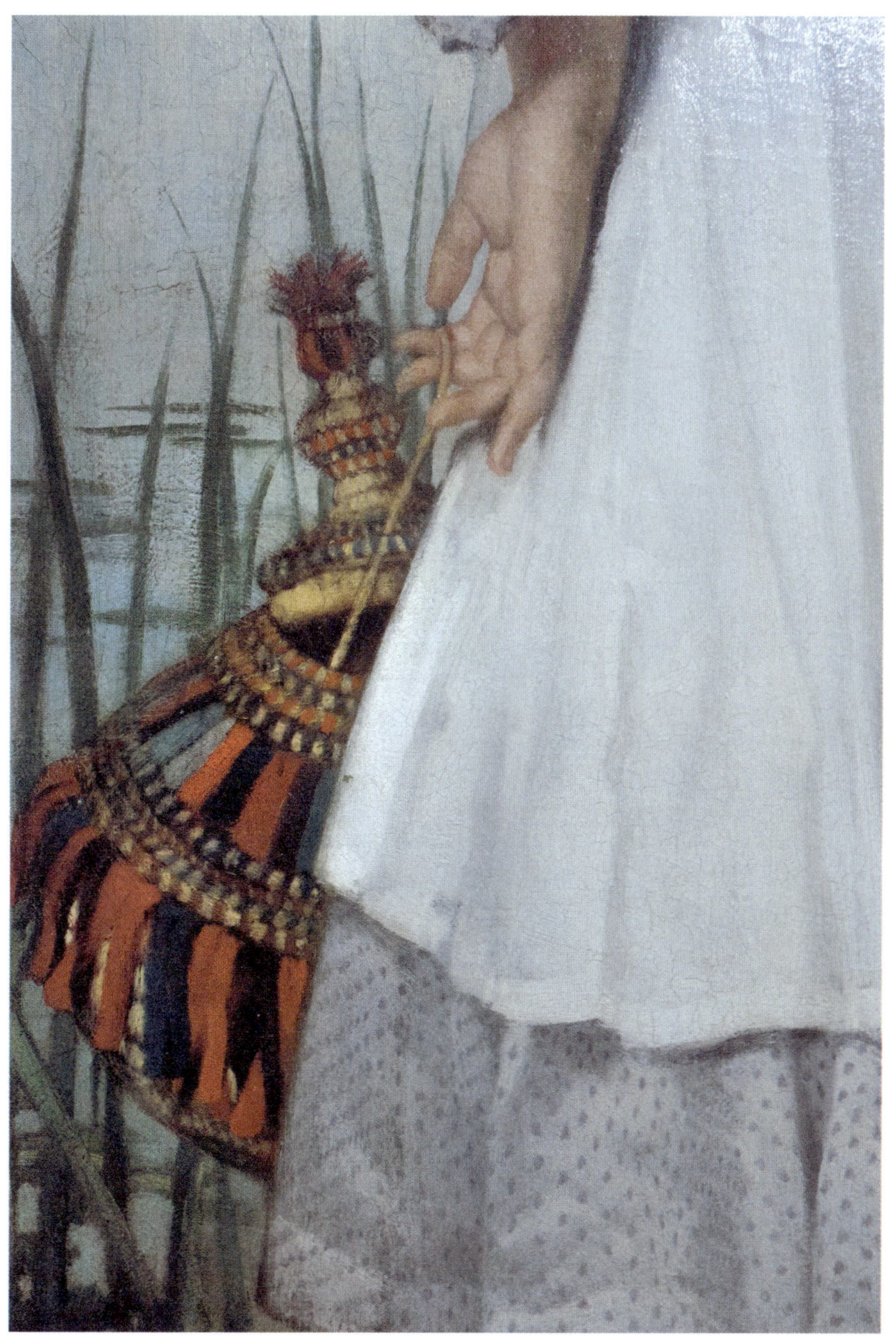

Aber Mariëtte Haveman schrieb schon in dem Buch *Het feest achter de gordijnen. Schilders van de negentiende eeuw* (1996, »Das Fest hinter den Gardinen. Maler im 19. Jahrhundert«), dass dieser Mann schon allein seines herbstlichen Lichts und seiner Sensibilität für schöne Stoffe wegen neue Wertschätzung verdiene. Er male eine Art graues Licht, das alle Farben stärker erscheinen lasse. Daraus ergebe sich eine Steigerung der Atmosphäre, die unsere Sinne anrege, wie man es auch auf einem schönen Fest erleben könne. Sein Vater war Stoffhändler in Nantes – was Tissots Sensibilität für das Sujet und das Licht erklären mag. Heute, im Zeitalter von Instagram, wirken seine Kleidungsdetails wieder bezaubernd.

Dieses Gemälde ist zurückhaltend, aber auch in ihm findet man dieses farbintensivierende Licht. Zwei Schwestern tragen schöne, aufeinander abgestimmte Kleider, mit modischen, tief herabhängenden, in sich gedrehten Puffärmeln aus durchscheinendem Stoff. An den Fingern der kleinen Schwester baumelt ein buntes Täschchen. Es wirkt wie ein Körbchen, rund, mit Bändern oder Quasten und einem spitzen Deckel. Tissot besaß Requisiten; dasselbe Täschchen ist, ebenfalls im Musée d'Orsay , direkt gegenüber, in seinem Porträt des Marquis de Miramon und seiner Familie zu sehen. Auch bei einem Kind, es steht auf dem Tisch. Es ist offen und daneben liegen Nähutensilien.

Aber spezielle Kindertaschen gab es damals noch nicht, sagt Kuratorin Leonie Sterenborg, vom Taschenmuseum Hendrikje, die sich für uns das Detail ansehen wollte. Die Form ist ungewöhnlich, in der Sammlung des Museums gibt es zwar Taschen aus dieser Zeit mit ähnlichen Farben, Quasten und Bändern, aber so eine runde Tasche aus Schilfrohr mit einem Deckel ist etwas Besonderes. Sterenborg und Museumsleiterin Sigrid Ivo vermuten, dass es sich um ein orientalisches Exemplar handelt. Die Taschenmode war im 19. Jahrhundert schon vom osmanischen Stil geprägt und Ende des 19. Jahrhunderts wurde sie eher von Japan beeinflusst, aber es könnte auch nach Paris mitgebracht worden sein. Wozu diente dieses Täschchen? Das erste, woran Leonie Sterenborg denkt, ist, dass es ein Eisenbahnkörbchen sein könnte. Ein schöner Name für eine Tasche, die mit der neuen Technologie und Mobilität der Zeit – dem Zug – in Verbindung gebracht wird. Ein Eisenbahnkörbchen war eine Damentasche, die man in den Zug mitnahm. Sie war stabiler und größer als frühere Taschen und diente manchmal sogar als Picknickkorb. Ein orientalischer, farbenfroher Picknickkorb.

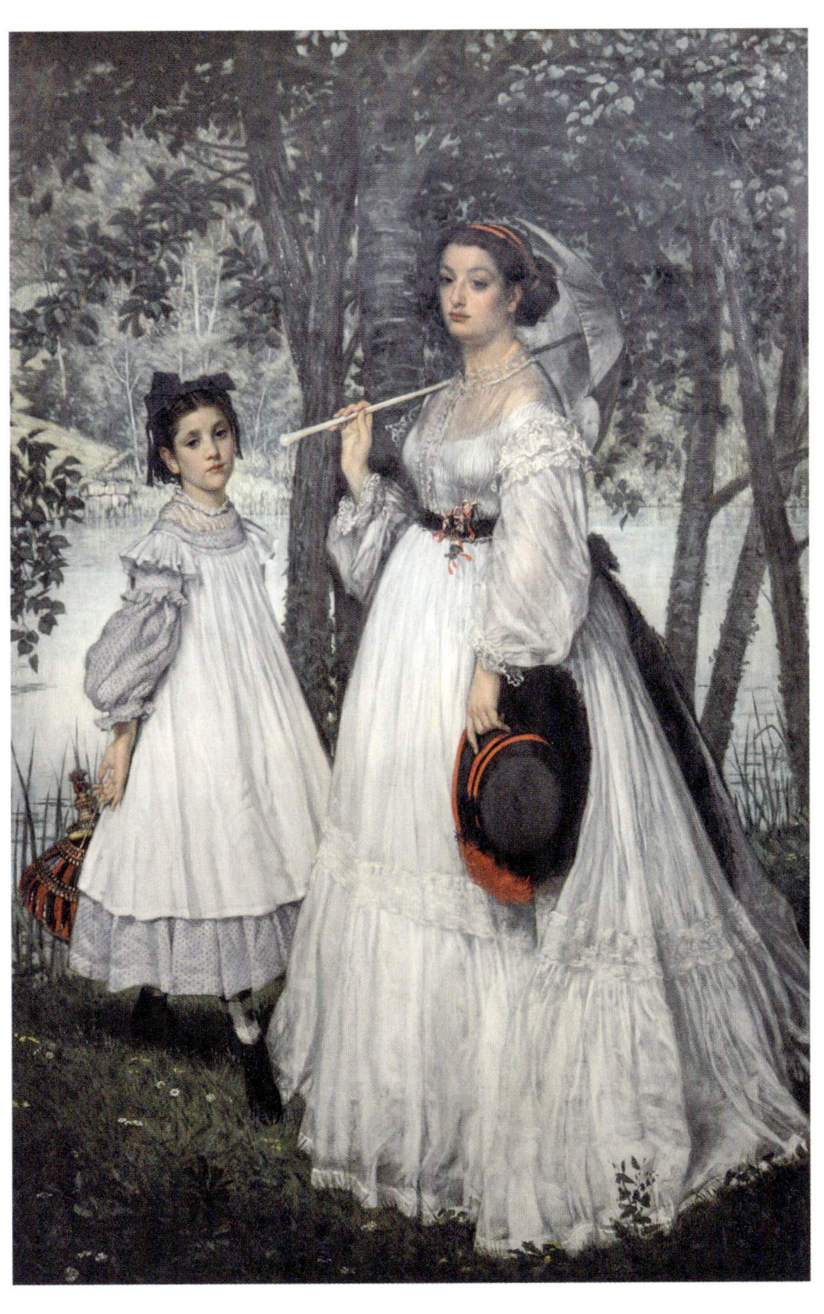

JAMES TISSOT, DIE ZWEI SCHWESTERN, 1863, ÖL AUF LEINWAND, 210 X 135 CM, MUSÉE D'ORSAY, PARIS

DAS BÖSE IN DEN BLICK NEHMEN

Wenn man eine Mutliste des Jahres 2017 erstellen würde, könnte die meines Erachtens recht beeindruckend ausfallen. Da gab es zum Beispiel einen Soldaten, der nach 30 Jahren laut sagte, dass er in der Armee missbraucht worden war, und einen Soldaten, der daraufhin den Mut aufbrachte, schon nach drei Jahren den systematischen Missbrauch von höherer Stelle publik zu machen – ich kann mir kaum vorstellen, welche inneren Kämpfe das einem abverlangt, aber es zeigt zum Glück auch, dass sich Mut weitergeben lässt. Es gibt einen jüdischen Restaurantbesitzer, der sich nicht einschüchtern lässt. Und es gibt ein niederländisches muslimisches Mädchen, Ouahiba, die sich über die ekelhaften Plattformen äußert, auf denen sexuell erniedrigendes Bildmaterial veröffentlicht wird. Einige Leute verbreiteten die Fotos ihres nackten Körpers, die sie irgenwann einmal im Vertrauen an einen geliebten Menschen geschickt hatte, dort weiter, als ob sie sich lachend einen Ball zuwerfen würden. Vor Ouahibas Mut kann ich mich nur verneigen.

In Houston gab es Engel, die anderen bei den Überschwemmungen nach dem Hurrikan Harvey halfen, beispielsweise einen Chirurgen, der einen Patienten mit dem Kanu abholte, und Bäcker, die in den sie umflutenden Wassermassen festsaßen und die Gelegenheit nutzten, um aus den fast 2000 Kilo Mehl, die ihnen geblieben waren, Brötchen für die Opfer zu backen.

Es gab den unerwarteten, unaufhaltsamen Strom von Enthüllungen über Harvey Weinstein und andere Bedränger, der wie ein Feuerwerk wirkte, das seit Jahren auf seine Zündung gewartet hatte. Einige der Geschichten gehen einem durch Mark und Bein und wecken noch stärkere Befürchtungen darüber, wie viele Frauen außerhalb der öffentlichen Aufmerksamkeit solche Erfahrungen mit sich herumtragen.

Und dann gab es noch das kursierende Video eines Polizisten in Bangkok, der so ruhig auf einen verwirrten Mann mit einem Messer einredete, dass das Ganze

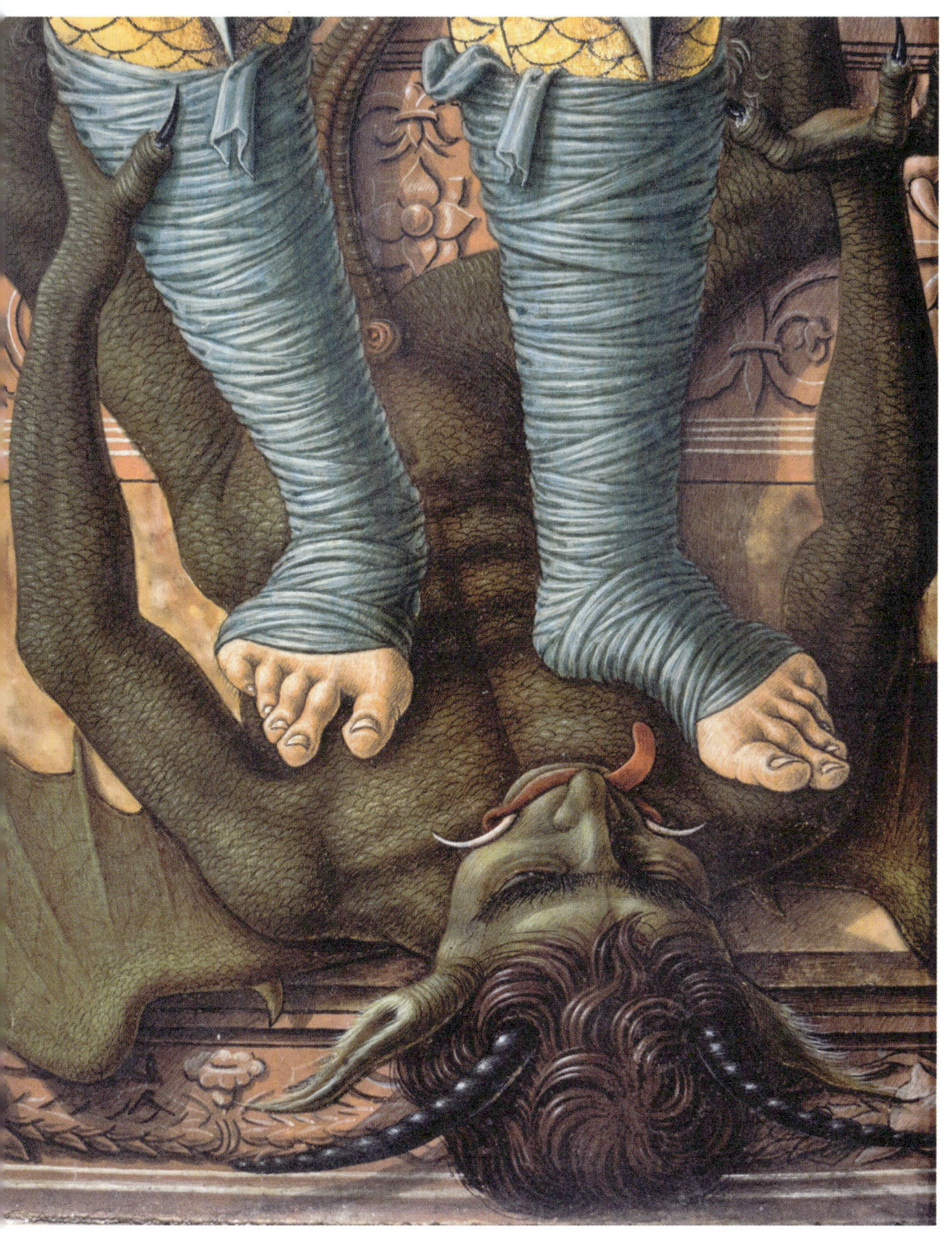

in einer Umarmung endete – das #sogehtesauch auf all die schrecklichen Bilder von Polizeigewalt.

All diese Männer, Frauen, Mädchen und Jungen sind Michaels, und es gibt noch so viele andere. Sie sind es wert, gesehen und ermutigt zu werden.

Michael taucht in der Bibel nur kurz auf, am Ende der Apokalypse, als er Gott im Himmel hilft, die gefallenen Engel zu besiegen, allen voran Luzifer, den Teufel, der einst Gottes Lieblingsengel war. Auf Gemälden ist Michael meistens als Ritter in geflügelter Rüstung dargestellt. Das liegt daran, dass er mit dem Heiligen Georg in Verbindung gebracht wird, der einen Drachen besiegte. Beide haben das Böse besiegt, Michael im Himmel, Georg in der Welt. Es ist ein Heldenepos von Kampf und Schwertern, von dem es in der Kunst fantastische Versionen gibt, oftmals mit wunderbar spiegelnden Rüstungen und den irrsinnigsten Teufeln, Monstern und Drachen.

In diesem Fall hat sich der Künstler nicht für einen Drachen entschieden, sondern für ein grünes Ungeheuer mit Schuppen und Klauen, Hörnern und Fledermausflügeln; das allerdings ein »normales« Gesicht hat. Das macht diese Version zu etwas Besonderem: Das Böse hat ein menschliches Gesicht. Michael zertritt es und nimmt es in den Blick.

Man kann Michaels Kampf als ein großes Heldengefecht – wie bei Marvel – betrachten, aber auch umgekehrt: Als Möglichkeit, den Mut zu aufzubringen, sich seinem Feind zu stellen.

In der Anthroposophie wird das Michaelsfest, das zu Beginn des Herbstes gefeiert wird, wenn die Tage dunkler werden, als ein Fest des inneren Mutes und des Lichtes angesehen. Seit diesem Jahr darf ich es wieder mitfeiern; mein zehnjähriger Sohn, der seinen eigenen kleinen, aber nicht minder ernsten Kampf auszufechten hatte, wechselte die Schule und fand in einer kleinen freien Schule seinen Frieden. Das Michaelsfest, einschließlich des Anzündens des Drachens, war gleich beeindruckend. Eine warmherzige Einladung zur Offenheit.

Wenn man sich umschaut, im wirklichen Leben, in allen Medien und manchmal auch im Spiegel, ist es nicht schwer, hinter der offensichtlichen Wut überall Angst zu sehen. Lassen Sie uns diese in den Blick nehmen – und Mut fassen.

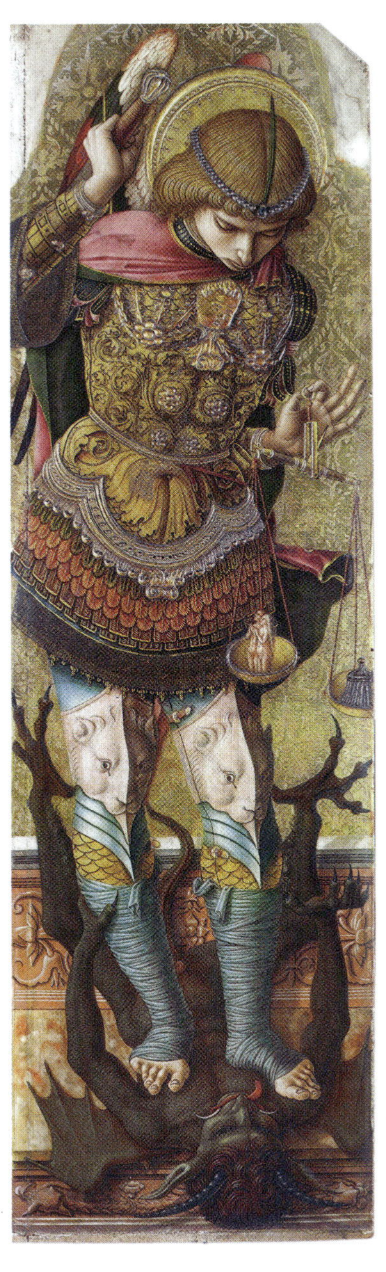

CARLO CRIVELLI, DER HEILIGE MICHAEL, UNTERTEIL EINES ALTARS AUS ASCOLI PICENO, UM 1476, TEMPERA AUF HOLZ, 90,5 X 26,5 CM, NATIONAL GALLERY, LONDON

EIN BUND

Plötzlich ging es um Identität. Du bist eine Frau, weiß, Schwarz, niederländisch, chinesisch, links oder rechts; in den öffentlichen und in den sozialen Medien entwickelte es sich zum Hauptthema. Warum sich die Leute damit so gerne zufriedengeben, ist mir völlig schleierhaft. Man ist doch immer mehr als dieser Stempel. Er mag durchaus zutreffend sein, aber wie viel weiß man damit schon über die Person? Die Menschheit ist kein lächerliches Kinderpuzzle. Inzwischen ist es selbst für sehr kluge Menschen ganz normal geworden, sich entschieden über Gruppen zu äußern, als ob diese Gruppen völlig kohärent wären. Dabei könnte ich jedes Mal schreien.

Aber es gibt Möglichkeiten, sich selbst zu kennzeichnen. Aus der eigenen Überzeugung heraus. Wie in diesem Detail. Die Juden werden in den Niederlanden aus unerfindlichen Gründen immer mehr der weißen, einheimischen Kultur einverleibt, obwohl sie seit Jahrtausenden überall in der Welt unterwegs waren, wie Robert Vuijsje in einem beeindruckenden Artikel in der Zeitung *Trouw* schrieb. Der Artikel begann mit der Frage: »Hat die jüdisch-christliche Tradition zwischen 1940 und 1945 vielleicht eine Auszeit genommen?«, womit er sich auf die politische schwärmerische Vereinnahmung bezog. Er zeigt, wie unbeständig und opportun Identitätsdiskussionen sein können.

In der jüdischen Tradition gibt es ein Ritual, das ich nicht kannte. Als ich dieses schöne Triptychon von Lucas van Leyden aus der Petersburger Eremitage, und darauf zwei Männer mit beschriebenen Papieren auf ihren Hüten, sah, war ich einen Moment lang verwirrt. Was war das? Es sah aus wie eines dieser Spiele mit Post-it-Aufklebern, »Rate mal, wer ich bin«, aber das ist natürlich nichts, was in einer Darstellung, in der Jesus einen Blinden heilt, vorkommt. Es erinnert auch an Spiele zum Dreikönigstag, bei denen »Königsbriefe« mit allen möglichen frechen Kommentaren an die Hüte der »Könige« geheftet werden. Aber welchen Sinn hätte ein solches Spiel in einer Darstellung in der Nähe Christi?

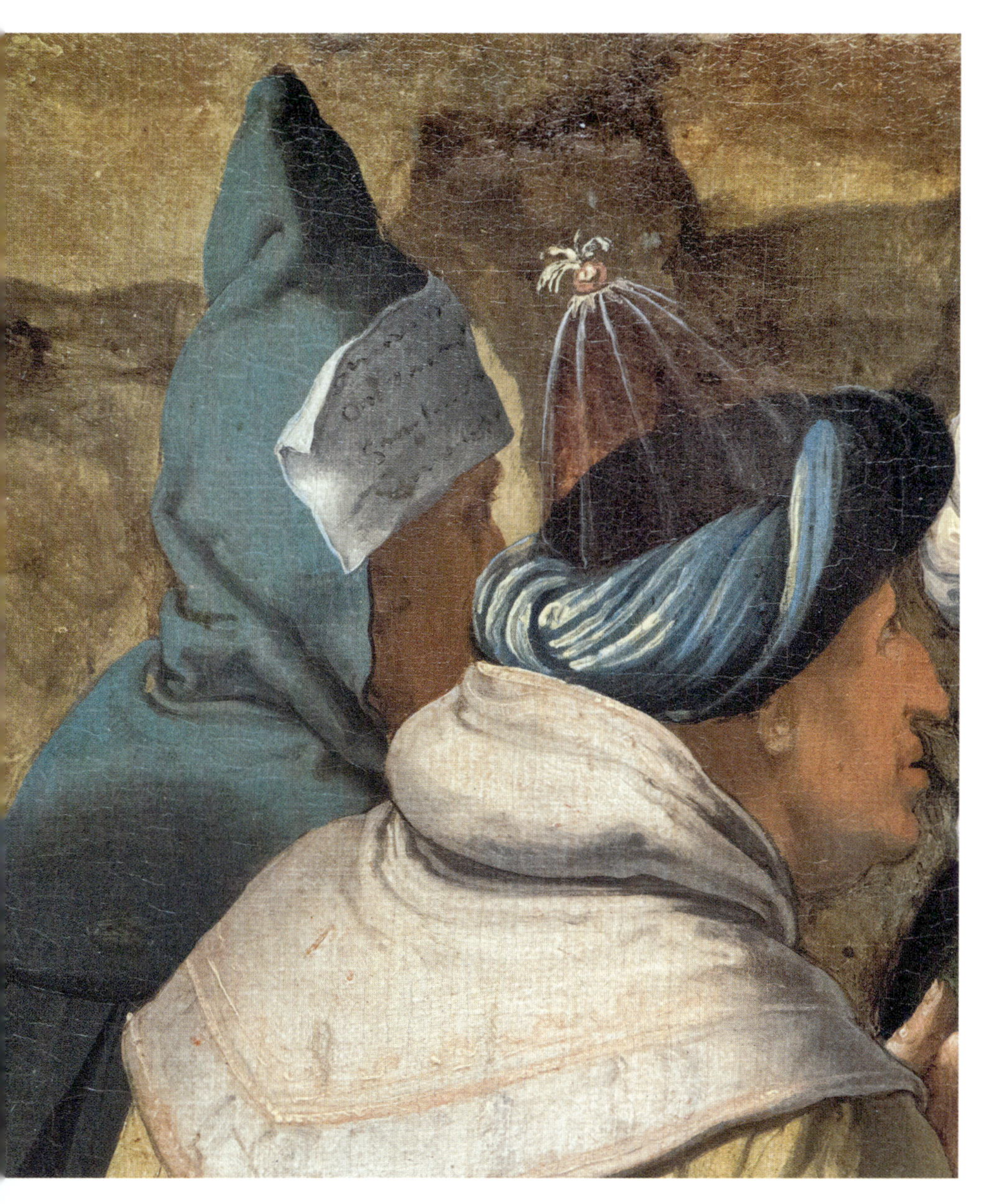

In drei Büchern über Lucas van Leyden habe ich keinen Hinweis auf die Bedeutung der Papierchen gefunden; in anderen Werken habe ich sie nie gesehen. Dank Twitter wurde aus meinem Artikel aber ein gemeinschaftlicher Beitrag. Ich veröffentlichte dort die beiden Details, und drei Follower, Edwin Gravekamp, Gerard van Oel und Maaike Dirkx, antworteten sofort mit Hinweisen auf die logischste Option: ein Gebetsriemen.

Mit Gebetsriemen oder Tefillin bindet sich ein gläubiger Jude das Gebot Gottes auf Haupt und Herz; Tefillin werden an der Stirn und am linken Arm getragen. Lucas hat hier jüdische Schriftgelehrte dargestellt; ihre Gesichter sind eher stereotyp. Kurator Matthias Ubl vom Rijksmuseum schickte mir noch einige weitere Beispiele von Lucas van Leyden und anderen Malern. Die Tefillin erinnern den Gläubigen an seinen Bund mit Gott. Das Deuteronomium beschreibt die Aufgabe des Gebetsriemens: »Und ihr sollt diese meine Worte auf euer Herz und auf eure Seele legen und sie als Zeichen auf eure Hand binden, und sie sollen als Merkzeichen zwischen euren Augen sein.« (5. Mose 11, 18). Das Gebet ist wie eine Leiter, die Jakob in seinem Traum sah; eine Verbindung, die über viele Stufen von der Erde zum Himmel führte. Mit den Worten buchstäblich auf der Stirn tritt der Jude in eine jahrhundertealte Tradition der Kontaktaufnahme mit dem Höheren. Auf dem Arm steht ein Text, der auf den Tastsinn verweist, auf dem Kopf finden sich vier Texte, die sich auf die Sinne Sehen, Hören, Riechen und Schmecken beziehen. Alles auf Pergament geschrieben; heute in einer kleinen schwarzen Schachtel aufbewahrt.

Das Neue Testament hatte seine eigene Auffassung dazu, wie wir an einer Stelle bei Matthäus lesen können: »Alles, was sie [die Schriftgelehrten] tun, tun sie nur, damit die Menschen es sehen: Sie machen ihre Gebetsriemen breit und die Quasten an ihren Gewändern lang.« (Matthäus 23, 5). Interessant im Hinblick auf die gesellschaftliche Debatte: Welchen Nutzen und welche Wirkung haben sichtbare Identitätsmerkmale? Ist die innere Motivation wichtiger als der äußere Eindruck?

Zwischen den anwesenden Pharisäern entstand Streit über das Wunder Christi, berichtet die Bibel, weil Christus sein Wunder am Sabbat vollbrachte, was ihn zu einem Sünder machte. Hier hat Lucas van Leyden einen Fauxpas begangen; die Tefillin werden jeden Tag zum Gebet getragen, außer am Sabbat und an Festtagen.

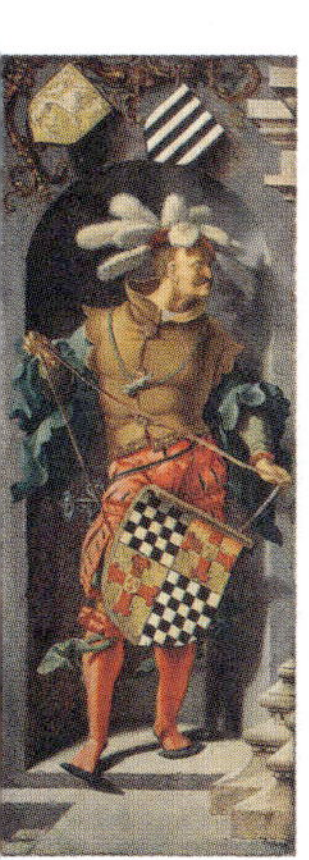
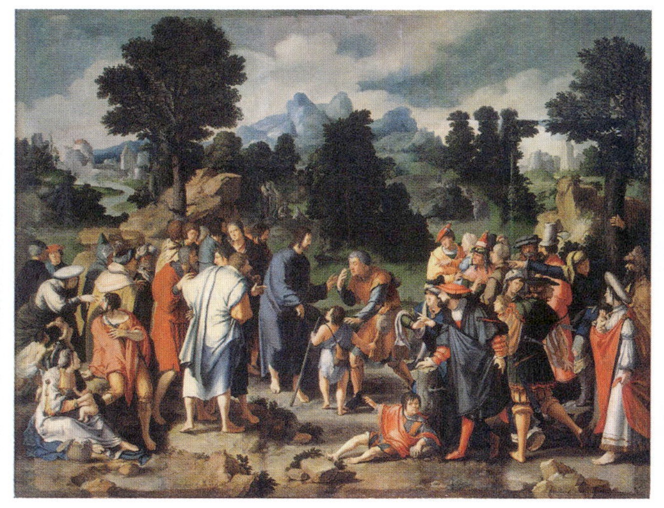
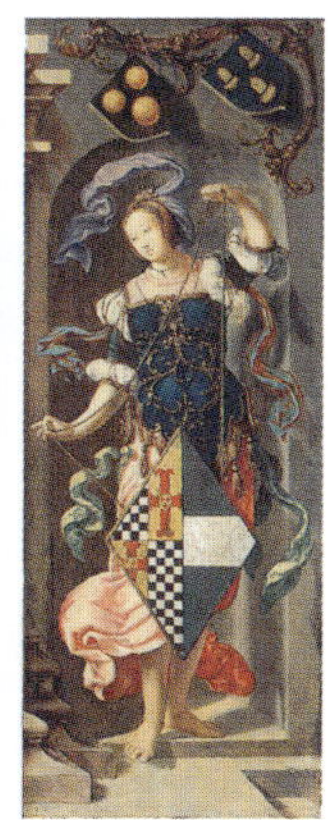

LUCAS VAN LEYDEN, DIE HEILUNG DES BLINDEN VON JERICHO, 1531, ÖL AUF LEINWAND, 115,7 X 217,3 CM, EREMITAGE, SANKT PETERSBURG

GEGENGEWICHT

Von allen Wesen, die zufällig auch noch in berühmten Gemälden auftauchen, ohne dass sie jemand bemerkt, ist dieses Tier meiner Meinung nach das netteste. Der kleine Hund auf dem weltberühmten Balkon von Édouard Manet, der darauf wartet, dass der Ball geworfen wird. Dieses Gemälde gehört zu den Kunstwerken, die sehr viele Menschen kennen, und ich vermute, dass fast ebenso viele auf die Frage, was auf dem Bild zu sehen ist, keinen Hund nennen würden. Dass die blaue Hortensie auf der linken Seite erwähnt wird, ist da noch wahrscheinlicher – sie ist eines der am detailliertesten gemalten Objekte auf dem Gemälde. Aber es kommt darauf an, wie man schaut.

Der Balkon kann man auf mindestens vier verschiedene Arten betrachten und jedes Mal sieht man etwas völlig anderes. Schaut man konzentriert auf die Farbe, sieht man: Eine große Studie in Grün, Schwarz und Weiß. Das leuchtende Grün der Fensterläden und des Gerüsts des Geländers mit seinen Schrägen war damals für die Betrachter ein Schock. In einer Reaktion auf das Werk fragte ein Kritiker, ob man die Läden nicht bald schließen könne.

Es ist auch ein Porträt des mondänen Paris, wie es die Klasse erlebt, die hier auf dem Balkon buchstäblich die Freiheit des Lebens im Freien zur Schau stellt. Der Flaneur und seine Frauen, bereit für ihren Rundgang. Ich mag die relative Schlichtheit ihrer luxuriösen Kleidung, die ganz auf den Aufenthalt im Freien abgestimmt ist – etwas, das bis dahin nicht zu den Freizeitaktivitäten von Männern und Frauen dieser Klasse gehörte. Der Sonnenschirm mit den kleinen grünen Quasten, die weißen, flatternden Ärmel der Künstlerin Berthe Morisot auf der linken Seite und ganz dezent die hautfarbenen Handschuhe, die die Geigerin Fanny Claus auf der rechten Seite anzieht. Der Hund und sein Ball passen zu dieser Freiluftatmosphäre.

Aber Bewegung gibt es keine. Das machte das Werk gerade berühmt. Sie sind nicht wirklich draußen, sie bewegen sich nicht durch die belebten Pariser

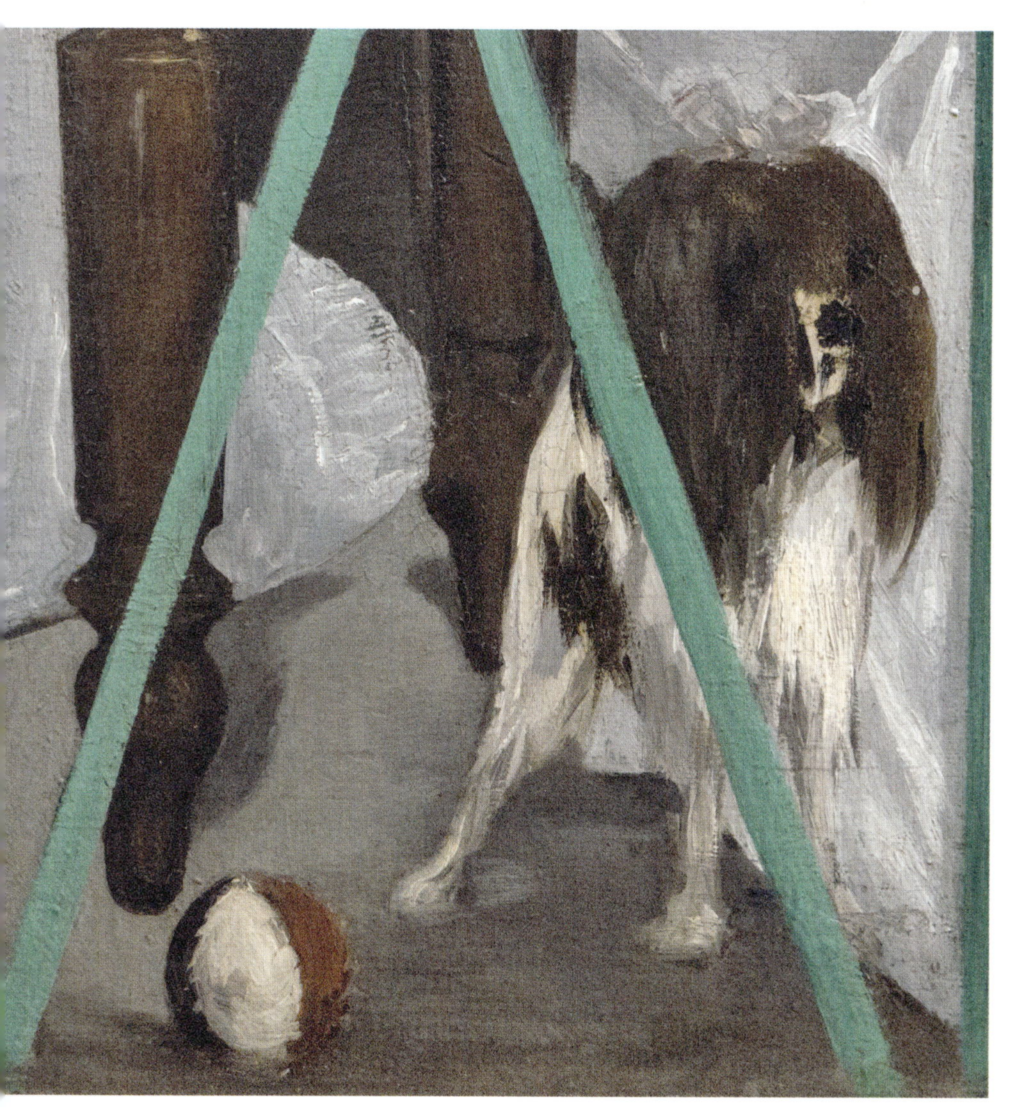

Straßen, sie schauen isoliert zu und sind darüber hinaus auch voneinander völlig isoliert. Das also ist die bekannte Geschichte von *Der Balkon*. Die verträumte Langeweile, die Abschottung von der Masse. In Schönheit gekleidet.

Das macht unseren kleinen Hund so wunderbar. Er ist der fehlplatzierteste Hund auf einem Gemälde, den ich kenne (obwohl es dafür einige Anwärter gibt). Während ein Hund in einem Gemälde normalerweise etwas hervorhebt - ein Thema oder den Charakter der dargestellten Person - bildet er hier ein Gegengewicht stürmischer Bereitschaft in einer ansonsten lethargischen Gruppe. Wo findet denn das Fest statt, wo denn nur? Scheint er zu denken. Manet muss es wirklich Spaß gemacht haben, ihn zu malen. Er ist so wild wie die Pinselstriche, die ihm Gestalt verleihen. Die Tatsache, dass man seine Augen nicht sehen kann, trägt noch zu seiner Beweglichkeit bei, er wirkt, als ob er heftig seinen Kopf schüttelte.

Hunde orientieren sich völlig an Menschen, las ich gerade wieder in der herrlichen Titelgeschichte der Anthologie *Was der Hund sah* (2009) von Malcolm Gladwell über den Erfolg des Hundeflüsterers Cesar Millan, den Sie vielleicht aus dem Fernsehen kennen. Millan ist ein scharfer Beobachter, er sieht Dinge, die normale Menschen nicht bemerken. Deshalb durchschaut er Hunde schnell und bekommt auch die aggressivsten Hunde in den Griff. Anders als zum Beispiel Schimpansen achten Hunde auf den Menschen, um Hinweise zu erhalten, was sie tun oder lassen sollen. Jede Bewegung und jeder Gesichtsausdruck können von Bedeutung sein. Sie studieren die Menschen fast obsessiv. »Für einen Hund bist du ein gigantischer laufender Tennisball«, sagt der Anthropologe Brian Hare in einem Artikel.

Armer kleiner Hund auf diesem flachen Balkon, der so begierig und froh auf ein Zeichen wartet. Darauf, dass der Ball neben ihm geworfen wird.

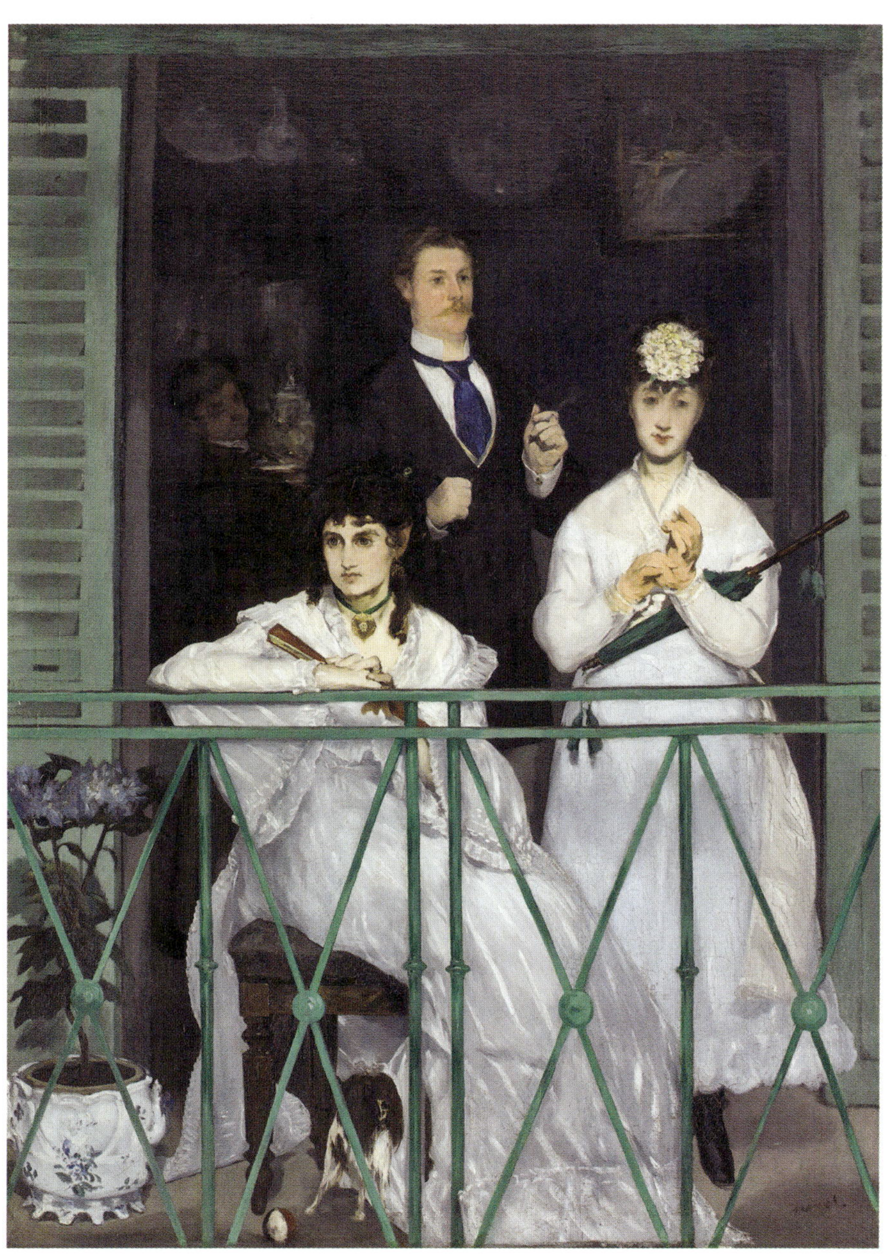

ÉDOUARD MANET, DER BALKON, 1868–69, ÖL AUF LEINWAND, 170 X 124,5 CM, MUSÉE D'ORSAY, PARIS

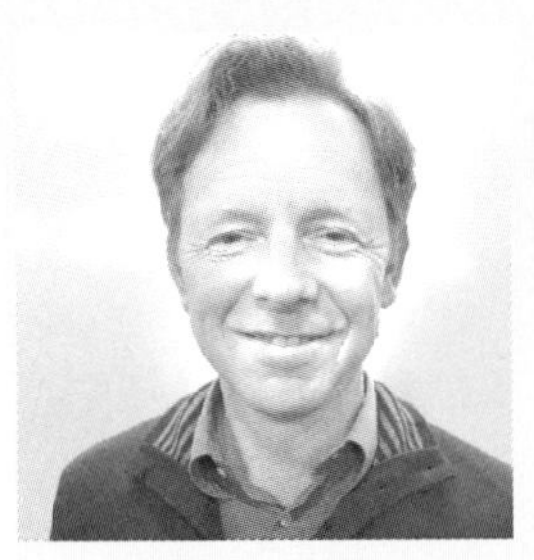

»WENN MAN ETWAS WIRKLICH VERSTEHEN WILL, BRAUCHT MAN WISSEN BEIM SEHEN.«

GERRIT HIEMSTRA, WETTEREXPERTE

Ob nun eine Kaltfront im Anzug ist, der Frost noch im Boden steckt oder das wechselhafte Wetter Aufklarungen weicht, Gerrit Hiemstra zeigt den Niederländern schon seit 20 Jahren das Wetter.

»Achten Sie auf den Himmel, die Wolken, die Veränderungen«, sagt er an einem eiskalten Tag in unserem Gespräch im Studio der Rundfunkanstalt NOS, »und achten Sie auch auf den Boden, das Wetter zeigt sich nicht nur am Himmel.« Als Meteorologe hat er es natürlich vor allem mit Berechnungen und Karten zu tun – es kann schon mal passieren, dass er nach einem Tag hinter dem Computer nach draußen kommt und denkt: Es ist wirklich ganz schön kalt. Hiemstras Arbeit zeichnet sich durch eine Balance aus zwischen Drinnen und Draußen, zwischen Theorie und Praxis, zwischen der heutigen Sicht und dem, was bald kommen wird.

Aber all das begann irgendwann mit einem Blick für die Elemente. Es ist nützlich, wenn man wie Hiemstra auf einem Bauernhof aufgewachsen und es gewohnt ist, Hütten zu bauen, Eier zu suchen und Lehm unter den Füßen zu haben. Natürlich hat da die Liebe zum Wetter begonnen. Die Leute schauen nicht mehr hin, sagt er, sie wollen alles einfach nachsehen, in Regen-Apps, Eis-Apps und Sonnen-Apps. Das ist verständlich, aber wenn man die Mechanismen dahinter nicht kennt, entgeht einem viel. Wie jetzt beim Schlittschuhlaufen, sagt er. An dem Tag, an dem wir miteinander sprechen, hat der niederländische Eisschnellläufer Kjeld Nuis gerade glorreich olympisches Gold gewonnen, und die Niederlande bereiten sich auf das Schlittschuhlaufen auf Natureis vor. Der Wahnsinn ist kurz davor auszubrechen und alle Augen sind auf Hiemstra gerichtet. Doch der bleibt dabei friesisch nüchtern: »Das ist ganz einfach, man kann tagelang darüber nachdenken und versuchen, es zu berechnen, aber deshalb bildet sich das Eis nicht einen Tag früher.« Bei nur drei Millimetern Eis Richtung Norden zu fahren, daran würde Hiemstra im Traum nicht denken. Gibt es denn visuelle Indikatoren, auf die die Leute achten können, wenn sie wissen wollen, ob Schlittschuhlaufen schon möglich ist? »Ja«, antwortet Hiemstra trocken, »wenn sonst niemand auf dem Eis zu sehen ist, würde ich es lassen.«

Doch Hiemstra ist zu sehr Wissenschaftler, um sich allein auf seine visuelle Erfahrung zu verlassen. Die Meteorologie in Wageningen vermittelte ihm Kenntnisse in Thermodynamik, Strahlung und Verdunstung; hier lernte er die Möglichkeiten, mit Modellen Situationen vorauszuberechnen. Und er kann ziemlich griesgrämig werden, wenn eine Vorhersage nicht eintrifft. Der Zufall und »ein bisschen Sendungsbewusstsein« brachten ihn vor die Kamera. Ein Gespräch über Wetterkunde mit den Augen.

Wann haben Sie gemerkt, dass Sie anders hinsehen als andere Menschen? Das war ein paar Jahre, nachdem ich mein Studium abgeschlossen hatte. Ich habe Jahre gebraucht, bis ich die Theorie in der Praxis gut begriffen habe und merkte, dass ich aufgrund des neuen Wissens anders hinschaue.

Welchen Anteil hat das Sehen an Ihrer Arbeit? Keinen besonders großen, zu 10 Prozent schaue ich auf das Wetter und 10 Prozent auf die Modelle. Ich kann meine Arbeit sehr gut erledigen, ohne nach draußen zu schauen. Aber meistens mache ich es doch, das lasse ich mir nie entgehen, ich schaue gern in den Himmel, auch außerhalb meiner Arbeit.

Was fällt Ihnen auf, was anderen entgeht? Was man am Himmel sehen kann. Die Leute schauen zwar, aber sie sehen oft nichts. Zum Beispiel einen Kreis um die Sonne: Es gibt sehr viele Menschen, die das noch nie gesehen haben. Ein Kreis ist schön, eine Art Regenbogen um die Sonne, und er ist auch ein Vorzeichen, denn er zeigt an, dass ein Regenschauer im Anzug ist. Das liegt daran, dass Eiskristalle in der Luft hängen, die das Licht um die Sonne herum farblich brechen. Wenn sich eine Front nähert – eine Front ist eine Grenze zwischen unterschiedlichen Luftmassen –, kann sie sich durch einen solchen Kreis ankündigen. Eine Front wird oft von Wolken, Regen oder Schnee begleitet. Die Atmosphäre unten in Bodennähe ist nicht dieselbe wie oben, in zwölf Kilometern Höhe. Im Boden kann Wärme stecken, während eine Kaltfront immer »schräg« über die warme Luft hinwegzieht. Das ist die Ursache für diesen Kreis. Ältere Menschen und Menschen, die sich viel im Freien aufhalten, wie Landwirte und Segler, kennen das Sprichwort: »Kreis um die Sonne, Regen in der Tonne.«

Kann man sehen lernen? Ja, sicherlich. Aber dazu braucht man jemanden, der einem erklärt, was man sieht. Natürlich kann man durch Erfahrung sehen lernen, aber die Frage ist, ob man dabei Wissen oder Halbwissen erwirbt. Ein Beispiel: Viele Menschen glauben, die Wahrscheinlichkeit für Frost sei bei Vollmond größer. Das ist ein Glaube, der sich hartnäckig hält. Aber der Zusammenhang ist anders: Es friert nur, wenn der Himmel klar und wolkenlos ist, und dann sieht man natürlich den Mond. Die Leute meinen, Verbindungen zu sehen, die es gar nicht gibt. Theoretische Kenntnisse sind also sehr wohl erforderlich.

Wie unterscheidet sich Ihr anfängliches von Ihrem jetzigen Sehen? Dadurch, dass ich heute mehr weiß und daher mehr begreife, und ich Dinge weiß, die man nicht sieht. Menschen sind es nicht gewohnt, in Zahlen zu denken, und stützen daher nicht ihr Urteil darauf. Aber man beginnt doch anders hinzusehen, wenn man einige Zahlen kennt. Zum Beispiel, dass die Atmosphäre zwölf Kilometer dünn ist – eine hauchdünne Schicht rund um den Erdball; wäre die Erde ein Hüpfball, wäre diese Schicht im Vergleich dazu weniger als einen Millimeter dünn. In dieser dünnen Schicht spielt sich alles ab: Stürme, Orkane, Wind, das Wechselspiel der Druckgebiete. Wenn man mehr weiß, versteht man die Relationen besser.

Können Sie ein Beispiel für ein Detail nennen, das Ihre Sichtweise auf eine Situation oder auf Ihre Arbeit verändert? Ja, der Klimawandel. Am Anfang dachte ich auch, dass es nicht so weit kommen würde. Ich musste einen Prozess durchlaufen, um mir darüber klar zu werden, wie ernst das Problem ist, das wir verursachen. Einfach weil ich zu wenig darüber wusste. Am Wetter kann man sehen, dass es nicht gut läuft. Die Leute sagen vielleicht: Ach, was soll das denn mit der globalen Erwärmung, wir können doch immer noch Schlittschuh laufen. Aber wie sehr wir über eine mögliche Eislaufwoche in Wallung geraten, zeigt doch schon, für wie ungewöhnlich wir sie halten. Ältere Menschen erschrecken nicht, wenn es mal 10 Grad minus ist, denn sie sind das von früher gewöhnt. Was wichtiger ist: Wir können hier vielleicht eine Weile Schlittschuh laufen, aber am Nordpol ist es gleichzeitig 30 Grad wärmer als gewöhnlich zu dieser Jahreszeit. 30 Grad! 25 Grad minus betrug die Durchschnittstemperatur vor 30 Jahren, jetzt sind es 5 Grad plus. Als Meteorologe empfinde ich es als Verpflichtung, mich zu diesem Thema zu äußern. Es wäre bizarr, wenn man sieht, was passiert, etwas davon versteht, und nichts dazu sagt. In der Antarktis liegt ein 60 Meter hoher Meeresspiegel bereit, so hoch wird das Wasser steigen, wenn das Eis dort wegschmilzt. Wir leben unterhalb des Meeresspiegels, daher erscheint mir das doch in absehbarer Zeit existenziell.

Wie wichtig sind Details? Sehr wichtig. Denn der Wert von Vorhersagen und Modellen steht unter Vorbehalt, man kann das Ganze erst prüfen, wenn es so weit ist. Man muss mit den begrenzten Informationen auskommen, die uns momentan zur Verfügung stehen. Ich studiere alle Karten minutiös, auch wenn ich nur einen kleinen Teil davon im Wetterbericht präsentieren kann. Ich muss alles gesehen haben, um die Zuverlässigkeit der Vorhersage beurteilen zu können. Hochdruckgebiete sind nicht das Problem, eine Vielzahl von Tiefdruckgebieten verursacht Chaos. Vieles bleibt unsicher, alles ist in ständiger Bewegung. Man misst an einigen Punkten, und dazwischen kann es doch einen Regenguss geben. Ich versuche immer, alles genau herauszufinden, und ich möchte in der Lage sein, zu begründen, warum ich etwas sage.

Wie kann man lernen zu sehen? Indem man mehr studiert, mehr liest, sich mehr in die Materie vertieft. Wenn man etwas wirklich verstehen will, braucht man Wissen beim Sehen.

ANMERKUNGEN

[1] Diese – abgerundeten – Zahlen basieren auf zwei Studien aus den Jahren 2001 und 2017. Beide Studien haben das Sehverhalten von Museumsbesuchern untersucht. (Im Unterschied dazu haben andere Studien die Aufmerksamkeitsspanne bei der Betrachtung digitaler Darstellungen von Kunstwerken gemessen.) Die erste Studie wurde in der ständigen Sammlung des Metropolitan Museum in New York durchgeführt; sie ergab eine durchschnittliche Betrachtungsdauer von 13,2 bis 44,6 Sekunden pro Bild. Die zweite Studie, die in einer Ausstellung über Gerhard Richter im MoMA in New York durchgeführt wurde, ermittelte eine Betrachtungsdauer von 25,7 bis 41 Sekunden. Der höhere Durchschnittswert bei der zweiten Studie könnte damit in Zusammenhang stehen, dass es sich um eine Ausstellung handelte, in der weniger Werke zu sehen waren und sich die Besucher speziell diese Ausstellung anschauen wollten. Die Forscher hatten auch die Zeit mit einberechnet, die die Besucher bei ihrem Rundgang für das nochmalige Betrachten desselben Kunstwerks aufwandten. Siehe Literaturliste.

[2] Siehe mein Buch *Dichterbij: Kunst in details* (2015), S. 88–91.

[3] Siehe Mike Elgan 2017 und Adrian F. Ward u.a. 2017.

QUELLEN UND ERGÄNZENDE LITERATUR

LEON BATTISTA ALBERTI, *Della Pittura – Über die Malkunst,* Darmstadt: Wissenschaftliche Buchgesellschaft [4]2014

NATALIE ANGIER, »Studying Art with the Eye of a Physician«, *The New York Times,* 11. September 1990

CLAUS-CHRISTIAN CARBON, »Art Perception in the Museum: How We Spend Time and Space in Art Exhibitions«, in: *iPerception*, Bd. 8, Januar/Februar 2017

MARVIN M. CHUN & YUHONG JIANG, »Contextual Cueing: Implicit Learning and Memory of Visual Context Guides Spatial Attention«, in: *Cognitive Psychology,* Bd. 36, Heft 1, Juni 1998

JAN DEQUEKER, *De kunstenaar en de dokter: Anders kijken naar schilderijen,* Leuven: Davidfonds Leuven 2009

CAROLINE VAN ECK, *Art, Agency and Living Presence: From the Animated Image to the*

Excessive Object, Leiden: Leiden University Press/Walter De Gruyter 2015
MIKE ELGAN, »Smartphones Make People Distractive and Unproductive«, *Computerworld Magazine,* 12. August 2017
ANNA V. FISHER, KARRIE E. GODWIN, HOWARD SELTMAN, »Visual Environment, Attention Allocation, and Learning in Young Children: When Too Much of a Good Thing May Be Bad«, in: *Psychological Science,* Mai 2014
ERNST GOMBRICH, *Kunst und Illusion: Zur Psychologie der bildlichen Darstellung,* Köln: Phaidon 1967
ERNST GOMBRICH, *Bild und Auge: Neue Studien zur Psychologie der bildlichen Darstellung,* Stuttgart: Klett-Cotta 1984
MARK HADDON, *Supergute Tage oder Die sonderbare Welt des Christopher Boone,* München: Heyne 2013
MARLITE HALBERTSMA UND KITTY ZIJLMANS (Hg.), *Gesichtspunkte: Kunstgeschichte heute,* Berlin: Reimer 1995
RUTGER VAN DER HOEVEN, »Van een wit naar een zwart perspectief: Nieuw licht op het slavernijverleden«, *De Groene Amsterdammer,* 25. Oktober 2017
DANIEL KAHNEMAN, *Schnelles Denken, langsames Denken,* München: Siedler 2012
ALESSANDRO NOVA, *Das Buch des Windes: Das Unsichtbare sichtbar machen,* Berlin/München: Deutscher Kunstverlag 2007
MARGARET OLIN, »Forms of Respect: Alois Riegl's Concept of Attentiveness«, in: *The Art Bulletin,* Bd. LXXI, Nr. 2, 1989
OVID, *Metamorphosen: Das Buch der Mythen und Verwandlungen.* Nach der ersten dt. Prosaübers. durch August von Rode neu übers. und hrsg. von Gerhard Fink, Frankfurt a. M.: Fischer 1992
JACOBUS DE VORAGINE, *Die Legenda aurea des Jacobus de Voragine,* übers. von Richard Benz, Darmstadt: Wissenschaftliche Buchgesellschaft 1993
ALOIS RIEGL, *Das Holländische Gruppenporträt,* Wien: Staatsdruckerei 1931
ESTHER SCHREUDER u.a. (Hg.), *Black Is Beautiful. Rubens to Dumas,* Amsterdam: De Nieuwe Kerk 2008 (Ausstellungskatalog)
STEFAN VAN DER STIGCHEL, *Zo werkt aandacht,* Amsterdam: Maven Publishing 2016
LEONARDO DA VINCI, *Traktat von der Malerei,* übers. von Heinrich Ludwig, neu hrsg. von Marie Herzfeld, Jena: Diederichs 1925
CHRISTOPHER WANJEK, »Christina's Diagnosis: Famous Painting Gets New Look«, in: *Live Science,* 6. Mai 2016
ADRIAN F. WARD, KRISTEN DUKE, AYELET GNEEZY UND MAARTEN W. BOS, »Brain Drain: The Mere Presence of One's Own Smartphone Reduces Available Cognitive Capacity«, in: *Journal of the Association for Consumer Research,* Bd. 2, Nr. 2, 2. April 2017
OSCAR WILDE, »Der Verfall des Lügens«, in: Ders., *Gespräche von der Kunst und vom Leben,* Leipzig: Insel 1907, S. 2–50
WIETEKE VAN ZEIL, *Dichterbij: Kunst in details,* Amsterdam: Uitgeverij Atlas Contact 2015

REGISTER DER KÜNSTLER UND KÜNSTLERINNEN

ANGUISSOLA, SOFONISBA (1532–1625), S. 43–45

BEHAM, BARTHEL (1502–40), S. 157
BELLINI, GENTILE (1429–1507), S. 182, 184–185
BELLINI, GIOVANNI (1430–1516), S. 184–185
BERNINI, GIAN LORENZO (1598–1680), S. 96–97
BOL, FERDINAND (1616–80), S. 194, 197
BOSCH, HIERONYMUS (ca. 1450–1516), S. 46, 48–49, 90, 118
BRUEGEL DER ÄLTERE, PIETER (1525–69), S. 110

CANALETTO (Giovanni Antonio Canal, 1697–1768), S. 38, 40–41
CELLINI, BENVENUTO (1500–71), S. 150, 152–153
CLEVE, JOOS VAN (1485–1541), S. 66, 69
CONEGLIANO, CIMA DA (1459–1517), S. 190, 193
CRIVELLI, CARLO (1430–95), S. 205

DYCK, ANTHONIS VAN (1599–1641), S. 42, 180–181

EWORTH (auch: Ewouts), HANS (1520–74), S. 101

FRANCESCA, PIERO DELLA (1416–92), S. 101

GADDI, AGNOLO (1350–96), S. 13, 170, 172–173
GENTILESCHI, ARTEMISIA (1593–1653), S. 33
GIJSBRECHTS, CORNELIS NORBERTUS (1630–83), S. 124–125

HOLBEIN DER JÜNGERE, HANS (1497–1543), S. 6

KALF, WILLEM (1619–93), S. 130, 132–133

LEYDEN, LUCAS VAN (1494–1533), S. 206, 208–209
MANET, ÉDOUARD (1832–83), S. 210, 212–213
MANSUETI, GIOVANNI (1465–1527), S. 165
MASSYS, QUENTIN (auch: Matsys, 1466–1530), S. 50, 52–53
MEISTER DER MADONNA STRAUS (aktiv von 1385–1415), S. 141
MEISTER DER DARMSTÄDTER PASSION (aktiv Mitte des 15. Jahrhunderts), S. 65

MEMLING, HANS (1430–94), S. 11, 13
MIERIS DER ÄLTERE, FRANS VAN (1635–81), S. 80–81

PEETERS, CLARA (1594–nach 1621), S. 146, 148–149

RAFFAEL (Raffaello Sanzio da Urbino, 1483–1520), S. 21, 44, 174, 177, 180
ROTIUS (Jan Albertsz. Rootjes, 1624–66), S. 102, 104–105
RUBENS, PETER PAUL (1577–1640), S. 16–17, 20, 58, 60–61, 106, 188–189, 219

SCHALCKEN, GODEFRIDUS (1643–1706), S. 85, 108–109
SÜSS VON KULMBACH, HANS (1476–1528), S. 90–93

TISSOT, JAMES (auch: Jacques Joseph, 1836–1902), S. 198, 200–201
TURNER, JOSEPH MALLORD WILLIAM (1775–1851), S. 18–19, 118, 121

VALKENBURG, DIRK (1675–1721), S. 15, 136–137
VIGÉE-LEBRUN, ÉLISABETH (1755–1842), S. 70, 73
VRANCX, SEBASTIAN (1573–1647), S. 77

WEISSENBRUCH, JAN (1822–80), S. 15, 34, 36–37
WEYDEN, ROGIER VAN DER (Nachfolger) (1399/1400–1464), S. 54, 56–57, 90, 118, 128

DANK

Meine Tochter Virginia, die sieben Jahre alt war, als ich dieses Buch schrieb, traut sich schon seit Jahren nicht mehr ins Museum. Sie schauen einen da so an, sagt sie, diese Leute auf den Porträts, und die Darstellungen sind manchmal so unheimlich. Unwillkürlich beschreibt sie damit das Schönste an der Kunst, dasjenige nämlich, was zum zentralen Thema dieses Buches geworden ist: die Beziehung zwischen Kunstwerk und Betrachter und die mächtige Wirkung, die ein Kunstwerk auf einen Betrachter haben kann, wenn er vor ihm steht. Kunst ist für meine Tochter lebendig, so gut sind diese Maler. Ich bin ihr dankbar, dass sie diese Erfahrung so klar zum Ausdruck gebracht hat. Nun werde ich so lange warten, bis mit ihrem Älterwerden die Magie so zerschlissen sein wird, dass wir Kunst gemeinsam genießen können. Mein Sohn Raul hat in seiner charakteristischen Art einen Blick auf die Welt, der einfach unersetzlich – und in seiner Nüchternheit immer wieder äußerst witzig – ist. Ich danke ihm dafür, dass er mich an seiner Perspektive teilhaben lässt. In den vergangenen Jahren, in denen ich so viele Details besprechen durfte, ist nicht nur ein neues Band zwischen der Kunst und mir entstanden – zu meiner großen Freude hat sich auch ein Band zwischen mir und den Lesern geknüpft. Ich bin überwältigt von den herzerwärmenden Reaktionen von Menschen, die mir schrieben, mehr Freude an der Kunstbetrachtung gewonnen zu haben, und wertvolle Anmerkungen machten. Ihre Reaktionen waren es, die mich dazu motiviert haben, meine Erkenntnisse weiterzugeben.

Allen Kuratoren und Fachleuten, die mir auf meine Fragen zu einem jeweiligen Detail Rede und Antwort standen, danke ich für ihre Bereitschaft, ihr Wissen mit mir zu teilen.

Ohne das Vertrauen, das mir eine Reihe von Menschen entgegengebracht haben, hätte dieses Buch nie zustande kommen können: Ich danke Chris Buur, der sich als Erster für eine Serie über Detailbetrachtungen in der Wochenendbeilage »Sir Edmund« in *de Volkskrant* begeistert hat. Philippe Remarque für seine Ermutigung. Hanneke de Klerck und Anneke Teunissen, die jede Woche die Texte mit großer Sorgfalt gelesen haben, bevor sie in die Welt hinausgingen. Ohne die sorgfältige persönliche Betreuung bei den Abbildungen durch Lisette Schmidt und Najib Nafid hätten die Serie und dieses Buch nicht ihren visuellen Wert erlangt. Es ist ein großes Vergnügen, mit Leonoor Broeder zu arbeiten; in den Besprechungen mit ihr scheinen die Ideen wie von selbst zu sprießen. Marcella van der Kruk hat dieses Buch mit Enthusiasmus und kritischer Anteilnahme begleitet; sie verstand es, schwierige Momente leicht zu machen. Marinka Reuten war dazu bereit, wieder ein tolles Buch zu gestalten – es ist herrlich zu sehen, wie die Ideen bei ihr Form annehmen.

Marjan Wynia bewahrte mich als liebe, kritische Erstleserin des Haupttextes vor

Unklarheiten. Mark van Hooff, Annemarie den Dekker, Marijtje van Amersvoort, Anna van Leeuwen, Kia Vahland, Rob Zwijnenberg und Marieke Meijers erklärten sich dazu bereit, mit mir über kleine, aber relevante Entscheidungen nachzudenken. Anneke Dorsman, Philip Fontani und Lisa Boersen haben sich die Zeit genommen, sich mit mir über Sehexperten Gedanken zu machen; ohne ihren umfassenden Horizont wäre es nicht zu einer solchen Ehrengalerie gekommen. Caspar Janssen, Nadia Ezzeroili und Patricia Darmin brachten mich mit Experten in Kontakt.

Mein besonderer Dank gilt meinen Interviewpartnern für ihre Zeit und ihr Engagement. Zur Vorbereitung war Professor Jos van den Broek, selbst ein Experte im Bereich Aufmerksamkeit, einen Tag lang mit mir unterwegs, um gemeinsam nach Details zu suchen. Sein Motto »Man sieht es nur, wenn man den Kontext dazu sieht« half mir, eine der Erkenntnisse in Worte zu fassen.

Meine lieben Eltern Kees und Gisela van Zeil haben mir ihr Haus zur Verfügung gestellt und damit dieses Buch möglich gemacht – jede Woche stand eine warme Wohnung mit Blumen als »room of my own« für mich bereit, um, frei von den Minions zu Hause, dem Schreiben Raum zu geben. Michiel und Yolande van Zeil sorgten für Ermutigung und Arbeitsvitamine. Gwen und Paul Vroom boten im richtigen Moment Entspannung, und meine Schwiegereltern Teresa und Harry du Crocq sind eine beständige herzliche Unterstützung.

Und schließlich Giuseppe, der meine Sicht auf die Welt verändert hat: Die Selbstverständlichkeit, mit der du mir deine Unterstützung und dein Vertrauen schenkst, macht alles schöner und leichter.

IMPRESSUM

Die niederländische Originalausgabe erschien unter dem Titel *Goed kijken begint met negeren* bei Uitgeverij Atlas Contact, Amsterdam
www.atlascontact.nl; www.wietekevanzeil.nl
Wieteke van Zeil auf Instagram: @artpophistory

Für die deutsche Ausgabe

in der E.A. Seemann Henschel GmbH & Co. KG, Leipzig
www.seemann-henschel.de

Projektmanagement: Nora Schröder
Lektorat: Julia Müller, Leipzig/Nora Schröder
Übersetzung: Bärbel Jänicke, Berlin
Grafik: Barbara Hinz, Leipzig
Herstellung: feingedruckt – Print und Medien, Neumünster

ISBN 978-3-86502-470-1

Die Deutsche Nationalbibliothek verzeichnet diese Publikation in der Deutschen Nationalbibliografie; detaillierte bibliografische Daten sind im Internet über http://dnb.dnb.de abrufbar.

Cover: Petrus Christus, Bildnis einer jungen Dame (Seite 126)
Backcover: Wieteke van Zeil, Foto: Giuseppe du Crocq

BÄRBEL JÄNICKE
ist Übersetzerin wissenschaftlicher Texte und literarischer Sachbücher aus dem Niederländischen. Sie studierte Philosophie, Kunstgeschichte und Archäologie. 2021 wurde sie mit dem Else-Otten-Übersetzerpreis ausgezeichnet.

Nederlands letterenfonds
dutch foundation for literature

Die Übersetzung dieses Buches wurde von der niederländischen Stiftung für Literatur gefördert.

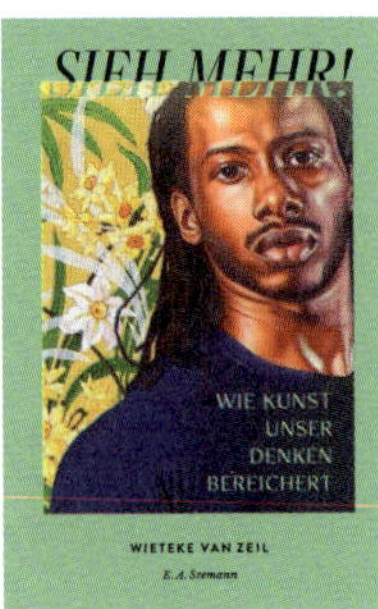

Im Herbst 2022 erscheint von derselben Autorin bei E.A. Seemann:
SIEH MEHR!
Wie Kunst unser Denken bereichert
ISBN 978-3-86502-481-7